발칵 뒤집힌 기독교 구원론

기독교의 구원론에
코페르니쿠스적 변혁을 일으킨 책!

개정증보판

발칵 뒤집힌
기독교 구원론

이화영 지음

크리스챤서적

| 작가의 말 |

저는 2003년 12월 2일 오후에 오순절 성령세례를 받았습니다. 그 후에 하나님은 저에게 성경의 난해 구절들의 본뜻을 깨달을 수 있는 은혜를 주셨습니다. 그 은혜로 『이것이 성령세례다』를 비롯한 여러 권의 책을 썼습니다. 본서가 그 책들 중의 하나입니다.

본서를 쓰는 중에 직면했던 가장 큰 어려움은 성경의 구원론 난해 구절들을 해석할 방법이 없는 것이었습니다. 대표적인 구원론 난해 구절들은 아래와 같습니다.

    (약 2:14) 행함이 없는 믿음으로는 구원받을 수 없다.

    (빌 2:12) 두렵고 떨림으로 너희 구원을 이루라.

    (마 7:21) 하나님의 뜻대로 행하는 자라야 천국에 들어가리라.

    (히 6:4-6) 한번 빛을 받고 타락한 자들은 다시 회개할 수 없다.

아래와 같은 의문이 들었습니다.

"대부분의 성경이 '사람은 하나님의 은혜로 영혼 구원을 받는다'

고 가르치는데, 어째서 일부 성경은 '사람은 자신의 행위로 구원을 받는다'고 가르치는 것일까? 양자의 모순을 어떻게 조화시킬 수 있을까?"

아무리 머리를 짜내도 구원론 난해 구절들을 해석할 길을 찾을 수 없었습니다. 어쩔 수 없이 집필을 중단했습니다. 몇 달이 지나도 전혀 해결책이 보이지 않았습니다.

답답한 시간을 보내던 어느 날입니다. 제가 방에서 멍하니 앉아 있을 때, 하나님이 성경의 구원론 난해 구절들 중의 하나인 야고보서 2장 14절의 본뜻을 깨닫게 해 주셨습니다! 그 후에도 계속 다른 구원론 난해 구절들의 본뜻을 깨닫게 해 주셨습니다. 이 때문에 기독교의 구원론에 코페르니쿠스적인 변혁이 일어났습니다!

하나님이 제게 성경의 구원론 난해 구절들을 해석할 수 있는 지혜를 주셔서 본서를 썼기 때문에 본서가 목회자들로부터 "종교개혁자들이 미완성으로 남긴 구원론을 완성한 책", "교과서", "백만 불짜리 책" 등의 평가를 받고 있습니다. 구원론의 새로운 지평을 열어 주신 하나님께 모든 영광을 돌립니다.

많은 분들이 본서를 통해 새 힘을 얻는 것도 하나님의 큰 은혜입니다. 본서를 통해 자살 충동에서 벗어난 분들과 이단에서 벗어난 분들과 절망에서 벗어난 분들의 간증은 저에게 큰 기쁨을 줍니다.

어떤 분의 간증을 소개하겠습니다.

"저는 2대째 천주교 유아 영세를 받고 신앙생활을 나름 하고 있는 ○○○이라고 합니다. 현재 ○○대학에서 교수로 일하고 있습니다.
성서의 부자 청년만큼은 아니라도 '하느님을 사랑하면 순종해야 한다'고 배워서 열심히 신앙생활은 하고 있지만 낙타 바늘구멍이라든지, 여인 보고 음침한 생각이라든지, 이런 구절을 접할 때마다 지치고, 희망이 없고, 내 사후가 불투명하여 '복음이 기쁜 소식이라'는데 하나도 기쁘지도 않고, 나날이 공포만 증가하는 신앙생활을 하다가 목사님의 설교를 듣고 뛸 듯이 기뻐서 오늘 미사 때는 기쁨 충만하여 성가를 목청껏 불렀습니다.
목사님, 저의 애매모호하던 구원론이 확신을 갖게 해 주셔서 감사하려고 몇 자 적게 되었습니다. 처음에는 손계문 설교 완판을 듣고 '이건 아니다' 싶었고, 벤자민 완판을 또 다 듣고 이건 궤변 같았고, 이번엔 박보영 완판을 듣고는 더 공포스러워서 밤잠을 못 이루고 괴로워했습니다. 그래서 하느님께 계속 기도했습니다.
위의 세 목사의 설교를 듣기 전에 이화영 목사님을 보았지만 목사님이 겉으로 풍기는 모습에서 뭐가 나올 것 같지 않아서 아예 설교를 펴 보지도 않다가 혹시나 하고 목사님의 설교를 들었는데 설교 한 편에 내 마음의 구원관이 확신을 얻으면서 자다 말고 일어나서 혼자 얼마나 깡충깡충 뛰었는지 모릅니다. 다음날 아내에게 '당장 이화영 목사님 교회로 옮기자'고 했더니 '이상한 개신교 설교 듣더니 이단에 빠졌다'는 듯한 표정으로 공격하더군요. 제가 비록 천주교에 계속 다닐 수밖에 없지만 제 맘속에 종교개혁은 일어났습니다. 먼저 천주교의 사람이 만든 우상 앞에 일절 고개를 숙이지 않으며, 성모의 모든 기도문을 마음속에서 지우고, 십자가를 바라보고 절도 하지 않게 되었습니다. 목사님, 고맙습니다. 유튜브를 통해 목사님의 설교를 계속 듣겠습니다."

본서를 쓸 때 인용하거나 참고한 헬라어 성경은 Greek New Testament: Textus Receptus입니다. 이 성경을 약자로 'TR'이라 합니다. 이 성경은 공인 본문, 다수 사본, 다수 본문, 수용 본문, 종교개혁 본문 등으로 호칭됩니다.

한국교회 성도님들 대부분이 사용하는 개역개정성경을 번역할 때 기본으로 사용한 헬라어 성경은 웨스트코트(Brooke Foss Westcott, 1825~1903)와 호르트(Fenton John Anthony Hort, 1828~1892)가 만든 '비평 본문'입니다. 이것은 소수 사본(소수 본문)을 근거로 만들어진 것입니다.

성경지킴이(KEEP BIBLE) 웹사이트가 공인 본문과 비평 본문을 설명한 것을 보겠습니다.

"신약성경의 경우 지금까지 5,800개의 그리스어 사본이 발견되었고, 이 중에서 99%는 서로 일치합니다. 서로 일치하는 사본이 다수이기 때문에 그런 사본들은 대개 다수 사본이라 불리고, 자연스레 나머지는 소수 사본이라 불립니다(천주교 바티칸 사본, 시내 사본 등).
 루터성경, 킹제임스성경, 올리베땅성경 등은 다수 사본(본문)에서 번역되었고, 그 본문의 이름은 '공인 본문(Textus Receptus, TR)'으로 온 세상에 널리 알려져 있습니다. 여기서 '공인'은 '1세기 이후로 대다수 교회와 성도들이 이 본문만을 공통적으로 인정하고 수용하며 사용했다'는 의미의 공인이지 '누가 공적으로 인정했다'는 의미가 아닙니다.[1]
 개역성경, NIV, NASB, RSV를 비롯해서 현재 전 세계에 유통되고 있는 대부분의 현대 역본들은 모두 카톨릭 소수 본문에서 번역되었고, 독일어 루터성경, 영어 킹제임스성경, 프랑스어 올리베땅성경, 스페인어 레이나발레라성경 등과 같이 1세기 이후부터 1970년대까지 전 세계의 모든 성도들이 사용하고, 종교개혁을 일으키며, 신앙의 부흥을 일으킨 성경들은 모두 프로테스탄트 본문(다수 본문, 공인 본문)

---

1) https://keepbible.com/KJB3/View/47v

에서 번역되었습니다.

그런데 기독교가 한국에 처음 전파될 때에 어찌된 일인지 카톨릭 소수 본문(비평 본문)에 근거를 둔 성경(현재의 개역개정성경)이 도입되어 지금까지 뿌리를 내리고 있습니다."[2]

비평 본문을 만든 웨스트코트와 호르트는 영국 성공회의 신부였고, 케임브리지 대학의 교수였습니다. 그들은 일반 학문 면에서는 뛰어난 학자였습니다. 그러나 그들은 성경에 무지했고, 여전히 카톨릭 신앙을 가지고 있었고, 크게 변질된 신앙을 소유하고 있었습니다.

성경지킴이(KEEP BIBLE) 웹사이트는 공인 본문과 비평 본문을 아래와 같이 논평했습니다.

"신약성경의 경우 로마 카톨릭 교회를 제외한 거의 모든 신약 교회가 지난 1,900년간 그리스어 공인 본문(Textus Receptus, TR, 혹은 수용 본문)을 보편적으로 사용해 왔다. 이 본문은 다수 사본에 근거했기 때문에 '다수 본문'이라고도 하며, 가장 널리 사용되었기에 '보편적 본문'이라고도 하고, 천주교회의 서방 본문과 대비되어 '비잔틴(동방) 본문'이라고 하며, 루터와 칼빈 등 개혁자들이 한결같이 이

---

[2] https://keepbible.com/KJB6/View/2Xo

본문만을 사용했기 때문에 '종교개혁 본문'이라고도 한다.

한편 로마 카톨릭 교회는 '소수 본문'만을 고수해 오고 있는데 '소수 본문'이란 말이 의미하듯이 이 본문을 지지하는 사본은 몇 개 되지 않는다(전체 사본의 1% 정도). 이 사본들 중 가장 유명한 것으로는 로마 교황청 도서관에 전시용으로 보존되어 온 '바티칸 사본'과 시내산에 있는 그리스정교회 수도원의 쓰레기 더미에서 발견된 '시내 사본'이 있는데 사실 이것들은 변질된 내용 때문에 대다수 성도들이 거들떠보지도 않던 것들이었다. 그런데 1881년에 영국의 웨스트코트와 호르트는 '이 두 사본이 가장 권위가 있다'고 주장하며 공인 본문을 무려 5,604 군데나 수정하여 소위 '수정 그리스어 본문'이라는 개악된 본문을 만들었다.

구체적으로 이들이 공인 본문에서 삭제하거나 추가하거나 변개한 단어는 무려 9,970개나 되며, 이것은 신약성경 본문에 나오는 140,521개 단어의 7%나 되는 양이다."[3]

본서의 초판은 『이것이 구원이다』란 이름으로 출간되었습니다. 그 후에 책의 이름을 『지옥에 가는 크리스천들?』로 바꿨습니다. 그것은 3권으로 돼 있습니다.

본서를 한 분에게라도 더 보급하기 위해 『지옥에 가는 크리스천들?』

---

[3] https://keepbible.com/KJB2/View/2RA

3권을 통합한 후에 일부 증보해서 1권으로 만들었습니다. 이름도 **『발칵 뒤집힌 기독교 구원론』**으로 바꿨습니다.

초판에 한 군데 오류가 있고, 추가할 내용도 있어서 개정증보판을 만들었습니다. 이 책이 많은 분들에게 도움이 되기를 간절히 기도합니다.

이 책을 외국어로 번역하여 보급하기를 힘쓰는 분들에게 사의를 표합니다.

정성을 다해 본서를 출판해 주신 〈크리스챤서적〉 사장님과 임직원 분들께 감사한 마음을 드립니다.

저의 다른 책들처럼 본서도 제 아내와 딸이 교정을 하느라 많은 수고를 했습니다. 아들과 사위는 저의 책들을 인터넷 방송으로 널리 알리는 데 많은 도움을 주었습니다. 사랑하는 가족들에게도 감사의 마음을 표합니다.

2025년 3월 27일
수원특례시 장안에서 이화영

| 추천의 말 |

속담에 "며느리가 평생을 한 집에서 산 시어머니의 성을 모른다"는 말이 있다. 우습고 망신스러운 일이다. 그런데 교회에서도 이런 안타까운 일이 일어나고 있다!

하나님은 중생한 신자들에게 구원의 확신을 주기 위해 성경을 기록해 주셨다(요일 5:13). 목회자들은 물론 대부분의 성도들도 이 사실을 잘 알고 있다. 그러나 실제에 들어가 보면 85% 이상의 신자들이 구원의 확신이 없는 것 같다.

어느 날 나는 유명한 목사님에게 구원에 관하여 여쭈었다. 그러나 명쾌하게 답해 주지 않았다. 크게 실망했다. 청년회장에게도 물었다. 마찬가지였다. 청년들에게도 물었다. 똑같았다. "나는 구원의 확신이 있다"고 대답하는 신자들도 대부분 "하나님의 뜻대로 행하는 자라야 천국에 들어가리라", "두렵고 떨림으로 너희의 구원을 이루라", "행함이 없는 믿음으로는 구원을 받을 수 없다", "한번 빛을 받고 타락한 자들은 다시 회개할 수 없다"는 등의 구원론 난해 구절들 때문에 구원의 확신이 흔들리는 것을 보았다.

나는 성경의 구원론 난해 구절들 때문에 구원의 확신이 흔들리지는 않았지만 이런 구절들을 시원하게 설명하지 못하여 안타까웠다. 그럼에도 불구하고 나의 구원을 확신했기 때문에 바울 사도가 신자들을 만나면 "너희가 믿을 때에 성령을 받았느냐"고 물은 것처럼 나도 신자들을 만나면 "구원의 확신이 있느냐"고 물었다. 얼마나 많은 사람에게 이것을 점검했는지를 알 수 없을 지경이다.

어째서 하나님은 "오직 하나님의 은혜로 구원을 준다"고 하신 후에 "두렵고 떨림으로 너희의 구원을 이루라"고 하신 것일까? 왜 "오직 믿음으로 구원을 얻는다"고 하신 후에 "행함이 없는 믿음으로는 구원을 얻을 수 없다"고 하신 것일까? 무엇 때문에 "예수님을 믿을 때 영원히 지옥에 가지 않는 생명(영생)을 얻는다"고 하신 후에 "한번 빛을 받고 타락한 자들은 다시 회개할 수 없다"고 하신 것일까? 이런 성경 구절들을 어떻게 이해해야 한단 말인가!

이런 고민에 빠져 있던 어느 날, 양촌힐링센터에서 이화영 목사님을 만났다. 이 목사님과 대화를 나누는 중에 내가 찾던 개혁자를 만난 것을 알게 됐다. 너무나 기뻤다! 이런 시골에 이런 분이 계시다니! 이분은 현대판 종교개혁자요, 금세기 최고의 신학자며, 진정한 복음을 아는 성령님의 헬퍼가 아닐까?

이화영 목사님이 깨달은 복음을 세상의 모든 기독교인들에게 빨리 알리면 얼마나 좋을까! 당장에 방송 매체를 이용하여 전 세계에 알리면 얼마나 좋을까! 가슴이 붕붕 뜬다! 내가 이렇게 기뻐하는데, 내 안에 계신 성령님께서는 얼마나 기뻐하실까? 복음이 성령님에 의하여 전파되고, 복음의 핵심이 구원이기 때문에 성령님도 진정한 복음이 전파되는 것을 매우 기뻐하실 것이다!

『이것이 구원이다』(『발칵 뒤집힌 기독교 구원론』- 필자 주)는 종교 개혁자들이 못다 한 구원론을 개혁한 책이다. 그러므로 이 책이 보급되면 한국교회뿐만 아니라 세계 기독교의 구원론이 개혁될 것이고, 모든 성도들이 구원의 확신을 얻을 것이고, 모든 성도들이 진정한 복음을 전하는 아름다운 전도자가 될 것이다. 이것이 한국교회의 진정한 개혁이 아닐까?

2013년 2월 25일
군산대흥교회 오승환 목사

| 차례 |

작가의 말   4
추천의 말   12

제1부_ 구원론 난제 해석 1

1. 기독교의 구원론, 무엇이 문제인가?   18
2. 영생이란 무엇인가?   25
3. 야고보서에 있는 구원론 난해 구절 해석   33
4. 빌립보서에 있는 구원론 난해 구절 해석   55
5. 히브리서에 있는 구원론 난해 구절 해석   71
6. 산상설교에 있는 구원론 난해 구절 해석   90
7. 획기적으로 새로운 산상설교 해석   119
8. 산상설교 해석의 오류를 증명하는 스모킹 건   145

제2부_ 구원론 난제 해석 2

1. 베드로서에 있는 구원론 난해 구절 해석   158
2. 디모데서에 있는 구원론 난해 구절 해석   168
3. 마태복음 25장에 있는 구원론 난해 구절 해석   176
4. 로마서에 있는 구원론 난해 구절 해석   190
5. 이기는 자는 누구인가?   199
6. 성령훼방죄는 무엇일까?   205
7. 어떤 사람이 666표를 받을까?   211
8. 예수님이 지옥에 가셔서 복음을 전하셨을까?   217

제3부_ 구원론 난제 해석 3

1. 생명책은 무엇일까? 234
2. 성도가 죄를 많이 지으면 어떻게 될까? 242
3. 성도가 회개하지 않으면 어떻게 될까? 254
4. 성도의 영혼도 죄를 지을까? 276
5. 두 가지 극단적 주장 293
6. 중생한 신자도 자살하면 지옥에 갈까? 302
7. 영혼구원을 받은 증거는 무엇일까? 326
8. 기독교 구원론의 역사 335

제4부_ 기독교 구원론 6대 교리

1. 타락 전 예정인가, 타락 후 예정인가? 358
2. 무조건적 선택인가, 조건적 선택인가? 371
3. 전적 타락인가, 부분적 타락인가? 381
4. 제한적 속죄인가, 보편적 속죄인가? 386
5. 불가항력적 은혜인가, 가항력적 은혜인가? 403
6. 단회적 구원인가, 점진적 구원인가? 411
7. 맺는 말 416

제1부
구원론 난제 해석 1

1. 기독교의 구원론, 무엇이 문제인가?
2. 영생이란 무엇인가?
3. 야고보서에 있는 구원론 난해 구절 해석
4. 빌립보서에 있는 구원론 난해 구절 해석
5. 히브리서에 있는 구원론 난해 구절 해석
6. 산상설교에 있는 구원론 난해 구절 해석
7. 획기적으로 새로운 산상설교 해석
8. 산상설교 해석의 오류를 증명하는 스모킹 건

1. 기독교의 구원론, 무엇이 문제인가?

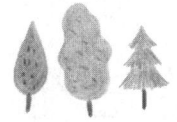

신학자들은 '사람이 예수님을 믿어서 영혼이 영생을 얻는 것'을 '중생(重生)', '거듭남', '영혼구원'이라 하고, '영이 구원받은 사람'을 '중생한 신자', '거듭난 신자', '성도'라 한다.

하나님이 창조하신 첫 번째 사람은 아담이다. 모든 사람은 아담에게서 나왔다. 따라서 아담은 인류의 대표다.

하나님은 아담을 로봇으로 만들지 않으셨다. 그에게 자유의지를 주셨다. 매우 안타깝게도 아담은 자신의 자유의지로 하나님께 반역하는 죄를 지었다. 이것은 모든 사람이 하나님께 반역하는 죄를 지은 것을 뜻한다(롬 5:12). 이 때문에 모든 사람은 태어날 때부터 죄인이다(롬 3:9-18). 이것을 원죄(原罪)라 한다.

사람은 일생을 살며 많은 죄를 짓는다. 이것을 자범죄(自犯罪)라 한다.

죄의 삯은 사망이다(롬 3:23). 사망은 육적 사망과 영적 사망으로 구분된다. 육적 사망은 육체의 목숨이 끊어지는 것이고, 영적 사망은 영혼과 부활체가 지옥에 가는 것이다.

육적 사망보다 비교할 수 없이 무서운 것이 영적 사망이다. 육적 사망은 육체의 죽음으로 끝나는 것이지만 영적 사망은 영혼과 부활체가 영원히 지옥에서 형벌을 받는 것이기 때문이다.

죄인이 지옥 형벌을 면하려면 심판주 하나님으로부터 죄를 용서받아야 한다. 이 일이 어떻게 가능할까?

죄인이 죄를 용서받으려면 죄 없는 누군가가 죄인 대신 죽어야 한다. 이것은 하나님의 법칙이다.

죄인이 죄를 용서받는 방법은 구약시대와 신약시대가 크게 다르다.

구약시대에는 죄인이 자기의 죄를 용서받으려면 자신의 죗값 대신 죄 없는 짐승을 칼로 찔러 죽였다. 제사장은 그 짐승의 피를 하나님께 바쳤다. 이것을 속죄 제사라 한다. 이것으로 죄인은 자신의 죄를 용서받았다.

죄인의 죗값 대신 죽임을 당한 짐승은 예수님을 상징한다. 짐승을 통한 속죄 제사는 예수님이 십자가에서 죽으실 때까지 계속됐다.

신약시대에는 죄인의 죗값 대신 죄 없는 예수님이 십자가에 못 박혀 죽으셨다. 그 후에 주님은 자신의 피를 하나님께 바치셨다. 이것으로 속죄 제사가 끝났다. 어느 시대에 사는 죄인이든지 이것을 믿으면 자신의 죄를 용서받는다.

이 얼마나 큰 은혜인가, 이 얼마나 놀라운 사랑인가?

성경은 죄인이 예수님을 믿어서 자신의 죄를 용서받는 것을 "구원을 받는다", 혹은 "영생을 얻는다", 또는 "의롭게 된다"고 표현한다.

(요 3:16) 하나님이 세상을 이처럼 사랑하사 독생자를 주셨으니 이는 그를 믿는 자마다 멸망하지 않고 영생을 얻게 하려 하심이라

(행 16:31) 이르되 주 예수를 믿으라 그리하면 너와 네 집이 구원을 받으리라 하고

(롬 3:22) 곧 예수 그리스도를 믿음으로 말미암아 모든 믿는 자에게 미치는 하나님의 의니 차별이 없느니라

사람에게 가장 중요한 것은 자신의 영혼이 구원을 받는 것이다. 자신의 영혼이 구원을 받지 못하면 자신이 영원히 지옥에서 고통을 받기 때문이다. 예수님은 이것을 아래와 같이 강조하셨다.

(마 5:29-30) 만일 네 오른 눈이 너로 실족하게 하거든 빼어 내버리라 네 백체 중 하나가 없어지고 온 몸이 지옥에 던져지지 않는 것이 유익하며 또한 만일 네 오른손이 너로 실족하게 하거든 찍어 내버리라 네 백체 중 하나가 없어지고 온 몸이 지옥에 던져지지 않는 것이 유익하니라

중생한 신자가 가장 먼저 힘쓸 일은 자신의 영혼구원을 확신하는 것이다. 성도가 자신의 영혼구원을 확신하지 못하면 행위구원을 힘쓰다 지쳐서 신앙생활을 포기하거나 이단에 빠지거나 심지어 자신의 구원에 완전히 절망해서 자살을 감행할 가능성이 크기 때문이다.

본서를 통해 구원의 확신을 얻은 어떤 권사는 나에게 매우 끔찍한 실화를 들려주었다.

"제가 아는 어떤 목사님의 아드님이 전도사님이었는데, 어느 날 실수로 간음죄를 지었습니다. 이에 격분한 목사님은 아들 전도사님에게 '너는 그처럼 큰 죄를 지었으므로 지옥에 떨어질 것이라'고 선언했습니다. 이에 큰 충격을 받은 아들 전도사님은 절망을 이기지 못하고 자살했습니다. 그러자 아버지 목사님도 아들 전도사님을 따라서 자살했습니다. 그 목사님과 전도사님이 이화영 목사님의 책을 읽었으면 자살하지 않았을 텐데 너무나 안타깝습니다!"

이단 종파들은 기독교인들 대부분이 자신의 구원을 확신하지 못하는 것을 잘 알고 있다. 그들은 교묘하게 비성격적 구원론을 만들어서 자신의 구원을 확신하지 못하는 성도들을 미혹하고 있다.

어떤 구원파는 "구원받은 날짜를 알아야 구원받은 것이라"고 주장한다. 어떤 구원파는 "중생한 신자는 반드시 천국에 갈 것이므로 죄를 지어도 괜찮다"고 주장한다. 자신이 자꾸 죄를 짓는 것과 지은 죄를 회개하지 못하는 것 때문에 자신의 구원을 의심하다 구원파에 빠진 이들이 많다.

신천지파는 "신천지파에 등록해서 신천지파에 충성해야만 구원받는다"고 주장한다.

아래의 글은 대전신학대학의 허익호 교수가 신천지의 교리를 비판한 내용이다.

"신천지는 '신천지에 등록해야만 구원이 있다'고 주장한다. 또한 그들은 '구원을 얻기 위해서는 신천지에 등록하여 생명록에 기록되어야 한다'고 주장한다. 신천지는 '등록 교인 144,000명만이 구원과 영생을 받는다'고 주장한다. 그래서 이만희는 신천지 증거장막성전에 등록한 추종자들에게 「축 영생 신천지 총회장 이만희」라는 영생증을 써 주고, '그들만이 영생록에 기록된다'고 가르친다. 그리고 '생명록뿐 아니라 중간록, 사망록이 있다'고 주장한다. '신천지에 충성하고 열심히 추수하면 생명록에 있는 것이고, 믿음이 미지근하고 교회에 잘 나오다가 안 나오다가 하면 중간록, 아예 안 나오거나 탈퇴한 사람은 사망록으로 옮겨진다'고 주장한다. 그들은 '신천지 교적부가 바로 생명책'이라고 주장한다."[4]

자신이 자꾸 죄를 짓고, 지은 죄를 회개하지 못하는 것 때문에 자신의 구원을 의심하다가 신천지파에 빠진 이들이 많다.

신천지파의 교육장으로 일하다가 회개하고 돌아온 신현욱 목사는 아래와 같이 말했다.

"신천지에 빠진 사람들은 모두 기성 교회에서 구원의 확신을 얻지 못한 사람들이다. 신천지는 구원의 확신이 없는 신자를 전도하기 가장 쉬운 A급으로 분류하여 그 사람을 집중적으로 공략한다.

---

[4] 예수를 전하는 사람들, http://seejesus.egloos.com/에서 발췌함.

이단에 빠지지 않을 수 있는 건강한 신앙은 오직 예수, 구원의 확신이다. 오직 예수, 구원의 확신이 있으면 신천지에 빠지지 않는다."[5]

신현욱 목사의 간증을 볼 때, 이단 종파를 만든 가장 큰 원인이 기독교의 구원론들인 것을 알 수 있다. 구체적으로 말해서 기독교의 구원론들이 성도들에게 구원의 확신을 주지 못하기 때문에 수많은 성도들이 행위 구원을 힘쓰다 지쳐서 이단 종파의 비성경적 구원론을 진리로 믿으며 안도하는 것을 알 수 있다. 이 얼마나 안타까운 일인가!

한편, 자신의 구원에 절망하여 사역을 포기하거나 신앙생활을 중단한 기독교인들도 많다. 김명순 집사의 간증을 소개하겠다.

"얼마 전에 변승우 목사님의 『진짜 신자도 진짜 버림을 받을 수 있다』는 책의 제목을 보며 얼마나 큰 충격을 받았는지 모릅니다. 그런데다가 그즈음에 덕정사랑교회 최보라 목사님의 지옥 간증을 보고서는 너무나도 무섭고 불안해서 정서가 안정이 안 되어서 손에 일이 잘 잡히지 않았습니다.

'나는 분명히 구원을 받았는데 잘못하면 지옥에 갈 수도 있겠구나!'
저는 너무나 큰 상처를 받은 가슴을 안고 울며불며 비명을 질러 댔습니다.

'하나님은 인간 부모의 사랑만도 못한 하나님이야! 이런 하나님을 사랑의 하나님이라고? 그 사랑을 전하라고? 난 절대 못해!'

그동안 나름대로 열심히 전도하며 살았는데, 이제는 더 이상 전도

---

[5] 신현욱 2012.11.11. 간증. https://www.youtube.com/watch?v=xnwi9_mG5E4

할 자신이 없었습니다.

'자기 자녀가 죄를 많이 짓는다는 이유로 지옥 불에 던져 버리는 하나님을 어떤 사람이 사랑의 하나님으로 믿을까?'

이것을 생각하니 도저히 전도할 자신이 없었습니다."

다음 장에서 자세히 설명하겠지만 사람은 예수님을 구주로 믿는 순간에 영생(구원)을 얻는다. 영생은 영원히, 절대로, 결코 지옥에 가지 않는 생명이다. 그러므로 예수님을 구주로 영접한(믿은) 성도는 영원히 절대로 지옥에 가지 않는다. 하나님은 성도가 영생을 소유한 것을 가르쳐 주시려고 사도와 선지자를 통해 성경을 기록하셨다.

(요일 5:13) 내가 하나님의 아들의 이름을 믿는 너희에게 이것을 쓰는 것은 너희로 하여금 너희에게 영생이 있음을 알게 하려 함이라

본문의 '너희에게 이것을 쓰는 것'은 '성도들에게 성경을 쓰는 것'을 뜻한다. 이처럼 하나님은 성도들에게 구원(영생)의 확신을 주시려고 성경을 기록하셨다. 그러므로 성도는 열심히 성경을 공부해서 자신의 구원(영생)을 확신해야 한다. 하지만 현실은 정반대다. 대부분의 성도들은 열심히 성경을 공부하는데도 자신의 구원을 확신하지 못한다. 이 때문에 비참한 일을 당하는 성도가 많다. 대체 무엇이 잘못된 것일까? 본서를 쓰던 중에 하나님의 은혜로 성도가 몇 가지를 잘못 깨달아서 자신의 구원을 확신하지 못하는 것을 알게 됐다.

2. 영생이란 무엇인가?

성도가 자신의 구원을 확신하지 못하는 가장 큰 이유는 자신이 소유한 영생이 무엇인지 모르기 때문이다.

영생이란 무엇인가?

(요 3:16) 하나님이 세상을 이처럼 사랑하사 독생자를 주셨으니 이는 그를 믿는 자마다 멸망하지 않고 영생을 얻게 하려 하심이라

본문에 사용된 '영생'은 '영원한(아이오니온-αιωνιον)[6]'이란 형용사

---

6) 아이온(αιων): 본래적 의미로는 '시대', 연루된 의미로 '영원'(과거 포함), 함축적으로 '세상', 특히 (유대적)(현대나 미래)의 '메시아 시대', 시대, 과정, 영원한, 영원히, 영원, (끝없이 시작한) 세상의(처음, 있는 동안), 5550과 비교 〈요 6:51, 고전 1:20〉남명. age;
1) 영원, 영원한 시대, 시간의 영구함, 영구. 2) 세계, 우주. 3) 기간, 시대. 디럭스바이블 2005, 헬라어 사전, 미션소프트.

와 '생명(조엔-ζωην)[7]'이란 명사를 합친 단어다. '영생'은 '영원한 생명'을 뜻한다. '영원한 생명'은 '영원히 사는 생명'을 의미한다.

영원히 사는 인간의 생명은 두 종류다. 하나는 천국에 가서 영원히 사는 생명이고, 다른 하나는 지옥에 가서 영원히 사는 생명이다. 이 두 가지를 구분해야 한다. 예수님은 이것을 '영생'과 '영벌'로 구분하셨다.

(마 25:46) 그들은 영벌에, 의인들은 영생에 들어가리라 하시니라

영생은 어떻게 얻는가?

(엡 2:8-9) 너희는 그 은혜에 의하여 믿음으로 말미암아 구원을 받았으니 이것은 너희에게서 난 것이 아니요 하나님의 선물이라 행위에서 난 것이 아니니 이는 누구든지 자랑하지 못하게 함이라

본문의 '구원'은 '영생'을 뜻한다. 본문의 '그 은혜'는 '하나님의 은혜'를 의미한다. '은혜'는 '받는 이의 노력과 전혀 관계없이 주는 이의 뜻대로 주는 선물'을 뜻한다.

본문의 "믿음으로 말미암아 구원을 얻었다"는 것은 "행위로 말미암아 구원을 얻지 않았다"는 뜻이다. 본문은 "오직 하나님이 선물로 주신 믿음으로 영혼구원을 얻었다"는 뜻이다.[8] 이 때문에 바울 사도

---

[7] 조에(ζωη): 생명(문자적으로 혹은 상징적으로), 생(애), 5590과 비교 〈요 3:16〉 여명. life; 1) 생명, 살아 있는 상태. 2) 본질적으로 윤리적으로 '말씀' 되신 그리스도를 통하여 하나님께 속한 완전한 생명. 디럭스바이블 2005, 헬라어 사전, 미션소프트.

는 "행위에서 난 것이 아니니"란 말에 "결코 아니다", 혹은 "절대로 아니다"를 의미하는 부사 '우(ου)'를 사용했다. 또한 중생한 신자가 얻은 영혼구원(영생)이 하나님이 백 퍼센트 은혜로 주신 것이기에 그는 "구원은 하나님의 선물이라"고 말했다.

성도가 어리석게도 "내가 선하게 살았기 때문에 구원을 받았다"고 자랑할 수 있다. 그래서 바울 사도는 "이는 누구든지 자랑하지 못하게 함이라"고 덧붙였다. 이 말은 "사람들이 '내가 선하게 살아서 영혼구원을 받았다'고 자랑하지 못하게 하려고 하나님이 백 퍼센트 하나님의 은혜로 영혼을 구원해 주셨다"는 뜻이다.

영생은 언제 얻는가?

(요 3:16) 하나님이 세상을 이처럼 사랑하사 독생자를 주셨으니 이는 그를 믿는 자마다 멸망하지 않고 영생을 얻게 하려 하심이라

본문을 보면 사람이 예수님을 믿을 때, 즉 사람이 예수님을 믿는 순간에 영생을 얻는 것을 알 수 있다.

19세기에 '설교의 왕자'로 칭송받았던 영국의 찰스 해돈 스펄전(Charles Haddon Spurgeon) 목사는 사람이 예수님을 믿는 순간에 영생을 얻는 것을 아래와 같이 설명했다.

---

8) 성경은 영혼구원의 방법을 여러 가지로 표현한다: 은혜로 구원받았다(엡 2:8). 믿음으로 구원받았다(롬 3:28). 예수님의 피로 구원받았다(엡 1:7). 하나님의 기쁘신 뜻대로 구원받았다(엡 1:5). 물과 성령으로 구원받았다(요 3:5). 십자가로 구원받았다(골 2:5). 말씀으로 구원받았다(벧전 1:23).

"구원의 길은 간단합니다. 그 방법은 단순합니다. 만약 여러분이 믿기만 한다면 그 순간에 구원을 얻게 될 것입니다."[9]

스펄전 목사의 말을 아래와 같이 바꿀 수 있다.

"영생의 길은 간단합니다. 그 방법은 단순합니다. 만약 여러분이 예수님을 믿기만 한다면 그 순간에 영생을 얻게 될 것입니다."

영생을 얻은 사람은 어떻게 되는가?

(요 10:28 한글개역개정) 내가 그들에게 영생을 주노니 영원히 멸망하지 아니할 것이요 또 그들을 내 손에서 빼앗을 자가 없느니라

본문의 헬라어 원문을 보자.

"κἀγὼ δίδωμι αὐτοῖς ζωὴν αἰώνιον; καὶ οὐ μὴ ἀπόλωνται, εἰς τὸν αἰῶνα, καὶ οὐχ ἁρπάσει τις αὐτὰ ἐκ τῆς χειρός μου."

본문의 '멸망'은 '지옥에 가는 것'을 뜻한다. 본문의 '영원히'는 '끝없는 시간'을 의미한다.

본문의 '아니할'의 헬라어가 '우 메(ου μη)'다. '우 메'는 절대적인 부정, 즉 "결코(절대로) 아니다"를 의미하는 부사 '우(ου, 기식음 앞: 우크-ουκ)[10]'와 제한적인 부정을 의미하는 부사 '메(μη)[11]'가 합쳐진 단어다.

---

9) 찰스 스펄전 저, 지상우 역, 스펄전설교전집, 크리스천다이제스트, 2011년, p.527

절대부정 부사 '우(οὐ)'의 용법을 보자.

> (행 4:12) 다른 이로써는 구원을 받을 수 없나니 천하 사람 중에 구원을 받을 만한 다른 이름을 우리에게 주신 일이 없음이라 하였더라

본문의 '없나니'의 헬라어가 절대부정 부사 '우(οὐ)'다. 본문은 '예수님 외에는 절대로 구원자가 없다'는 뜻이다. 따라서 절대부정 부사 '우(οὐ)'를 강조한 단어 '우 메(οὐ μη)'가 '절대로, 결코 아니다'를 뜻함을 알 수 있다.

한글개역개정성경의 요한복음 10장 28절의 '주노니(δίδωμι)'는 잘못된 번역이다. 이것은 '주었노니'로 번역해야 한다. 본문의 '주노니'로 번역된 동사의 헬라어가 현재형이기 때문이다.

성경 기자들은 과거에 얻은 것을 현재까지 가지고 있을 때, 혹은 과거에 이루어진 일이 현재까지 계속될 때, 현재형 동사를 사용했다.

> (눅 16:28) 내 형제 다섯이 있으니 그들에게 증언하게 하여 그들로 이 고통 받는 곳에 오지 않게 하소서

본문은 지옥에 있는 부자가 천국에 있는 아브라함에게 한 말이다. 본문의 '내 형제 다섯이 있으니'에 '현재형 동사(엑코-εχω)'가 사용되

---

10) οὐ(우): 절대부정(3361과 비교) 부사; '아니' 또는 '아니다', 오랜, 아니오, 도 아닌, 결코 아니다, 아니(사람), 아무도, 할 수 없다, 아무 것, 3364, 3372를 보라(마 21:21; 요 11:10) 부. no, not; 1) 아닌, 아니다.
11) 메(μη): 제한된 부정을 나타내는 기본 불변사(반면에 '우'는 절대적인 부정을 나타낸다). 1) 아니다. 하지 않도록. 디럭스바이블 2005, 헬라어 사전, 미션소프트.

었다. 본문의 '현재형 동사'를 '내 형제 다섯 명이 지금 태어나는 중에 있다'고 해석하면 안 된다. 본문은 '과거에 태어난 내 형제 다섯 명이 현재도 내 형제로 존재하고 있다'고 해석해야 한다. 이처럼 성경 기자들은 과거에 얻은 것을 현재 가지고 있을 경우에 현재형 동사를 사용했다.

아래의 한글 성경은 헬라어 현재형 동사를 바르게 번역했다.

(요 5:24) 내가 진실로 진실로 너희에게 이르노니 내 말을 듣고 또 나 보내신 이를 믿는 자는 영생을 얻었고 심판에 이르지 아니하나니 사망에서 생명으로 옮겼느니라

헬라어 원문 성경에 본문의 '영생을 얻었고'에 현재형 동사 '엑케이(εχει)'가 사용됐다. 예수님을 믿을 때 영생을 얻으므로 본문을 '영생을 얻었고'로 번역한 것이 옳다. 따라서 요한복음 10장 28절의 현재형 동사도 '영생을 주었노니'로 번역하는 것이 옳다.

지금까지 설명한 것에 따르면 요한복음 10장 28절을 아래와 같이 번역하는 것이 옳다.

(요 10:28) 내가 그들에게 영생을 주었노니 그들은 영원히, 절대로, 결코 멸망하지 아니할 것이요 또 그들을 내 손에서 빼앗을 자가 절대로 없느니라

중생한 신자도 지옥에 갈 수 있는 것이면 예수님은 결코 절대부정을 강조하는 '우 메'란 단어를 사용하지 않으셨을 것이다. 그 단어를

사용하면 자신이 궤변가가 되기 때문이다. 중생한 신자도 지옥에 갈 수 있는 것이면 예수님은 반드시 아래와 같이 말씀하셨을 것이다.

"내가 중생한 신자들에게 임시 생명을 주었기 때문에 중생한 신자도 선하게 살지 않으면 지옥에 갈 수밖에 없다."

지금까지 설명한 것처럼 예수님은 매우 분명하게 "중생한 신자는 예수님을 믿을 때 영생을 얻었으므로 영원히, 절대로 지옥에 가지 않는다"고 선포하셨고, "한 번 구원은 영원한 구원이라"고 선언하셨다. 그런데도 대부분의 성도들은 자신의 영혼구원이 온전하지 못한 것으로 믿고, 자신이 평생 성화를 힘써야만 자신의 육체가 죽을 때 영혼이 구원을 얻는 것으로 믿는다. 구체적으로 말하면 어떤 이들은 "중생한 신자도 선하게 살지 못하면 지옥에 간다"고 믿고, 어떤 이들은 "진짜로 중생한 신자는 반드시 선하게 살아서 천국에 가고, 선하게 살지 않는 성도는 모두 가짜 신자라서 반드시 지옥에 간다"고 믿는다. 그렇게 믿는 이유는 성경의 구원론 난해 구절들이 "중생한 신자도 행위로 영혼구원을 받아야 한다"고 가르치는 것으로 오해하기 때문이다.

다음에 설명하겠지만 신약성경 서신서의 "행함이 없는 믿음으로는 구원받을 수 없다"는 말씀과 산상설교의 "좁은 문으로 들어가서 천국에 가라", "하나님의 뜻대로 살아서 천국에 가라"는 말씀은 "중생한 신자도 행함으로 영혼구원을 받아야 한다"는 뜻이 아니고, "중생한 신자는 죽을 때까지 영혼의 성화를 이룬 후에 죽을 때 영혼구원을 받는다"는 뜻도 아니다.

한편, 어떤 이들은 신약성경의 "믿는 자는 영생을 가졌나니"를 "믿는 자는 영생을 얻기 시작했다"라고 해석한다. 그러나 이 해석은 신약성경에 사용된 헬라어를 충분히 연구하지 않아서 나온 오류일 뿐이다. 신약성경 기자들이 어떤 일이 시작한 것을 표현할 때, 반드시 '알케(Ἀρχή)'란 명사나 '알코(ἄρχω)'란 동사를 사용했기 때문이다. 대표적인 성경 구절은 아래와 같다.

(막 1:1) 하나님의 아들 예수 그리스도의 복음의 시작(알케)이라

(눅 3:23) 예수께서 가르치심을 시작하실(알코) 때에 삼십 세쯤 되시니라 사람들이 아는 대로는 요셉의 아들이니 요셉의 위는 헬리요

사람이 예수님을 믿을 때 영생을 얻기 시작한 것이 사실이면 성경 기자들은 반드시 '알케(Ἀρχή)'란 명사나 '알코(ἄρχω)'란 동사를 사용해서 "믿는 자는 영생을 얻기 시작했다"고 기록했을 것이다.

이번 장의 내용을 아래와 같이 요약할 수 있다.

"중생한 신자는 영생을 얻었으므로 영원히, 절대로, 결코 지옥에 가지 않는다. 중생한 신자들 중에서 지옥에 가는 사람은 한 사람도 없다. 한 번 구원은 영원한 구원이다."

3. 야고보서에 있는 구원론 난해 구절 해석

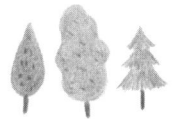

대부분의 한국 기독교인들은 '영혼'이란 단어를 사용한다. 그런데 이 단어가 헬라어 성경에 '영'으로 돼 있다. 그래서 지금부터 부득이한 경우가 아니면 '영혼'이란 단어를 사용하지 않고, '영'이란 단어를 사용하겠다.

은혜구원을 가르치는 성경말씀을 배워서 어느 정도 구원의 확신을 가진 성도들 대부분은 성경의 구원론 난해 구절들을 만나면 다시 구원의 확신이 흔들린다. 피상적으로 보면 그 구절들이 행위구원을 가르치는 것처럼 보이기 때문이다. 대표적인 성경 구절이 야고보서 2장 14절의 '행함이 없는 믿음으로는 구원을 받을 수 없다'는 말씀이다.

내가 젊었을 때 만났던 어떤 목사는 아래와 같이 주장했다.

"천국에 가는 것은 사다리를 타고 올라가는 것과 같습니다. 주일 예배에 한 번 빠지면 사다리의 가로 막대가 하나씩 없어집니다. 주일 예배에 여러 번 빠지면 어떻게 천국에 갈 수 있겠습니까? 주일성수를 잘 합시다."

미국의 어떤 기독교인은 아래와 같이 주장했다.

"제가 천국에서 만난 주님은 '기독교인들 중에 20%만이 주님이 기뻐하시는 신앙인'이라고 말씀하셨습니다. 주님은 '주일 낮 예배만 겨우 참석하는 사람, 인색하여 십일조도 제대로 하지 않는 사람, 미지근한 신앙을 가진 사람, 주님보다 세상을 더 사랑하는 사람, 이런 사람들은 비록 크리스천이라도 천국에 올 수 없다'고 엄중하게 말씀하셨습니다."[12]

한국의 어떤 목사는 아래와 같이 주장했다.

"사도들의 가르침에 의하면 지금의 기독교인들은 거의 다 지옥 갑니다. 조나단 에드워즈의 구원론에 의하면 지금의 기독교인들은 거의 다 지옥 갑니다. 예수님께서 심판하러 오시면 거의 다 지옥 갑니다. 단 한 번의 범죄로도 지옥 갈 수 있습니다."

한국의 어떤 목사는 아래와 같이 주장했다.

"내가 환상 중에 지옥을 구경했는데 그곳에 평신도는 물론 목사와 사모들도 많았습니다. 내가 아는 유명한 목사들도 거기에 있었습니다."

---

[12] 변승우, 지옥에 가는 크리스천들, 은혜출판사, 2006년, 서문 중에서

한국의 어떤 유명한 부흥강사는 통영의 어떤 교회에서 연합부흥회를 인도할 때 아래와 같이 증언했다.

"내가 졸업한 신학대학교의 신학대학원장을 역임하신 B 박사님은 내가 그 신학교에서 공부할 때, '한국교회의 신자들은 신앙생활을 제대로 하지 않기 때문에 3%도 천국에 들어가기 어려울 것이라'고 말씀하셨습니다."

그 집회가 끝난 후에 나는 어떤 교회의 교인들이 집으로 돌아가며 아래와 같은 대화를 나누는 것을 들었다.

"에이구! 한국교회 교인들이 3%만 천국에 간다면 우리 교회에서는 목사님이나 천국 가고, 나머지는 다 지옥 가게 생겼다!"

"우린 만날 교회에 다녀 봤자 말짱 헛방이란 얘기지."

그날 저녁에 나는 우리 교회의 Y 장로와 함께 그 부흥강사와 저녁 식사를 했다. 그때 부흥강사에게 아래와 같이 질문했다.

"목사님, B 박사님이 진짜로 '한국교회의 신자들은 3%도 천국에 들어가기 어려울 것이라'고 말씀하셨습니까?"

부흥강사는 더욱 기가 막힌 대답을 했다.

"1천 명이 넘는 신학생들 앞에서 설교하실 때 그렇게 말씀하셨습니다. 솔직히 말하면 나는 한국교회의 타락상을 볼 때, 한국교회 기독교인들은 1,000명 중에 1명도 천국에 들어가기 힘들 것이라고 생각합니다."

답답한 나는 그에게 아래와 같이 질문했다.

"목사님, 고린도전서 5장 1-5절을 보면 아버지의 아내와 동거 생활을 하는 사람이 기록돼 있습니다. 바울 사도는 그 사람의 육신만 사탄에게 맡겨서 죽게 하고, 그의 영은 구원을 받게 했습니다. 이 말씀은 어떻게 해석해야 할까요?"

이 말을 하자마자 그가 대답했다.

"어? 성경에 그런 말씀도 있네?"

한국에서 만들어진 한 기독교 영화에 어떤 대형 교회의 목사가 후배 목사에게 아래와 같이 말하는 장면이 나온다.

"우리 교회의 성도 수가 3만 명이 넘는데, 내가 만난 예수님은 '주님의 신부로 예비된 성도는 단 다섯에 지나지 않는다'고 말씀하셨네."

한국교회 교인이 1천만 명이라고 치자. 한국교회 교인들 중에서 3%만 천국에 갈 수 있으면 30만 명만 천국에 가고, 나머지 970만 명은 지옥에 가야 한다. 한국교회 교인들이 1천 명 중에서 1명만 천국에 갈 수 있으면 한국교회 교인들은 1만 명만 천국에 가고, 나머지 999만 명은 지옥에 가야 한다. 이 정도면 한국교회의 대부분의 교인들은 지옥에 가려고 교회에 다니는 셈이 아닌가? 상식적으로 생각해도 기존의 구원론들이 조금 이상하지 않은가?

행위구원론을 주장하는 이들과 달리 일부 기독교 지도자들은 우격다짐 식 은혜구원론을 가르친다.

> "성경의 '행함으로 구원받아야 한다'는 말씀은 '행함으로 영혼구원을 받아야 한다'는 뜻이 전혀 아니다. 무조건 하나님의 은혜로 영혼구원을 받는다."

안타깝게도 그들은 성경의 구원론 난해 구절들의 본뜻을 설명하지 않은 채로 이런 주장을 한다. 이것은 일종의 우격다짐이다. 이 때문에 그들이 아무리 성경이 가르치는 대로 은혜구원론을 전파해도 대부분의 성도들은 그들의 은혜구원론을 외면한다. 대부분의 성도들은 '우격다짐 식으로 설명한 은혜구원론보다 그럴 듯하게 설명한 행위구원론이 더 성경적이라'고 믿는다.

대부분의 기독교 지도자들이 행위구원론을 주장하고, 일부 기독교 지도자들이 우격다짐 식 은혜구원론을 주장하는 것은 한국교회와 세계 교회가 똑같다. 이런 상황에서 성도들이 어떻게 자신의 구원을 확신할 수 있겠는가? 실제로 대부분의 성도들은 열심히 신앙생활을 할 때는 구원받을 것으로 여기고, 게으르게 살거나 죄를 지으면 구원을 못 받을 것으로 여긴다. 다시 말해서 천국과 지옥을 오락가락한다.

일부 성도들은 완전히 구원의 확신을 잃어버리고, 지옥의 공포에 시달리고 있다. 이단자들은 호시탐탐 그들을 노리고 있다. 이미 이단자들에게 걸려든 성도들도 많다. 성경의 구원론 난해 구절들의 본뜻을 깨닫지 못하면 이런 비극이 계속될 것이다. 대체 성경의 구원론 난해 구절들의 본뜻이 무엇일까?

나는 본서를 쓰기 시작한 후에 성경의 구원론 난해 구절들 중에서 가장 먼저 야고보서 2장 14절 해석을 시도했다.

> (약 2:14) 내 형제들아 만일 사람이 믿음이 있노라 하고 행함이 없으면 무슨 유익이 있으리요 그 믿음이 능히 자기를 구원하겠느냐

오랜 세월 동안 대부분의 목회자들은 '본문의 구원'을 '영혼구원'으로 단정했다. 이 때문에 행위구원론자들은 본문을 전가의 보도처럼 휘두르며 강력하게 행위구원론을 주장했다.

> "우리가 믿음으로 구원을 받는 것이 확실한 것처럼 말씀대로 생활하지 않는 자가 천국에 들어가지 못하는 것 역시 확실합니다. 이 둘은 성경에 선명하게 계시돼 있기 때문에 부인할 수 없는 진리입니다."[13]

행위구원론자들과 달리 은혜구원론을 주장하는 이들은 야고보서 2장 14절 때문에 크게 고민했다. 종교개혁자 마르틴 루터 신부가 야고보서를 성경으로 인정하기를 꺼려 한 것은 유명한 일화다.

---

13) 변승우, 지옥에 가는 크리스천들, 은혜출판사, 2006년, p.98

"잘 알려진 대로 루터는 야고보서를 '지푸라기 서신'이라고 부르며 신약의 일부로 인정하기를 주저했다. 야고보서는 신약의 다른 책들과 비교해 볼 때, 복음적 특성이 전혀 없기 때문이라는 것이 그 이유였다. 야고보서의 칭의론이 바울의 칭의론과 정면으로 배치된다고 생각하며 그는 '어느 누구라도 이 두 사람의 가르침을 조화시킬 수 있는 사람이 있다면 나는 내 박사모를 그에게 씌워 주고, 그가 나를 바보라 부를 수 있게 해 주겠다'라고 했다."[14]

마르틴 루터 신부와 달리 종교개혁자 존 칼빈 목사는 야고보서 2장 14절을 불신자에게 해당하는 말씀으로 해석했다.[15]

그러나 존 칼빈 목사의 구원론을 따르는 목회자들 대부분은 야고보서 2장 14절을 중생한 신자들에게 해당하는 말씀으로 해석하며 아래와 같이 주장했다.

"진짜 신자는 반드시 선하게 산다. 선하게 살지 않는 신자는 모두 가짜 신자다."[16]

한편, 성경의 구원론 난해 구절들이 행위구원을 가르치는 것으로 해석하는 것 때문에 안타까운 일이 많이 일어났다.

옥한흠 목사는 미국의 청교도 신학자들 중에서 가장 유명한 조나단 에즈워즈 목사에게 일어난 매우 안타까운 일을 소개했다.

---

14) 권연경, 행위 없는 구원?, SFC출판부, 2006년, pp.40-41
15) 존 칼빈 저, 존 칼빈 성경주석출판위원회 역, 야고보서, 성서교재간행사, 1980년, pp.330-331
16) 그랜드종합주석, 야고보서, 성서교재간행사, 1993년, p.285

"미국의 청교도 신학자들 중에서 가장 위대한 인물은 조나단 에드워즈 목사입니다. 그는 초기 프린스턴대학교의 총장을 역임했습니다. 그는 코네티컷 주에서 제일 큰 노우삼톤 교회에서 목회했습니다. 그런데 그가 그 교회에서 23년 동안 목회하던 중에 교인들의 신임투표를 받게 됐습니다. 그 시대에는 남성 세례교인들에만 투표권이 있었습니다. 놀랍게도 230여 명의 남자 세례교인 중에서 조나단 에드워즈 목사의 유임에 찬성하는 표가 23표밖에 나오지 않았습니다. 그렇게 해서 그는 교회에서 쫓겨났습니다. 가장 큰 이유는 그가 그 교회 교인들 대부분이 영혼구원을 받지 못한 사람들로 의심해서 그들이 성찬식에 참석하는 것을 금지시켰기 때문입니다."[17]

기독교 역사상 헤아릴 수 없이 많은 성도들이 행위구원론을 믿는 것 때문에 자신의 구원에 절망해서 신앙생활을 포기하거나 이단에 빠지거나 극단적 선택을 했다. 그들의 고통에 비하면 조나단 에드워즈 목사가 행위구원론을 가르치다가 당한 어려움은 대수가 아닐 것이다.

나 역시 아무리 머리를 짜내도 야고보서 2장 14절을 명쾌하게 해석할 수 없었다. 열심히 주석들을 뒤져도 본문을 명쾌하게 해석한 책을 찾을 수 없었다. 어쩔 수 없이 집필을 중단했다.

속절없이 아까운 시간을 보내던 어느 날(2005년 12월 6일로 추정됨)이다. 그날 나는 방에 멍하니 앉아 있었다. 그때, 하나님이 불현듯 내 머릿속에 야고보서 2장 14절의 본뜻이 생각나게 해 주셨다! 구체적으로 말하면 하나님이 나에게 '신약성경 기자들이 구원이란 단어를

---

[17] https://www.youtube.com/watch?v=6QiqNJeLzxI

여러 가지 용도로 사용한 것'을 가르쳐 주셨다!

신약성경 기자들은 '구원'이란 단어(헬라어)를 명사는 주로 '소테리아($\sigma\omega\tau\eta\rho\iota\alpha$)'를 사용했고, 동사는 주로 '소조($\sigma\omega\xi\omega$)'를 사용했다.[18] 이것이 잘 나타난 성경말씀이 사도행전에 있다.

(행 4:12) 다른 이로써는 구원(소테리아)을 받을 수 없나니 천하 사람 중에 구원(소조)을 받을 만한 다른 이름을 우리에게 주신 일이 없음이라 하였더라

신약성경을 세밀하게 살펴보면 신약성경 기자들이 '소테리아'와 '소조'를 여러 가지 용도로 사용한 것을 알 수 있다.

1) 신약성경 기자들은 '사람의 영혼이 구원받는 것'을 표현할 때 '구원'이란 단어를 사용했다.

(행 16:31) 이르되 주 예수를 믿으라 그리하면 너와 네 집이 구원(소조)을 받으리라 하고

본문은 '사람은 예수님을 믿으면 영혼구원을 받을 수 있다'는 뜻이다.

---

18) • 소테리아($\sigma\omega\tau\eta\rho\iota\alpha$): 1) 구출, 보호, 안전, 구원, 메시야적 구원. 2) 모든 진실된 그리스도인들이 현재 소유한 구원. 3) 미래의 구원.
• 소조($\sigma\omega\xi\omega$): 구원하다, 안전하고 튼튼하게 지키다, 위험과 파괴로부터 구출하다. 디럭스바이블 2005, 헬라어 사전, 미션소프트.

2) 신약성경 기자들은 '땅에서 복 받는 것'을 표현할 때도 '구원'이란 단어를 사용했다.

(행 27:42-43) 군인들은 죄수가 헤엄쳐서 도망할까 하여 그들을 죽이는 것이 좋다 하였으나 백부장이 바울을 구원(소조)하려 하여 그들의 뜻을 막고 헤엄칠 줄 아는 사람들을 명하여 물에 뛰어내려 먼저 육지에 나가게 하고

본문은 바울 사도가 죄수 아닌 죄수가 돼서 배를 타고 로마로 끌려가던 중에 일어난 일을 기록한 것이다. 그때 큰 풍랑으로 인해 배가 침몰하게 됐다. 로마 군인들은 죄수들이 도망치는 것을 막기 위해 "죄수들을 모두 죽이자"고 백부장(지휘관)에게 건의했다. 그러나 백부장은 바울 사도를 살리기 위해 "배에 탄 모든 사람들은 헤엄을 쳐서 육지에 상륙하라"고 명령했다. 성경은 이것을 "백부장이 바울을 구원하려 하여 부하들이 죄수들을 살해하려는 뜻을 막았다"고 표현했다. 본문에 사용된 '구원'이란 단어가 사람의 영을 구원하는 것을 표현할 때 사용한 것과 같은 '소조(σωξω)'다. 본문의 구원은 바울 사도의 육체를 구해 주는 것(목숨을 구해 주는 것-육체가 복을 받는 것)을 뜻한다.

성경 기자들은 전쟁에서 이기는 것과 질병을 고치는 것 등에도 '구원'이란 단어를 사용했다. 여기까지는 성경 사전에 설명돼 있다.

디럭스바이블 성경 사전이 성경의 구원을 설명한 것을 보자.

"구원: 하나님의 은혜, 또는 그 긍휼하심에 의해 사단의 세력과 죄로 인한 멸망에서 구해 내는 일. 성서 중에도 종교적 의미가 아니고,

재해, 불행, 외적(外敵) 등에서의 구원의 용례(用例)를 보게 된다(히 11:7; 시 34:6; 출 14:13; 신 20:4; 눅 1:71; 행 7:25). 또한 신약에는 병에서 '고침을 받는다'는 표현을 '구원되었다'는 의미의 말로 쓴 경우도 있다(마 9:22; 약 5:15; 막 6:56)."[19]

디럭스바이블 성경 사전은 '죄에서 영혼을 건져주는 구원(영혼구원)'과 '재해와 질병과 외적으로부터 육체를 건져 주는 구원(육신의 복)'만 소개했다. 대부분의 목회자들도 여기까지는 알고 있을 것이다. 하지만 성경 기자들은 이 외에도 '구원'이란 단어를 또 다른 경우에 사용했다. 이것을 깨달아야만 성경의 구원을 바르게 이해할 수 있다!

3) 신약성경 기자들은 '하늘에서 상을 받는 것'에도 '구원'이란 단어를 사용했다!

(약 2:14) 내 형제들아 만일 사람이 믿음이 있노라 하고 행함이 없으면 무슨 유익이 있으리요 그 믿음이 능히 자기를 구원하겠느냐(소조)

지금까지 대부분의 기독교인들은 본문의 '구원'을 '영혼구원'으로 해석했다. 그러나 하나님은 나에게 본문의 '구원'이 '복과 상을 받는 것을 뜻함'을 가르쳐 주셨다. 이에 관한 성경의 증거들을 제시하겠다.

(1) 야고보서 2장 14절의 문맥이 본문의 구원이 행함으로 복과 상을 받는 것을 뜻함을 증명한다.

야고보 선생은 중생한 신자들이 시험에서 이기도록 돕기 위해 야

---

19) 디럭스바이블 2005, 성경 사전, 미션소프트.

고보서를 썼다.

(약 1:2) 내 형제들아 너희가 여러 가지 시험을 당하거든 온전히 기쁘게 여기라

야고보 선생은 중생한 신자들이 여러 가지(큰) 시험에서 이기도록 돕기 위해 두 가지를 강조했다.

첫째, 중생한 신자가 시험을 당했을 때, 율법(도덕법)을 잘 지키면 상을 받을 수 있는 것을 강조했다.

(약 1:12) 시험을 참는 자는 복이 있나니 이는 시련을 견디어 낸 자가 주께서 자기를 사랑하는 자들에게 약속하신 생명의 면류관을 얻을 것이기 때문이라

하나님은 중생한 신자가 천국에 가면 그가 선을 행한 만큼(그가 도덕적 율법을 지킨 만큼) '생명의 면류관', '의의 면류관', '영광의 면류관'을 상으로 주신다. 이것은 신약성경에 자세히 기록돼 있다.

둘째, 중생한 신자가 시험을 당했을 때, 율법을 잘 지키면 복을 받는 것을 강조했다.

(약 1:25) 자유롭게 하는 온전한 율법을 들여다보고 있는 자는 듣고 잊어버리는 자가 아니요 실천하는 자니 이 사람은 그 행하는 일에 복을 받으리라

하나님은 중생한 신자가 땅에 살 때, 그가 선을 행한 만큼 복을 주신다. 이것은 구약성경에 자세히 기록돼 있다.

야고보 선생은 야고보서 1장에서 "율법을 지키면 복을 받거나 상을 받는다"고 선포한 후에 야고보서 2장에서 계속 율법을 지킬 것을 강조했다.

(약 2:8-9) 너희가 만일 성경에 기록된 대로 네 이웃 사랑하기를 네 몸과 같이 하라 하신 최고의 법을 지키면 잘하는 것이거니와 만일 너희가 사람을 차별하여 대하면 죄를 짓는 것이니 율법이 너희를 범법자로 정죄하리라

(약 2:12) 너희는 자유의 율법대로 심판 받을 자처럼 말도 하고 행하기도 하라

야고보 선생은 "중생한 신자가 율법을 지키면 복을 받거나 상을 받을 것이지만 율법을 범하면 하나님의 심판을 받을 것이라"고 강조한 후에 아래와 같이 말했다.

(약 2:14) 내 형제들아 만일 사람이 믿음이 있노라 하고 행함이 없으면 무슨 유익이 있으리요 그 믿음이 능히 자기를 구원(소조)하겠느냐

본문의 문맥을 볼 때, '본문의 행함'이 '율법을 행하는 것을 의미함'을 알 수 있다. 따라서 야고보 선생이 야고보서 1장에서 "율법을 지켜야 상을 받고, 율법을 지켜야 복을 받는다"고 말한 것을 야고보서 2장에서 "율법을 행해야 구원(의롭다 함)을 받는다"고 바꿔서 말한 것을 알 수 있다. 다시 말해서 그가 야고보서 1장에서 "율법을 지키지 않으면 땅에서 저주를 받고, 하늘에서 상을 박탈당한다"고 말한 것을 야고보서 2장에서 "율법을 행하지 않으면 구원(의롭다 함)을 받지 못한다"고 바꿔서 말한 것을 알 수 있다.

더 나아가서 야고보 선생이 "율법을 지켜야 복을 받고, 율법을 지켜야 상을 받는다"고 표현하는 것이 번거롭기 때문에 두 문장을 줄여서 "율법을 지켜야 구원(의롭다 함)을 받는다"고 표현한 것을 알 수 있다. 뒤에서 설명하겠지만 다른 성경 기자들도 '구원'이란 단어를 '상을 받는 것'에 사용했으므로 야고보 선생의 표현에 전혀 문제가 없다.

(2) 야고보 선생이 아브라함과 라합의 행위를 예로 들어서 구원을 설명한 것도 야고보서 2장 14절의 구원이 행함으로 복과 상을 받는 것을 뜻함을 증명한다.

> (약 2:21) 우리 조상 아브라함이 그 아들 이삭을 제단에 바칠 때에 행함으로 의롭다 하심을 받은 것이 아니냐

야고보 선생은 아브라함이 하나님께 이삭을 바친 사건을 근거로 "중생한 신자는 행함이 있는 믿음으로 의롭다 함(구원)을 받는다"고 선언했다. 이 말의 절반의 뜻이 창세기에 기록돼 있다.

> (창 22:16-18) 이르시되 여호와께서 이르시기를 내가 나를 가리켜 맹세하노니 네가 이같이 행하여 네 아들 네 독자도 아끼지 아니하였은즉 내가 네게 큰 복을 주고 네 씨가 크게 번성하여 하늘의 별과 같고 바닷가의 모래와 같게 하리니 네 씨가 그 대적의 성문을 차지하리라 또 네 씨로 말미암아 천하 만민이 복을 받으리니 이는 네가 나의 말을 준행하였음이니라 하셨다 하니라

아브라함이 하나님께 아들을 바쳐서 영혼구원을 받았는가? 전혀 아니다. 그는 하나님께 아들을 바쳐서 큰 복을 받았다. 그는 자손의

번성과 승승장구의 복을 받았다. 그 무엇보다도 그의 후손을 통해 예수님이 오시게 되는 큰 복을 받았다!

아브라함이 하나님께 이삭을 바쳐서 땅의 복만 받았는가? 당연히 하늘의 상도 많이 받았다.

예수님은 아브라함이 천국에서 요직에 기용된 것과 큰 영광을 누리고 있는 것을 가르쳐 주셨다.

(눅 16:22) 이에 그 거지가 죽어 천사들에게 받들려 아브라함의 품에 들어가고 부자도 죽어 장사되매

야고보 선생은 아브라함이 행함으로 복과 상을 받은 것을 예로 든 후에 라합이 행함으로 복과 상을 받은 것을 예로 들었다.

(약 2:25) 또 이와 같이 기생 라합이 사자들을 접대하여 다른 길로 나가게 할 때에 행함으로 의롭다 하심을 받은 것이 아니냐

라합이 자신과 가족들의 목숨을 걸고 이스라엘의 정탐꾼들을 숨겨 줘서 큰 복을 받은 것은 여호수아서와 룻기에 기록돼 있다. 그녀는 그 일을 해서 자신과 가족의 목숨을 구하는 복과 유다 지파의 살몬과 결혼하여 보아스를 낳는 복과 다윗 왕의 고조할머니[高祖母]가 되는 복을 받았다.

라합이 목숨을 걸고 이스라엘의 정탐꾼을 숨겨 줘서 큰 복만 받았

겠는가? 히브리서 11장을 보면 그녀 역시 아브라함처럼 큰 상도 받은 것을 알 수 있다. 이 때문에 야고보 선생이 라합을 예로 들어서 행함으로 큰 복과 큰 상을 받는 것을 가르친 것이다.

(3) 히브리서 11장은 야고보서 2장 14절의 구원이 행함으로 복과 상을 받는 것을 뜻함을 더욱 분명하게 증명한다.

(히 11:6) 믿음이 없이는 하나님을 기쁘시게 하지 못하나니 하나님께 나아가는 자는 반드시 그가 계신 것과 또한 그가 자기를 찾는 자들에게 상 주시는 이심을 믿어야 할지니라

본문에서 보는 것처럼 히브리서 기자는 "하나님께 나아가는 자는 반드시 하나님이 상을 주시는 이심을 믿어야 한다"고 선언했다. 이 말씀은 '중생한 신자는 하나님께 충성한 사람에게 하나님이 반드시 상을 주시는 것을 믿어야 한다'는 뜻이다. 히브리서 기자는 구약시대에 하나님께 크게 충성하여 큰 상을 받은 사람들을 아벨부터 시작해서 노아, 아브라함 등등을 예로 들었다.

구약시대에 하나님께 크게 충성하여 큰 상을 받은 모세를 보자.

(히 11:24-26) 믿음으로 모세는 장성하여 바로의 공주의 아들이라 칭함 받기를 거절하고 도리어 하나님의 백성과 함께 고난 받기를 잠시 죄악의 낙을 누리는 것보다 더 좋아하고 그리스도를 위하여 받는 수모를 애굽의 모든 보화보다 더 큰 재물로 여겼으니 이는 상 주심을 바라봄이라

모세는 하나님이 상을 주실 것을 바라보았기에 그처럼 큰 고난을 감수하며 충성스럽게 하나님을 섬길 수 있었다. 이 때문에 히브리서 기자가 히브리서를 받은 사람들에게 "너희도 모세처럼 하나님께 크게 충성해서 큰 상을 받으라"고 말한 것이다.

믿음의 위인들이 장차 받을 큰 상을 바라보며 하나님께 크게 충성한 일을 소개하던 히브리서 기자는 아래와 같이 말했다.

> (히 11:17) 아브라함은 시험을 받을 때에 믿음으로 이삭을 드렸으니 그는 약속들을 받은 자로되 그 외아들을 드렸느니라

이 말은 '아브라함도 모세처럼 상 주심을 바라보며 자기 목숨보다 더 아끼는 외아들을 하나님께 드려서 큰 상을 받았다'는 뜻이다.

히브리서 기자가 여리고 성의 기생이었던 라합을 행함으로 큰 상을 받은 사람의 표본으로 소개한 것을 보자.

> (히 11:31) 믿음으로 기생 라합은 정탐꾼을 평안히 영접하였으므로 순종하지 아니한 자와 함께 멸망하지 아니하였도다

이처럼 히브리서 기자와 야고보서 기자가 동일하게 아브라함과 라합의 행함이 있는 믿음을 예로 들어서 "행함이 있는 믿음으로 복과 상을 받는다"고 선언했다. 다만 히브리서 기자가 "행함이 있는 믿음으로 복과 상을 받는다"고 표현한 것을 야고보서 기자가 "행함이 있는 믿음으로 구원을 받는다", "행함이 있는 믿음으로 의롭다 함을 받는다"고 표현한 것이 다를 뿐이다.

(4) 아브라함과 라합이 영혼구원을 받은 때[時點]도 야고보서 2장 14절의 구원이 행함으로 복과 상을 받는 것을 뜻함을 증명한다.

먼저 아브라함이 행함이 없는 믿음으로 영혼구원을 받은 때를 상징적으로 보여 주는 사건을 기록한 창세기부터 보자.

> (창 15:3-6) 아브람이 또 이르되 주께서 내게 씨를 주지 아니하셨으니 내 집에서 길린 자가 내 상속자가 될 것이니이다 여호와의 말씀이 그에게 임하여 이르시되 그 사람이 네 상속자가 아니라 네 몸에서 날 자가 네 상속자가 되리라 하시고 그를 이끌고 밖으로 나가 이르시되 하늘을 우러러 뭇별을 셀 수 있나 보라 또 그에게 이르시되 네 자손이 이와 같으리라 아브람이 여호와를 믿으니 여호와께서 이를 그의 의로 여기시고

본문은 아브라함이 이삭을 낳기 전에 하나님을 믿어서(행함이 없는 믿음으로) 의롭게 된 것(영혼구원을 받은 것)을 기록한 것이다. 거의 틀림없이 아브라함은 그 이전(갈대아 우르에 있을 때)에 행함이 없는 믿음으로 영혼구원을 받았을 것이다.

바울 사도는 아브라함이 이삭을 낳기 전에 행함이 없는 믿음으로 영혼구원을 받은 것을 아래와 같이 설명했다.

> (롬 4:2-3) 만일 아브라함이 행위로써 의롭다 하심을 받았으면 자랑할 것이 있으려니와 하나님 앞에서는 없느니라 성경이 무엇을 말하느냐 아브라함이 하나님을 믿으매 그것이 그에게 의로 여겨진 바 되었느니라

이처럼 구약성경과 신약성경이 동일하게 아브라함이 행함이 없는 믿음으로 영혼구원을 받은 것과 그가 행함이 있는 믿음으로 복과 상을 받은 것을 구분하여 가르친다.

라합은 언제, 어떻게 영혼구원을 받았을까? 여호수아서는 라합이 영혼구원을 받은 때와 그녀가 영혼구원을 받은 방법을 아래와 같이 증언했다.

> (수 2:11) 우리가 듣자 곧 마음이 녹았고 너희로 말미암아 사람이 정신을 잃었나니 너희의 하나님 여호와는 위로는 하늘에서도 아래로는 땅에서도 하나님이시니라

아브라함은 행함이 없는 믿음으로 영생을 얻은 후에 자신의 목숨보다 더 아까운 이삭을 하나님께 바치는 큰 믿음을 보여서 큰 복과 큰 상을 받았다. 라합은 행함이 없는 믿음으로 영생을 얻은 후에 자신과 가족의 목숨을 걸고 이스라엘의 정탐꾼들을 숨겨 주어서 큰 복과 큰 상을 받았다. 이것이 야고보 선생이 말한 '행함으로 구원(의롭다 함)을 얻는 것'이다.

성경을 세밀하게 살펴보면 성경기자들이 '구원'이란 단어를 또 다른 경우에 사용한 것을 알 수 있다.

(1) 신약성경 기자들은 '신자의 육체가 부활하여 천년왕국에 들어가는 것'에도 '구원'이란 단어를 사용했다.

(히 9:28) 이와 같이 그리스도도 많은 사람의 죄를 담당하시려고 단번에 드리신 바 되셨고 구원(소테리아)에 이르게 하기 위하여 죄와 상관없이 자기를 바라는 자들에게 두 번째 나타나시리라

히브리서 기자는 "예수님이 중생한 신자들을 구원하기 위해 두 번째 나타나실 것(재림하실 것)이라"고 했다. 본문은 예수님이 재림하신 후에 중생한 신자의 육체를 부활시켜서 천년왕국에 들어가게 해 주시는 것을 의미한다. 만에 하나 이런 뜻이 아니면 본문의 구원은 예수님이 재림하셔서 중생한 신자에게 상을 주시는 것을 의미한다.

(2) 신약성경 기자들은 '예수님을 믿을 때 영생을 얻은 영이 육체가 죽을 때, 천국에 들어가는 것'에도 '구원'이란 단어를 사용했다.

(딤후 4:18) 주께서 나를 모든 악한 일에서 건져내시고 또 그의 천국에 들어가도록 구원(소조)하시리니 그에게 영광이 세세무궁토록 있을지어다 아멘

본문은 바울 사도의 말이다. 그는 예수님을 믿을 때, 영원히 천국에서 살 수 있는 영생을 얻은 사람이다. 이것을 볼 때, 본문의 '구원'이 그의 육체 속에 있던 그의 영이 그의 육체가 죽을 때 천국에 들어가는 것을 의미함을 알 수 있다.

어떤 목사는 아래와 같은 독후감을 보내왔다.

"『지옥에 가는 크리스천들?』. 방금 단숨에 다 읽었습니다. 정말 구원에 관한 독보적인 해석입니다. 기도하시고 몸부림쳐서 주님으로

부터 받아낸 명쾌한 말씀입니다. 영혼구원과 복과 상급에 대한 구원을 발견하신 목사님은 행복자십니다. 야고보서를 '지푸라기 복음'이라고 했던 루터가 목사님을 만나셨다면 아마도 큰 절을 하셨을 것입니다."

성결대학교 총장을 역임한 성기호 박사는 나의 야고보서 해석을 읽은 후에 이메일로 아래와 같은 평을 보내 주었다.

"믿음과 행위에 대한 깊은 연구를 하셨군요. 구원이란 의미가 다양함도 잘 지적하셨고요."[20]

1장에서 소개한 김명순 집사의 나머지 간증을 소개하겠다.

"저는 지치도록 하나님께 따져 대고는 그다음 날 기도 응답으로 인터넷을 통해 이화영 목사님을 알게 되었습니다. 역시 우리 하나님은 불변하신 사랑이었습니다! 이화영 목사님을 통해 하늘보다 더 넓고, 바다보다 더 넓은 하나님 아버지의 사랑과 예수님의 사랑을 알게 되어서 깊은 감사를 드립니다."

나의 책을 구입해서 읽은 김 집사는 또 간증문을 보내왔다.

"저는 요즘 잠시 잃었던 구원의 감격과 주님의 사랑을 다시 회복하여서 얼마나 감사하고 즐거운지 모른답니다. 마치 어린아이가 저만치

---

20) 성기호, '야고보서의 구원론'을 읽고, 2012년, 5월 6일, 네이버 메일.

서 있는 아빠를 보고 너무 반가워서 얼른 뛰어가 안기는 것처럼 제 마음이 그렇습니다. '값없이 백 퍼센트 은혜로 주는 구원의 선물을 뭔가 행함으로 대가를 치러야 된다는 잘못된 생각들 때문에 우리 하나님께서 얼마나 안타까워하실까'를 많이 생각했습니다.

　목사님! 저는 요즘 울보가 되었답니다. 끝없는 하나님의 사랑과 예수님의 사랑 때문이지요. 이 사랑의 빚을 이 세상에서 살아 숨 쉬는 동안에 조금이라도 갚아야 된다는 거룩한 부담감이 계속 생겨나고 있습니다."

　김명순 집사는 오래 전에 전도사로 10여 년 간 교회 사역을 했다. 그러던 중에 개인 사정으로 사역을 내려놓은 후에 집사로 교회를 섬겼다. 그러는 동안에 구원의 확신을 잃어서 큰 고통을 받고 있었다. 그런 와중에 본서를 통해 구원의 확신을 얻었다. 그 후에 김 집사는 다시 전도사로 교회 사역을 시작했다.

　매우 감사하게도 김명순 전도사는 본인이 섬기는 교회의 담임목사와 자신의 동생들과 함께 2012년도 말부터 전국의 큰 교회의 목회자들과 유명한 신학 교수들을 매월 약 15명씩 선정해서 그들에게 나의 책을 선물하는 일을 1년이 넘도록 계속했다.

　야고보서의 핵심을 아래와 같이 요약할 수 있다.

　"행함이 없는 믿음으로 영혼구원을 받고, 행함이 있는 믿음으로 복과 상을 받는다."

4. 빌립보서에 있는 구원론 난해 구절 해석

빌립보서에도 오랜 세월 동안 대부분의 기독교인들을 혼란스럽게 만든 구원론 난해 구절이 있다.

(빌 2:12) 그러므로 나의 사랑하는 자들아 너희가 나 있을 때뿐 아니라 더욱 지금 나 없을 때에도 항상 복종하여 두렵고 떨림으로 너희 구원을 이루라

대부분의 목회자들은 '본문의 구원'을 '영혼구원'으로 해석한다. 그들은 "중생한 신자도 두렵고 떨림으로 선하게 살아야 천국에 갈 수 있다"고 주장하거나 "진짜 신자는 반드시 두렵고 떨림으로 선하게 살아서 천국에 간다"고 주장한다. 이런 주장들 때문에 마음으로는 선하게 살기를 원하지만 육신이 약해서 자꾸 죄를 짓는 성도들과 회개하지 못해서 쩔쩔매는 성도들이 지옥의 공포에 시달리고 있다.

빌립보서 2장 12절의 구원을 영혼구원으로 해석하면 최소한 두 가지 중대한 문제가 발생한다.

1) 빌립보서 2장 12절의 구원을 영혼구원으로 해석하면 바울 사도가 궤변가가 되는 문제가 발생한다.

바울 사도는 에베소서와 로마서에서 아래와 같이 말했다.

> (엡 2:8-9) 너희는 그 은혜에 의하여 믿음으로 말미암아 구원을 받았으니 이것은 너희에게서 난 것이 아니요 하나님의 선물이라 행위에서 난 것이 아니니 이는 누구든지 자랑하지 못하게 함이라

> (롬 8:30) 또 미리 정하신 그들을 또한 부르시고 부르신 그들을 또한 의롭다 하시고 의롭다 하신 그들을 또한 영화롭게 하셨느니라

이렇게 말한 바울 사도가 빌립보서 2장 12절에서 "중생한 신자도 두렵고 떨림으로 구원을 이뤄야 천국에 갈 수 있다"고 말한 것이면 모순을 범한 것이다. 이렇게 되면 바울 사도는 궤변가일 수밖에 없다. 어떻게 바울 사도가 그런 사람일 수 있겠는가? 이것을 볼 때, "두렵고 떨림으로 너희 구원을 이루라"는 말씀이 "중생한 신자도 두렵고 떨림으로 하나님께 충성해서 천국에 가라"는 뜻이 아님을 알 수 있다.

2) 빌립보서 2장 12절의 구원을 영의 구원으로 해석하면 본문이 예수님의 가르침과 충돌을 일으키는 문제가 발생한다.

예수님은 "중생한 신자는 이미 영의 구원을 얻었고, 영원히 영의 구원을 얻었다"고 가르치셨다. 만일 바울 사도가 "중생한 신자도 두렵고 떨림으로 영의 구원을 받아야 한다"고 말했으면 예수님의 가르침을 위반한 것이다. 이것이 사실이면 당장 빌립보서를 폐기해야 한다. 빌립보서를 폐기하면 기독교가 무너진다. 이것을 볼 때도 빌립보서 2장 12절의 구원을 영의 구원으로 해석한 것이 오류임을 알 수 있다.

사람들이 빌립보서 2장 12절을 근거로 행위구원론을 주장하는 이유는 본문의 문맥과 헬라어 원문을 무시한 후에 자의적으로 본문을 해석하기 때문이다. 그래서 지금부터 하나님의 은혜로 본문의 문맥과 헬라어 원문을 살펴서 본문을 해석하겠다.

먼저 빌립보서 2장 12절의 문맥을 살펴보자. 본문은 '그러므로(호스테-ωστε)'란 단어로 시작됐다. 이 단어는 앞에서 설명한 것의 결론을 내릴 때 사용하는 단어다. 따라서 본문의 '구원'은 반드시 '그러므로' 이전의 문맥을 살펴서 해석해야 한다.

> **(빌 2:5-12)** 너희 안에 이 마음을 품으라 곧 그리스도 예수의 마음이니 그는 근본 하나님의 본체시나 하나님과 동등됨을 취할 것으로 여기지 아니하시고 오히려 자기를 비워 종의 형체를 가지사 사람들과 같이 되셨고 사람의 모양으로 나타나사 자기를 낮추시고 죽기까지 복종하셨으니 곧 십자가에 죽으심이라 이러므로 하나님이 그를 지극히 높여 모든 이름 위에 뛰어난

이름을 주사 하늘에 있는 자들과 땅에 있는 자들과 땅 아래에 있는 자들로 모든 무릎을 예수의 이름에 꿇게 하시고 모든 입으로 예수 그리스도를 주라 시인하여 하나님 아버지께 영광을 돌리게 하셨느니라 그러므로 나의 사랑하는 자들아 너희가 나 있을 때뿐 아니라 더욱 지금 나 없을 때에도 항상 복종하여 두렵고 떨림으로 너희 구원을 이루라

빌립보서 2장 12절은 예수님에게 일어난 일을 예로 들어서 구원을 설명했다. 그러므로 예수님에게 일어난 일이 무엇인지 알아야만 본문의 구원이 무엇을 뜻하는지를 알 수 있다.

이제 빌립보서 2장 12절의 헬라어 원문을 살펴보자. 본문의 헬라어 원문을 보면 한글 성경에 번역돼 있지 않은 '카도스(καθώς)[21]'란 단어가 있는 것을 알 수 있다. 디럭스바이블 헬라어 사전을 보면 '카도스'가 '∽처럼', '마치 ∽같이'를 의미함을 알 수 있다.

성경주석학자 이상근 박사는 '카도스(καθώς)'를 "그리스도께서 절대복종하신 것처럼(카도스) 성도들도 복종하라는 것"이라고 해석했다.[22] 이것은 바른 해석이다. 하지만 충분한 해석은 아니다. 본문을 충분히 해석하려면 아래와 같이 해석해야 되기 때문이다.

"예수님은 하나님께 죽도록 충성하셔서 구원을 받으셨다. 그러므로 너희도 예수님처럼 하나님께 죽도록 충성해서 너희의 구원을 받으라."

---

21) 카도스(καθώς): 마치 …같이, …대로, 따라서, 만큼, 얼마나, 먼저. 1) …처럼, …조차, 때문에, 그러한 사실에 따라, …때, 이후에. 디럭스바이블 2005, 헬라어 사전, 미션소프트.
22) 이상근, 옥중서신주석, 대한예수교장로회 총회교육부, 1975년, p.198

이것이 본문의 문맥이다. 그러므로 예수님이 하나님께 죽도록 충성하셔서 받으신 구원이 무엇인지를 알아야만 중생한 신자가 두렵고 떨림으로 받을 구원이 무엇인지를 알 수 있다.

빌립보서 2장 12절의 헬라어 원문을 한군데 더 살펴보자. 빌립보서 2장 12절에 사용된 '구원'이란 단어는 '소테리아(σωτηρια)'다. 앞서 설명한 것처럼 성경 기자들은 '소테리아(σωτηρια)'를 여러 가지 용도로 사용했다. 그러므로 '본문의 구원'을 '영혼구원'으로 단정하면 안 된다. 과연 본문의 구원은 무엇을 의미할까?

결론부터 말하겠다. 본문의 구원은 하나님께 충성한 신자가 하늘에서 상을 받는 것을 의미한다. 그 증거들을 제시하겠다.

1) 빌립보서 2장 12절의 문맥과 본문의 헬라어 원문이 본문의 구원이 천국에서 상을 받는 것을 증명한다.

바울 사도는 예수님이 하나님께 죽도록 충성하셔서 구원을 받으신 것을 근거로 "너희도 예수님처럼 하나님께 죽도록 충성해서 너희의 구원을 받으라"고 명령했다. 따라서 예수님이 십자가를 지신 후에 받으신 구원이 무엇인지를 알아야만 중생한 신자가 하나님께 충성해서 받는 구원이 무엇인지를 알 수 있다.

(1) 예수님이 받으신 구원이 영혼구원일까?

예수님은 자신의 영을 구원받을 필요가 없는 하나님의 아들이시다. 그러므로 본문을 근거로 "예수님이 하나님께 죽도록 충성하셔서 영혼구원을 받으신 것처럼 중생한 신자도 하나님께 죽도록 충성해서 자신의 영혼구원을 받아야 한다"고 주장하면 안 된다.

(2) 예수님이 받으신 구원이 땅의 복일까?

땅의 복은 사람이 육체로 하나님께 충성한 만큼 땅에서 받는다. 예수님은 십자가에서 죽으신 후에 구원을 받으셨다. 그러므로 빌립보서 2장 12절을 근거로 "예수님이 하나님께 죽도록 충성하셔서 땅의 복을 받으신 것처럼 중생한 신자도 하나님께 죽도록 충성해서 땅의 복을 받아야 한다"고 주장하면 안 된다.

(3) 예수님이 받으신 구원이 성화일까?

예수님은 하나님의 아들이시다. 주님은 전혀 죄를 짓지 않는 분이시다. 따라서 주님은 자신의 영과 육의 성화를 이루기 위해 애쓰실 필요가 전혀 없다. 그러므로 빌립보서 2장 12절을 근거로 "예수님이 하나님께 죽도록 충성하셔서 자신의 영과 육의 성화를 이루신 것처럼 중생한 신자도 하나님께 죽도록 충성해서 자신의 영과 육의 성화를 이뤄야 한다"고 주장하면 안 된다.

(4) 예수님이 받으신 구원이 하늘의 상일까?

예수님은 십자가에서 죽으신 후에 구원을 받으셨다. 사람은 땅에서 살 때, 자신의 몸으로 하나님께 충성한 만큼 하늘의 상을 받는다.

(고후 5:10) 이는 우리가 다 반드시 그리스도의 심판대 앞에 나타나게 되어 각각 선악간에 그 몸으로 행한 것을 따라 받으려 함이라

이 말씀을 볼 때, 빌립보서 2장 12절이 '예수님이 몸으로 하나님께 죽도록 충성하셔서 상을 받으신 것처럼 중생한 신자도 몸으로 하나님께 죽도록 충성해서 자신의 상을 받아야 한다'는 뜻임을 알 수 있다!

천국의 보좌에 앉는 것이 천국의 상을 받는 것을 의미하는 것은 예수님이 친히 가르쳐 주셨다.

(마 19:27-28) 이에 베드로가 대답하여 이르되 보소서 우리가 모든 것을 버리고 주를 따랐사온대 그런즉 우리가 무엇을 얻으리이까 예수께서 이르시되 내가 진실로 너희에게 이르노니 세상이 새롭게 되어 인자가 자기 영광의 보좌에 앉을 때에 나를 따르는 너희도 열두 보좌에 앉아 이스라엘 열두 지파를 심판하리라

어느 날 베드로가 예수님께 "우리가 모든 것을 버리고 주를 따랐사온대 그런즉 우리가 무엇을 얻으리이까"라고 질문했다. 이 말은 '우리가 모든 것을 버리고 주를 따랐는데 장차 주님의 나라가 이루어졌을 때, 우리가 무슨 상을 받으리이까'라는 뜻이다.

예수님은 베드로에게 "세상이 새롭게 돼서 인자가 자기 영광의 보좌에 앉을 때에 나를 따르는 너희도 열두 보좌에 앉아서 이스라엘 열두 지파를 심판하리라"고 대답하셨다. 이것을 볼 때, 천국의 보좌에 앉는 것이 상을 받는 것을 의미함을 알 수 있다. 더 나아가서 예수님이 십자가를 지시기까지 하나님께 충성하신 것 때문에 하나님의 보좌

우편에 앉으신 것이 큰 상을 받으신 것을 의미함도 알 수 있다. 성경 기자들이 구원이란 단어를 하늘의 상을 받는 것에 사용하는 습관이 있었기 때문에 바울 사도가 그렇게 표현한 것이다.

개혁파 신학자 헨드릭슨 박사는 빌립보서 2장 5-11절을 바르게 해석했다.

"그리스도 예수께서 받으신 바 영광스러운 상급은 이렇게 묘사되고 있다. 곧 '이러므로 하나님이 그를 지극히 높여.' 자신을 낮추신 그는 높아지셨다. '누구든지 자기를 높이는 자는 낮아지고, 누구든지 자기를 낮추는 자는 높아지리라'는 그의 가르침이 이제 자신의 경우에 적용되었다. 23) …… 실로 예수께서 받으신 상급은 큰 것이었다."24)

헨드릭슨 박사가 "예수님이 하나님의 우편에 앉으신 것은 상을 받으신 것을 의미한다"고 해석한 것은 본문을 바르게 해석한 것이다. 그러나 그가 "빌립보서 2장 12절의 구원은 상을 받는 것을 의미한다"고 해석하지 못한 것이 아쉽다. 오랜 세월 동안 아무도 '구원'이란 헬라어가 상을 받는 것에 사용된 것을 몰랐기 때문에 헨드릭슨 박사도 빌립보서 2장 12절의 '구원'을 명쾌하게 해석하지 못한 것이다.

빌립보서 2장 12절을 문맥과 원문에 따라서 해석하면 아래와 같은 뜻이다.

---

23) 헨드릭슨 저, 서춘웅 역, 빌립보서, 아가페출판사, 1985년, p.150
24) 헨드릭슨 저, 서춘웅 역, 빌립보서, 아가페출판사, 1985년, p.156

"예수님은 자신을 낮추시고 십자가에서 죽으시기까지 하나님께 충성하셨다. 그래서 하나님이 예수님에게 지극히 큰 상(하나님의 우편에 앉는 상)을 주셨다. 그러므로 너희도 예수님처럼 하나님께 죽도록 충성해서 너희의 상을 받으라."

한편, 중생한 신자의 영과 천사와 성령님은 고통이나 슬픔을 전혀 느끼지 않는다. 이 때문에 중생한 신자의 영과 천사와 성령님은 아무리 하나님께 충성을 많이 해도 조금도 상을 받지 못한다. 오직 고통과 슬픔을 느끼는 몸으로 하나님께 충성해야 상을 받을 수 있다.

예수님이 십자가를 지시기 전에 어마어마하게 큰 정신적 고통을 느끼신 것을 생각해 보라. 얼마나 힘드셨으면 제자들에게 "내가 심히 고민하여 죽게 됐다"고 말씀하신 후에 세 번씩이나 하나님께 "가능하면 십자가를 지지 않게 해 달라"고 간절히 기도까지 하셨겠는가? 그러나 주님은 죄인들을 구원하려는 마음과 함께 하나님의 보좌 우편에 앉는 영광을 바라며 십자가의 고통을 끝까지 감당하셨다. 이 때문에 히브리서 기자가 아래와 같이 기록한 것이다.

(히 12:2) 믿음의 주요 또 온전하게 하시는 이인 예수를 바라보자 그는 그 앞에 있는 기쁨을 위하여 십자가를 참으사 부끄러움을 개의치 아니하시더니 하나님 보좌 우편에 앉으셨느니라

예수님의 십자가를 묵상하면 우리에 대한 예수님의 사랑이 얼마나 큰지를 짐작할 수 있고, 하늘의 상이 얼마나 중요한지도 가늠할 수도 있다.

성도가 하늘의 상을 받는 것이 매우 중요하다. 이 때문에 예수님이 모든 성도들에게 "너희 재물을 하늘에 쌓아 두라", "너희 십자가를 지고 나를 따르라", "하나님께 죽도록 충성하라"고 명령하신 것이다.

2) 빌립보서 3장도 빌립보서 2장 12절의 구원이 천국에서 상을 받는 것을 의미함을 증명한다.

(빌 3:12-14) 내가 이미 얻었다 함도 아니요 온전히 이루었다 함도 아니라 오직 내가 그리스도 예수께 잡힌 바 된 그것을 잡으려고 달려가노라 형제들아 나는 아직 내가 잡은 줄로 여기지 아니하고 오직 한 일 즉 뒤에 있는 것은 잊어버리고 앞에 있는 것을 잡으려고 푯대를 향하여 그리스도 예수 안에서 하나님이 위에서 부르신 부름의 상을 위하여 달려가노라

바울 사도는 "나는 그리스도 예수께 잡힌 바 된 것을 잡으러 달려간다"고 선언했다. 그는 '예수님께 잡힌 바 된 것'을 '푯대'로 비유했다(빌 3:13). 그 '푯대'를 '위에서 부르신 부름의 상'으로 표현했다(빌 3:14).

본문의 문맥을 볼 때, 예수님께 잡힌 것이 '푯대'고, '푯대'가 '하늘의 상'인 것을 알 수 있다. 또한 바울 사도가 일평생 추구한 것이 하늘의 상인 것도 알 수 있다(빌 3:12-14).

헨드릭슨 박사의 본문 해석을 보자.

"하나님의 은혜로운 선물로 간주되는 그리스도 안에서의 이러한 영적 완전은 실제로 그것을 얻기 위하여 애쓰는 자들에게만 허락된다!

상급은 이 목표를 향하여 쫓아가는 자에게 주어진다(딤후 4:7-8 참조).²⁵⁾ 경주자가 상급을 잊어서는 결코 안 된다."²⁶⁾

바울 사도는 예수님이 하나님께 죽도록 충성하셔서 상을 받으신 것을 본받아서 자신이 하나님께 죽도록 충성해서 상을 받기를 힘썼다. 이 때문에 그가 빌립보교회 성도들에게 "너희도 예수님처럼 하나님께 죽도록 충성해서 너희의 상을 받으라"고 권면한 것이다.

3) 히브리서 12장도 빌립보서 2장 12절의 구원이 천국에서 상을 받는 것을 의미함을 증명한다.

> (히 12:2) 믿음의 주요 또 온전하게 하시는 이인 예수를 바라보자 그는 그 앞에 있는 기쁨을 위하여 십자가를 참으사 부끄러움을 개의치 아니하시더니 하나님 보좌 우편에 앉으셨느니라

본문은 다음 장에서 자세히 설명하겠다.

바울 사도가 빌립보교회의 성도들에게 "두렵고 떨림으로 너희 상을 받으라"고 한 이유가 무엇일까? 성경을 통해 세 가지 이유를 찾을 수 있다.

첫째, 바울 사도 자신이 두렵고 떨림으로 상을 받기를 힘썼기 때문

---

25) 헨드릭슨 저, 서춘웅 역, 빌립보서, 아가페출판사, 1985년, p.232
26) 헨드릭슨 저, 서춘웅 역, 빌립보서, 아가페출판사, 1985년, p.233

에 그가 빌립보교회 성도들에게 "두렵고 떨림으로 너희 상을 받으라"고 명령한 것이다.

> (고전 9:24-27) 운동장에서 달음질하는 자들이 다 달릴지라도 오직 상을 받는 사람은 한 사람인 줄을 너희가 알지 못하느냐 너희도 상을 받도록 이와 같이 달음질하라 이기기를 다투는 자마다 모든 일에 절제하나니 그들은 썩을 승리자의 관을 얻고자 하되 우리는 썩지 아니할 것을 얻고자 하노라 그러므로 나는 달음질하기를 향방 없는 것 같이 아니하고 싸우기를 허공을 치는 것 같이 아니하며 내가 내 몸을 쳐 복종하게 함은 내가 남에게 전파한 후에 자신이 도리어 버림을 당할까 두려워함이로다

바울 사도는 고대의 올림픽에 출전한 선수들을 예로 들어서 상의 중요성을 설명했다.

바울 사도는 "운동장에서 달음질하는 자들이 다 달릴지라도 오직 상을 받는 사람은 한 사람인 줄을 알아서 너희도 상을 받도록 달음질하라"고 명령했다. 이어서 "나도 달음질하기를 향방 없는 것 같이 하지 않는다"고 했다. 그 후에 "내가 내 몸을 쳐서 복종하게 함은 내가 남에게 전파한 후에 자신이 도리어 버림을 당할까 두려워하기 때문이라"고 했다. 매우 안타깝게도 본문의 문맥과 헬라어 원문을 무시한 채로 본문을 근거로 행위구원론을 주장하는 이들이 많다.

본문의 문맥을 보면 바울 사도가 빌립보교회 성도들에게 "너희는 하나님의 법을 지키며 열심히 하나님께 충성해서 너희 상을 받으라"고 명령한 것을 알 수 있다. 그 후에 그가 "나도 상을 받기 위해 하나님의 법을 지키며 열심히 하나님께 충성한다"고 말한 것을 알 수 있다.

한편, 디럭스바이블 헬라어 사전을 보면 본문의 '버림을 당하다'의 헬라어가 '아도키모스'인 것을 알 수 있다. '아도키모스'의 1차적인 뜻은 '금속이나 동전이 적절히 사용되기 위한 시험을 견디지 못하는, 또는 인증되지 못한'을 뜻하고, 이차적으로는 '스스로 당연함을 증명하지 못한, 부적합한, 증명되지 못한, 가짜의, 타락한' 등을 뜻한다.

본문의 문맥과 헬라어 원문을 볼 때, 바울 사도의 말이 '내가 남에게 상을 받으라고 전파한 후에 나 자신이 시상에서 탈락할까 두려워한다'는 뜻임을 알 수 있다. 이 때문에 그가 빌립보교회의 성도들에게 "두렵고 떨림으로 너희 상을 받으라"고 권면한 것이다.

둘째, 바울 사도 자신이 상을 받는 일을 힘쓰다가 두렵고 떨리는 일을 많이 당했기 때문에 그가 빌립보교회 성도들에게 "두렵고 떨림으로 너희 상을 받으라"고 명령한 것이다.

바울 사도는 자신이 하나님께 충성하다가 두렵고 떨리는 일을 많이 당한 것을 아래와 같이 간증했다.

(고후 11:23-27) 그들이 그리스도의 일꾼이냐 정신 없는 말을 하거니와 나는 더욱 그러하도다 내가 수고를 넘치도록 하고 옥에 갇히기도 더 많이 하고 매도 수없이 맞고 여러 번 죽을 뻔하였으니 유대인들에게 사십에서 하나 감한 매를 다섯 번 맞았으며 세 번 태장으로 맞고 한 번 돌로 맞고 세 번 파선하고 일 주야를 깊은 바다에서 지냈으며 여러 번 여행하면서 강의 위험과 강도의 위험과 동족의 위험과 이방인의 위험과 시내의 위험과 광야의 위험과 바다의 위험과 거짓 형제 중의 위험을 당하고 또 수고하며 애쓰고 여러 번 자지 못하고 주리며 목마르고 여러 번 굶고 춥고 헐벗었노라

바울 사도는 자신은 하나님께 충성하지 않으며 성도들에게만 "하나님께 충성하라"고 다그치는 위선자가 아니었다. 하나님께 충성하는 것의 본을 보여 준 사람이었다. 이 때문에 그가 자신 있게 빌립보교회 성도들에게 "두렵고 떨림으로 너희 상을 받으라"고 명령한 것이다.

셋째, 예수님이 두렵고 떨림으로 상을 받기를 힘쓰셨기 때문에 바울 사도가 빌립보교회의 성도들에게 "너희도 예수님처럼 두렵고 떨림으로 너희의 상을 받으라"고 한 것이다.

> (마 26:36-39) 이에 예수께서 제자들과 함께 겟세마네라 하는 곳에 이르러 제자들에게 이르시되 내가 저기 가서 기도할 동안에 너희는 여기 앉아 있으라 하시고 베드로와 세베대의 두 아들을 데리고 가실새 고민하고 슬퍼하사 이에 말씀하시되 내 마음이 매우 고민하여 죽게 되었으니 너희는 여기 머물러 나와 함께 깨어 있으라 하시고 조금 나아가사 얼굴을 땅에 대시고 엎드려 기도하여 이르시되 내 아버지여 만일 할 만하시거든 이 잔을 내게서 지나가게 하옵소서 그러나 나의 원대로 마시옵고 아버지의 원대로 하옵소서 하시고

본문에 예수님이 십자가를 지는 것을 얼마나 힘들어 하셨는지가 잘 나타나 있다. 주님은 내일 십자가에 달리셔서 죽으셔야 한다. 주님도 우리와 같은 육신을 가지셨기 때문에 십자가 사형은 생각만 해도 몸서리쳐지는 일일 수밖에 없었다. 두려움과 공포가 저절로 생겼다. 이 때문에 주님이 제자들에게 "내 마음이 매우 고민하여 죽게 됐다"고 말씀하신 것이고, 하나님께 "할 만하시거든 이 잔을 내게서 지나가게 하옵소서"라고 기도하신 것이다.

하나님이 성도에게 아무 대가를 제시하지 않은 채로 "너는 나에게 죽도록 충성하라"고 명령하시면 성도가 어떻게 반응할까?

예수님을 믿은 후에 자신이 영혼구원을 받은 것을 깨달아서 하나님께 감사하는 마음이 큰 성도는 열심히 하나님께 충성한다. 하지만 시간이 가면 구원받은 은혜에 감사하는 마음이 식는다. 그 때는 구원의 은혜에 감사하는 마음만 가지고 하나님께 죽도록 충성하는 것이 힘들다.

성도는 하나님께 많이 충성해서 땅의 복을 많이 받으면 더 이상 복을 받기 위해 하나님께 충성하지 않으려 한다. 자신도 모르게 그 복을 누리려는 유혹에 빠진다.

성령 충만을 받은 성도 역시 시간이 가면 성령의 능력이 소멸된다. 이것은 성령이 충만해서 하나님께 죽도록 충성하던 다윗이 왕이 된 후에 게으른 신앙생활을 하다가 간음죄와 살인죄를 지은 것이 증명한다. 고린도전서 5장에 기록된 패륜죄를 범한 성도와 외식의 죄를 범한 베드로도 이것을 증명한다.

성도의 이런 약점 때문에 하나님이 성도가 영원히 누릴 수 있는 상을 마련하신 것이다. 게으르게 사는 성도와 자꾸 죄를 짓는 성도는 하늘의 상을 깊이 연구할 필요가 있다.

어떤 장로의 간증을 소개하겠다.

"저는 큰 교단 중형 교회 은퇴장로입니다. 경상도 북부 지역 산촌에서 군 복무 후 서울에 와서 어렵게 살다가 40대에 하나님을 영접하고, 너무 갈급하여 교회 공예배는 물론 모든 행사에 빠지지 않고, 세미나에 모두 참석하며, 매년 두 번 이상 성경을 읽었습니다. 60대에 장로가 되어서 지금은 80대이나 성경의 난해 구절로 인해 나이만큼 성경을 읽었으나 기쁨은 고사하고, 마음이 더욱 무거웠으나 유튜브를 통해 알게 된 목사님의 저서 『지옥에 가는 크리스천들?』을 6일 만에 세 권을 읽고, 마음속에 안개가 걷히고, 눈부신 광명이 비취듯 40년 넘게 쌓인 모든 의혹이 말끔히 해소되어서 나를 위하여 하나님이 이 책이 나오게 하셨다는 생각에 감사와 영광을 하나님과 목사님께 드립니다. 감사, 또 감사합니다."

어떤 신학교의 교수는 나에게 전화를 걸어서 "본서에 공감한다"고 말한 후에 "내가 가르치는 신학생들에게 본서의 리포트를 쓰게 하려 한다"고 하며 본서를 20여 권 구매했다.

빌립보서 2장 12절을 아래와 같이 요약할 수 있다.

"중생한 신자는 최선을 다해 선하게 살아서 하나님께 조금이라도 더 영광을 돌려야 하고, 하늘의 상을 조금이라도 더 받아서 하나님께 조금이라도 더 영광을 돌려야 한다."

5. 히브리서에 있는 구원론 난해 구절 해석

히브리서에도 오랜 세월 동안 대부분의 기독교인들에게 난해하게 여겨진 말씀이 있다. 대표적인 말씀은 아래와 같다.

(히 2:3) 우리가 이같이 큰 구원을 등한히 여기면 어찌 그 보응을 피하리요

(히 6:4-6) 한 번 빛을 받고 하늘의 은사를 맛보고 성령에 참여한 바 되고 하나님의 선한 말씀과 내세의 능력을 맛보고도 타락한 자들은 다시 새롭게 하여 회개하게 할 수 없나니 이는 그들이 하나님의 아들을 다시 십자가에 못 박아 드러내 놓고 욕되게 함이라

(히 10:26-29) 우리가 진리를 아는 지식을 받은 후 짐짓 죄를 범한즉 다시 속죄하는 제사가 없고 오직 무서운 마음으로 심판을 기다리는 것과 대적하는 자를 태울 맹렬한 불만 있으리라 모세의 법을 폐한 자도 두세 증인으로

말미암아 불쌍히 여김을 받지 못하고 죽었거든 하물며 하나님의 아들을 짓밟고 자기를 거룩하게 한 언약의 피를 부정한 것으로 여기고 은혜의 성령을 욕되게 하는 자가 당연히 받을 형벌은 얼마나 더 무겁겠느냐 너희는 생각하라

오랜 세월 동안 대부분의 기독교인들은 히브리서 2장 3절의 '큰 구원'을 '영혼구원'으로 해석했다. 히브리서를 피상적으로 보면 히브리서가 행위구원을 가르치는 것처럼 보인다. 이 때문에 행위구원론자들은 히브리서를 근거로 강력하게 "진짜 중생한 신자도 선하게 살지 않으면 지옥에 간다"고 주장했다. 심지어 어떤 이들은 출애굽한 이스라엘 장년들 60만 명 중에서 가나안에 들어간 사람이 여호수아와 갈렙밖에 없는 것을 근거로 "대부분의 성도들은 지옥에 간다"고 주장했다.

행위구원론자들과 달리 은혜구원론자들은 히브리서가 행위구원을 가르치는 것처럼 보이는 것 때문에 골머리를 앓다가 세 부류로 갈라졌다.

어떤 이들은 히브리서를 불신자들에게 해당하는 말씀으로 해석했다.

다른 이들은 히브리서를 중생한 신자들에게 해당하는 말씀으로 해석한 후에 "진짜 신자는 절대로 구원을 등한히 여기지 않고, 타락하지도 않는다"고 주장했다.

또 다른 이들은 일부러 히브리서를 외면하거나 우격다짐 식으로 "히브리서는 행위구원을 가르치는 게 아니라"고 주장한 후에 "중생한 신자는 절대로 지옥에 가지 않는다"고 주장했다.

이처럼 히브리서 해석이 중구난방이다. 게다가 모든 히브리서 해석이 아리송하다. 더군다나 히브리서가 행위구원을 가르치는 것처럼 보인다. 이 때문에 마음으로는 선하게 살기를 소원하지만 육신이 약해서 자꾸 죄를 짓는 성도들과 지은 죄를 회개하지 못해서 쩔쩔매는 성도들 대부분은 자신이 예수님을 믿을 때, 영원히, 절대로, 결코 지옥에 가지 않는 영생을 소유했음에도 불구하고 지옥의 공포에 시달릴 수밖에 없었다. 이런 현상은 지금도 마찬가지다.

먼저 '히브리서 2장 3절의 구원'을 '영혼구원'으로 해석하는 것이 가능한지부터 검토하겠다.

'본문의 구원'을 '영혼구원'으로 해석하면 최소한 두 가지 중대한 문제가 발생한다.

1) 히브리서 2장 3절의 구원을 영혼구원으로 해석하면 히브리서 기자가 궤변가가 되는 문제가 발생한다.

히브리서 기자는 히브리서 10장에서 아래와 같이 말했다.

> (히 10:14) 그가 거룩하게 된 자들을 한번의 제사로 영원히 온전하게 하셨느니라

본문의 '거룩하게 된 자들'은 '중생한 신자들'을 뜻한다. 본문의 '영원히 온전하게 된 것'은 '중생한 신자의 영'을 의미한다. 예수님이 요한복음 3장 6절을 통해 "성령으로 거듭난 것은 영이라"고 말씀하셨기 때문이다. 본문은 '중생한 신자의 영이 영생을 얻었기 때문에 중생한 신자는 영원히, 절대로, 결코 지옥에 가지 않게 됐다'는 뜻이다. 이렇게 말한 히브리서 기자가 히브리서 2장 3절에서 "중생한 신자도 영혼구원을 등한히 여기면 지옥에 간다"고 말한 것이면 그가 모순을 범한 것이다. 이렇게 되면 히브리서 기자는 궤변가일 수밖에 없다. 이것이 사실이면 즉시 히브리서를 성경에서 삭제해야 한다. 이것을 볼 때, "중생한 신자도 구원을 등한히 여기면 하나님의 보응을 받는다"는 말씀을 "중생한 신자도 영혼구원을 등한히 여기면 지옥에 간다"고 해석하는 것이 불가능함을 알 수 있다.

2) 히브리서 2장 3절의 구원을 영의 구원으로 해석하면 본문이 예수님의 가르침과 충돌을 일으키는 문제가 발생한다.

만일 히브리서 2장 3절의 구원이 영의 구원이면 히브리서 기자는 예수님의 가르침을 위반했다. 예수님이 "중생한 신자는 이미 영의 구원을 받았고, 영원히 영의 구원을 받았다"고 가르치셨기 때문이다. 만일 히브리서 2장 3절의 구원이 영의 구원이면 히브리서를 당장 폐기해야 한다. 이것을 볼 때도 히브리서 2장 3절의 구원을 영의 구원으로 해석하는 것이 불가능함을 알 수 있다.

이제 '한 번 빛을 받고 타락한 신자'와 '진리를 아는 지식을 받은 후 짐짓 죄를 범한 신자'를 가짜 신자로 해석하는 것이 가능한지를 검토하겠다.

히브리서 기자는 히브리서 10장 26절에서 "우리가 진리를 아는 지식을 받은 후 짐짓 죄를 범한즉 다시 속죄하는 제사가 없을 것이라"고 선언했다. 히브리서 기자가 말한 '우리'는 히브리서 기자와 히브리서를 받은 성도들을 의미한다.

신학자들은 히브리서 기자를 바울 사도, 혹은 어떤 사도로 추정한다. 그가 누구든지 간에 그가 성경을 기록했기 때문에 중생한 신자인 것이 분명하다. 또한 그가 중생한 성도들에게 히브리서를 쓴 것도 분명하다. 그가 불신자들에게 히브리서를 썼을 가능성이 전혀 없다. 따라서 히브리서가 진짜 신자가 타락할 수 있는 것, 즉 진짜 신자가 지나치게 죄를 많이 지을 수 있는 것을 가르침을 알 수 있고, 진짜 신자도 타락한 후에는 다시 회개할 기회가 없는 것을 가르침도 알 수 있다.

진짜 신자도 타락한 후에는 다시 회개할 기회가 없음에도 불구하고 그들은 반드시 천국에 간다. 이것을 고린도전서 5장 1-5절이 증명한다. 그러므로 히브리서의 타락한 신자들을 불신자들로 해석하면 안 된다. 그렇다면 "진짜 중생한 성도가 타락하면 다시 회개할 수 없고, 반드시 불로 심판을 받아야 한다"는 말씀은 무슨 뜻일까? 이 말씀이 "진짜 신자도 타락하면 지옥에 가야 한다"는 뜻일까? 아니면 다른 뜻이 있는 것일까?

지금부터 하나님의 은혜로 히브리서의 문맥과 헬라어 원문과 성경의 통일성을 살펴서 히브리서를 해석한 것을 소개하겠다.

히브리서 2장 3절의 '구원'이란 단어의 헬라어는 '소테리아(σωτηρια)'다. 야고보서 해석에서 설명한 것처럼 성경 기자들은 '소테리아'를 '영혼구원', '복을 받는 것', '상을 받는 것' 등에 사용했다. 그러므로 본문의 구원이 어떤 용도로 사용됐는지를 반드시 규명해야 한다.

먼저 히브리서 2장 3절의 문맥부터 살펴보자. 본문은 '이 같이 큰 구원'으로 돼 있다. 본문의 '이 같이 큰 구원'은 '히브리서 1장에서 말한 것 같이 큰 구원'을 뜻한다. 그러므로 본문의 구원을 바르게 해석하려면 히브리서 1장이 말하는 구원이 무엇인지를 알아야 한다.

결론부터 말하겠다. 히브리서 2장 3절의 큰 구원은 복이나 상을 받는 것을 의미한다.

1) 히브리서 1장이 히브리서 2장 3절의 큰 구원이 상을 받는 것을 증명한다.

히브리서 2장을 보자.

(히 2:1-4) 그러므로 우리는 들은 것에 더욱 유념함으로 우리가 흘러 떠내려가지 않도록 함이 마땅하니라 천사들을 통하여 하신 말씀이 견고하게 되어 모든 범죄함과 순종하지 아니함이 공정한 보응을 받았거든 우리가 이 같이 큰 구원을 등한히 여기면 어찌 그 보응을 피하리요 이 구원은 처음에 주로 말씀하신 바요 들은 자들이 우리에게 확증한 바니 하나님도 표적들과 기사들과 여러 가지 능력과 및 자기의 뜻을 따라 성령이 나누어 주신 것으로써 그들과 함께 증언하셨느니라

본문은 '그러므로(디아-δια)²⁷⁾'라는 단어로 시작되었다. '그러므로'는 앞에서 설명한 내용을 근거로 결론을 내릴 때 사용하는 단어다. 따라서 히브리서 2장 1-3절이 히브리서 1장의 결론인 것을 알 수 있다.

히브리서 1장을 살펴보자.

(히 1:1-2) 옛적에 선지자들을 통하여 여러 부분과 여러 모양으로 우리 조상들에게 (큰 구원을) 말씀하신 하나님이 이 모든 날 마지막에는 아들을 통하여 우리에게 (큰 구원을) 말씀하셨으니

히브리서 기자는 히브리서 1장 1-2절에서 "하나님이 옛적에 선지자들을 통해 여러 부분과 여러 모양으로 우리 조상들에게 큰 구원을 말씀하신 것을 마지막 날에 예수님을 통해 다시 말씀하셨다"고 기록했다. 그 후에 히브리서 1장 3절부터 거듭거듭 '예수님에게 일어난 특별한 일'을 소개했다. '이 일'이 히브리서 기자가 말하는 '큰 구원'이다.

(히 1:3) 이는(예수님은) 하나님의 영광의 광채시요 그 본체의 형상이시라 그의 능력의 말씀으로 만물을 붙드시며 죄를 정결하게 하는 일을 하시고 높은 곳에 계신 지극히 크신 이의 우편에 앉으셨느니라

---

27) 디아(δια): 통하여, 후에, 항상, 가운데, …에, 피하다, (그것)때문에, 간단히 …에 의해서 (원인을)위해, …으로부터, 안에, 경우에 따라서, 때문에, …를 위해, 그것, 그것에 의해, 그러므로, 비록, 통해서, …에게, 무슨 이유로. 디럭스바이블 2005, 헬라어 사전, 미션소프트.

(히 1:4) 그(예수님)가 천사보다 훨씬 뛰어남은 그들보다 더욱 아름다운 이름을 기업으로 얻으심이니

(히 1:9) 주(예수님)께서 의를 사랑하시고 불법을 미워하셨으니 그러므로 하나님 곧 주의 하나님이 즐거움의 기름을 주께 부어 주를 동류들보다 뛰어나게 하셨도다 하였고

빌립보서 2장 12절의 "두렵고 떨림으로 너희 구원을 이루라"는 말씀을 해석할 때 설명한 것처럼 '예수님이 십자가를 지신 후에 부활, 승천하셔서 하나님의 보좌 우편에 앉으신 것'은 '예수님이 하나님께 죽도록 충성하셔서 큰 상을 받으신 것'을 뜻한다. 따라서 "예수님이 십자가를 지신 후에 천사보다 더욱 아름다운 이름을 기업으로 얻으셨다", "하나님이 즐거움의 기름을 십자가를 지신 예수님께 부으셔서 예수님을 동류들보다 뛰어나게 하셨다"는 말씀이 '십자가를 지시기까지 하나님께 충성하신 예수님께 하나님이 큰 상을 주셨다'는 뜻임을 알 수 있다. 또한 '하나님께 충성한 이에게 주는 천국의 상'이 히브리서 기자가 말하는 '큰 구원인 것'도 알 수 있다.

2) 히브리서 1장 4절도 히브리서 2장 3절의 큰 구원이 천국의 상을 받는 것을 의미함을 증명한다.

(히 1:4) 그가 천사보다 훨씬 뛰어남은 그들보다 더욱 아름다운 이름을 기업으로 얻으심이니

본문에 '예수님이 그들보다 더욱 아름다운 이름을 기업으로 얻으

셨다'는 말씀이 있다. 본문의 '기업'의 헬라어 기본형 동사가 '클레로노메오(κληρονομεω)[28]'다. 이 단어는 문장에 따라서 여러 가지 용도로 사용된다. 이 단어의 명사는 '클레로노미아(κληρονομια)[29]'다. 이 단어는 한글 성경에 '기업', '유업', '상속'으로 번역되었다.

성경기자들은 '클레로노미아(기업, 유업, 상속)'를 세 가지 용도로 사용했다.

(1) 성경 기자들은 '클레로노미아'를 '영혼구원'을 의미하는 단어로 사용했다.

(엡 1:11) 모든 일을 그의 뜻의 결정대로 일하시는 이의 계획을 따라 우리가 예정을 입어 그 안에서 기업이 되었으니

바울 사도는 중생한 신자가 얻은 영혼구원을 '중생한 신자가 창세전의 하나님의 예정으로 받은 기업(클레로노미아)'으로 표현했다.

(2) 성경 기자들은 '클레로노미아'를 '복(福)'을 의미하는 단어로 사용했다.

---

28) 클레로노메오(κληρονομεω): '상속자가 되다'(문자적으로 혹은 상징적으로), 후사가 되다〈마 5:5; 고전 15:50〉 동. to be heir: 1) 분배받다, 몫으로 받다, 특히 상속분을 받다, 상속하다. 2) 할당된 부분을 받다, 소유로 받아들이다. 3) 함께하다, 획득하다. 디럭스바이블 2005, 헬라어 사전, 미션소프트.
29) 클레로노미아(κληρονομια): 상속권, 즉(구상명사), 세습재산, 또는 소유물, 유업〈갈 3:18; 히 9:15〉 여명. heirship: 1) 상속재산, 유산으로 받은 재산. 2) 소유로 받은 것.

(히 6:11-15) 우리가 간절히 원하는 것은 너희 각 사람이 동일한 부지런함을 나타내어 끝까지 소망의 풍성함에 이르러 게으르지 아니하고 믿음과 오래 참음으로 말미암아 약속들을 기업으로 받는 자들을 본받는 자 되게 하려는 것이니라 하나님이 아브라함에게 약속하실 때에 가리켜 맹세할 자가 자기보다 더 큰 이가 없으므로 자기를 가리켜 맹세하여 이르시되 내가 반드시 너에게 복 주고 복 주며 너를 번성하게 하고 번성하게 하리라 하셨더니 그가 이같이 오래 참아 약속을 받았느니라

본문에 나오는 '기업'의 헬라어 역시 '클레로노미아'다. 하나님은 아브라함에게 "내가 너에게 복 주고 복 주겠다"고 약속하셨다. 그러자 아브라함은 오래 참아서 하나님의 약속들을 기업(클레로노미아-유업, 상속)으로 받았다. 따라서 본문의 기업이 복을 의미하는 것을 알 수 있다. 아브라함이 오래 참고 하나님께 충성하여 복을 받은 것은 창세기에 있다.

(3) 성경기자들은 '클레로노미아'를 '상'을 의미하는 단어로 사용했다.

(골 3:24) 이는 기업의 상을 주께 받을 줄 아나니 너희는 주 그리스도를 섬기느니라

본문은 '기업의 상'이라는 말로 '클레로노미아'가 상을 뜻하는 경우가 있음을 증언했다. 이처럼 '클레로노미아'는 하늘의 상을 의미하기도 한다.

성경 기자들이 '클레로노미아'를 어떤 용도로 사용했는지를 확인하는 방법은 간단하다. '클레로노미아'를 백 퍼센트 하나님의 은혜로

주는 것으로 설명했으면 그것은 영혼구원을 의미한다. '클레로노미아'를 사람이 노력한 만큼 땅에서 받는 것으로 설명했으면 그것은 복 받는 것을 의미한다. '클레로노미아'를 사람이 노력한 만큼 하늘에서 받는 것으로 설명했으면 그것은 상 받는 것을 의미한다.

히브리서 기자는 예수님이 십자가를 지신 후에 승천하셔서 천국의 상을 받으신 것을 "예수님이 십자가를 지신 후에 아름다운 이름을 기업으로 받으셨다"고 했다. 그는 이것을 예로 들어서 히브리서를 받는 기독교인들에게 하늘의 상을 추구하는 삶을 살 것을 당부하고 있다. 이것이 히브리서 기자가 말한 '큰 구원'이다.

3) 히브리서 3장도 히브리서 2장 3절이 말하는 큰 구원이 천국의 상이나 땅의 복을 받는 것을 의미함을 증명한다.

> (히 3:7-11) 그러므로 성령이 이르신 바와 같이 오늘 너희가 그의 음성을 듣거든 광야에서 시험하던 날에 거역하던 것 같이 너희 마음을 완고하게 하지 말라 거기서 너희 열조가 나를 시험하여 증험하고 사십 년 동안 나의 행사를 보았느니라 그러므로 내가 이 세대에게 노하여 이르기를 그들이 항상 마음이 미혹되어 내 길을 알지 못하는도다 하였고 내가 노하여 맹세한 바와 같이 그들은 내 안식에 들어오지 못하리라 하였다 하였느니라

본문에 큰 구원을 등한히 여겨서 하나님의 심판을 받은 사람들이 나온다. 그들은 출애굽 후에 가나안에 들어가기를 싫어하다가 광야에서 멸망당한 이스라엘 백성들(약 60만 명)이다. 이것을 볼 때 '큰 구원을 받는 것'이 1차적으로 '가나안에 들어가는 것을 의미함'을 알

수 있고, '큰 구원을 무시하다가 보응을 받는 것'이 1차적으로 '가나안에 들어가는 것을 싫어하다가 광야에서 멸망당한 것을 의미함'을 알 수 있다.

이스라엘 백성들이 가나안에 들어간 것은 영혼구원을 받아서 천국에 간 것을 상징하지 않고, 땅의 복을 받은 것과 하늘의 상을 받은 것을 상징한다. 이것이 히브리서 11장에 명확하게 기록돼 있다.

(히 11:6) 믿음이 없이는 하나님을 기쁘시게 하지 못하나니 하나님께 나아가는 자는 반드시 그가 계신 것과 또한 그가 자기를 찾는 자들에게 상 주시는 이심을 믿어야 할지니라

이렇게 말한 히브리서 기자는 구약시대 때 하나님께 크게 충성하여 큰 상을 받은 사람들을 열거했다. 아벨, 노아, 아브라함, 모세, 라합 등등이다.

히브리서 기자는 출애굽 후에 가나안에 들어간 사람들을 큰 상(큰 구원)을 받은 사람들로 소개했다.

(히 11:30) 믿음으로 칠 일 동안 여리고를 도니 성이 무너졌으며

이것을 볼 때 히브리서 기자가 '큰 구원'을 '하늘의 상'으로 해석한 것을 알 수 있고, '믿음으로 가나안에 들어간 이스라엘 백성들'을 '큰 상을 받은 신자들'로 해석한 것(특히 여호수아와 갈렙)을 알 수 있다.

4) 히브리서 기자가 히브리서를 받은 성도들을 하늘의 상으로 격려한 것도 '히브리서 2장 3절의 큰 구원'이 '천국의 상(혹은 땅의 복)을 받는 것을 의미함'을 증명한다.

> (히 10:32-35) 전날에 너희가 빛을 받은 후에 고난의 큰 싸움을 견디어 낸 것을 생각하라 혹은 비방과 환난으로써 사람에게 구경거리가 되고 혹은 이런 형편에 있는 자들과 사귀는 자가 되었으니 너희가 갇힌 자를 동정하고 너희 소유를 빼앗기는 것도 기쁘게 당한 것은 더 낫고 영구한 소유가 있는 줄 앎이라 그러므로 너희 담대함을 버리지 말라 이것이 큰 상을 얻게 하느니라

이처럼 히브리서는 시종일관 중생한 신자들이 믿음으로 살아서 복과 상을 받아야 할 것과 죄를 지어서 저주를 받거나 상급을 박탈당하지 않아야 할 것을 강조하고 있다. 이것이 히브리서 기자가 말하는 '큰 구원'이다.

5) 히브리서 기자가 예수님을 큰 상을 받은 증인으로 소개한 것도 '히브리서 2장 3절의 큰 구원'이 '천국의 상을 받는 것을 의미함'을 증명한다.

> (히 12:1) 이러므로 우리에게 구름 같이 둘러싼 허다한 증인들이 있으니

히브리서 12장 1절의 "이러므로 우리에게는 구름 같이 둘러싼 허다한 증인들이 있다"는 말씀은 "우리에게는 구약시대 때 하나님께 크게 충성하여 큰 상을 받은 증인들이 많다"는 뜻이다. 히브리서 기자는 히브리서 11장에서 구약시대 때 하나님께 크게 충성하여 큰 상

을 받은 증인들을 많이 소개했다. 그 후에 하나님께 가장 크게 충성하셔서 가장 큰 상을 받으신 예수님을 증인으로 소개했다.

(히 12:2) 믿음의 주요 또 온전하게 하시는 이인 예수를 바라보자 그는 그 앞에 있는 기쁨을 위하여 십자가를 참으사 부끄러움을 개의치 아니하시더니 하나님 보좌 우편에 앉으셨느니라

본문은 히브리서 기자가 히브리서 1장에서 "예수님은 하나님께 십자가를 지시기까지 충성하셨기 때문에 하나님의 보좌 우편에 앉는 상을 받으셨다"고 말한 것을 강조한 것이다.

개혁파 신학자 앤드류 머레이 목사는 『히브리서 주석』에서 본문을 아래와 같이 해석했다.

"모세처럼 예수도 상 주심을 바라보셨다. 장차 올 것과 보이지 않는 것 속에 사신 믿음으로 그분은 고난과 죽음을 이기셨다."[30]

총신대학교 신학대학원장을 역임한 개혁파 신학자 권성수 박사는 『히브리서 강해』에서 본문을 아래와 같이 해석했다.

"그리스도 역시 11장의 위인들처럼 앞을 향하여 달려가셨던 분이셨다. 그도 앞에 있는 즐거움을 위하여 현재의 십자가를 참아 내셨고, 그 결과 하나님의 우편에 앉는 상급을 받으셨다."[31]

---

30) 앤드류 머레이 저, 정현대 역, 히브리서, 빌라델비아, 2002년, p.393
31) 권성수, 히브리서, 총신대학출판부, 1997년, p.370

어떤 이들은 히브리서 11장과 12장의 문맥을 무시한 채로 "예수님은 우리 죄를 대속하기 위해 십자가에서 죽으신 것이지 상을 바라보고 죽으신 게 아니라"고 주장한다. 그러나 예수님이 우리 죄를 대속하기 위해 십자가를 지신 것이 사실이지만 주님이 상을 바라보시며 십자가를 감당하신 것도 사실이다.

이제 아래의 성경말씀도 바르게 해석할 수 있게 됐다.

> (히 6:4-6) 한 번 빛을 받고 하늘의 은사를 맛보고 성령에 참여한 바 되고 하나님의 선한 말씀과 내세의 능력을 맛보고도 타락한 자들은 다시 새롭게 하여 회개하게 할 수 없나니 이는 그들이 하나님의 아들을 다시 십자가에 못 박아 드러내 놓고 욕되게 함이라

> (히 10:26-27) 우리가 진리를 아는 지식을 받은 후 짐짓 죄를 범한즉 다시 속죄하는 제사가 없고 오직 무서운 마음으로 심판을 기다리는 것과 대적하는 자를 태울 맹렬한 불만 있으리라

앞서 설명한 것처럼 본문의 타락한 신자들은 진짜 중생한 성도들이다. 따라서 히브리서가 중생한 성도가 타락하면, 즉 중생한 성도가 지나치게 죄를 많이 지으면 다시는 회개할 기회가 없는 것을 가르침을 알 수 있다. 다시 말해서 타락한 성도는 죄를 지은 만큼 반드시 땅에서 무서운 저주를 당하고, 죄를 지은 만큼 반드시 하늘의 상급을 박탈당하는 것을 가르침을 알 수 있다. 이 때문에 히브리서 기자가 아래와 같이 경고한 것이다.

(히 10:26-31) 우리가 진리를 아는 지식을 받은 후 짐짓 죄를 범한즉 다시 속죄하는 제사가 없고 오직 무서운 마음으로 심판을 기다리는 것과 대적하는 자를 태울 맹렬한 불만 있으리라 …… 살아 계신 하나님의 손에 빠져 들어가는 것이 무서울진저

타락한 신자의 표본은 가나안에 들어가지 못한 60만 명 외에도 엘리 제사장, 패륜죄를 범한 성도 등을 들 수 있을 것이다.

최근에 어떤 목사가 아래와 같은 주장을 했다.

"노아 홍수 심판 때에 전 인류 중에서 몇 명이 구원받았는가? 의인인 노아 식구 여덟 명만 남고 나머지는 다 심판을 받아 죽었다. 그중에 겨우 여덟 명만 구원받았다. 하나님의 심판에서 구원받은 사람은 온 인류 중 극소수라는 것을 알 수 있다. 마지막 불 심판 때는 얼마나 구원받겠는가? 인자의 때, 즉 주님의 재림은 노아의 때와 같고 롯의 때와 같을 것이라고 예수님께서 분명히 말씀하셨음을 기억하라. 모세의 인도로 애굽을 나온 이스라엘 장년 중에 젖과 꿀이 흐르는 약속의 땅 가나안에 들어간 자는 여호수아와 갈렙 두 사람 뿐이었다. 나머지는 하나님을 불신하고 원망하다가 광야에서 다 죽었다. 우리는 성경을 통해서 극소수만이 하나님의 기준을 통과한 예를 많이 볼 수 있다."

이 주장은 성경을 바로 해석한 것일까? 결론부터 말하면 이 주장은 성경을 잘못 해석한 것이다. 그렇다면 예수님이 "재림 시대가 노아의 때와 같을 것이고, 롯의 때와 같을 것이라"고 말씀하신 이유가 뭘까? 성경에서 네 가지 이유를 찾을 수 있다.

첫째, 예수님은 노아 시대의 사람들과 롯 시대의 사람들이 큰 재앙이 다가오는 것을 모른 채로 세상에 취해 살다가 갑자기 멸망을 당한 것처럼 주님의 재림 때도 그런 사람들이 많을 것을 가르치기 위해 노아 홍수와 소돔과 고모라의 불 심판을 말씀하셨다.

둘째, 예수님은 주님의 재림 때 구원받는 사람이 극소수인 것을 가르치기 위해 노아 시대의 홍수 심판과 소돔과 고모라의 불심판을 말씀하신 것이 아니다. 주님은 깨어서 주님의 재림을 기다리다가 주님을 맞아서 큰 상을 받는 사람이 극소수인 것을 가르치기 위해 노아 시대의 홍수심판과 소돔과 고모라의 불심판을 말씀하셨다. 노아가 어려운 환경을 극복하며 방주를 만들어서 큰 상을 받은 것이 히브리서 11장에 기록돼 있다.

셋째, 모세는 가나안에 들어가지 못했지만 천국에 갔다. 예수님이 변화산에서 모세를 만나신 사건이 모세가 천국에 간 것을 증명한다. 그러므로 가나안에 들어간 것을 천국에 간 것으로 해석하면 안 된다.

넷째, 예수님의 재림 때가 되면 노아 시대처럼 타락한 성도들이 많을 것이다. 하지만 그때 타락한 성도들도 고린도전서 5장에 기록된 패륜죄를 범한 성도처럼 예수님을 믿을 때, 영생을 얻었으므로 반드시 천국에 간다. 이것을 볼 때도 가나안에 들어간 것을 천국에 들어간 것으로 해석한 것이 오류임을 알 수 있다.

아래의 글은 미국 교포 강○○ 박사가 나에게 보낸 것이다.

"목사님, 답신이 늦었습니다. 책(『지옥에 가는 크리스천들?』, 『신천로역정』)은 벌써 다 읽었는데(너무 은혜로워서 단숨에 읽음) 저희 교회의 지금 목사님과 예전 한국에서 8년 동안 섬기던 교회 목사님 등에게 파일을 보냈는데 회신을 기다린 후 답신을 보내 드리려다 늦었습니다.

사실, 제 생각과 입장을 말씀드리면 저는 한국에서 감리교회를 섬겼었는데 '한 번 구원은 영원한 구원이 아니라'고 배웠고, 또 거듭남을 무척 강조하시던 목사님에게서 신앙이 성장했는데 '거듭나지 않으면 천국을 갈 수 없고(즉 구원받지 못하고), 거듭나서 천국 가는 사람은 극소수다. 교회에서 아마 10%도 안 될 거다. 거듭나려 애써야 한다. 좁은 길을 가야 한다. 많은 사람이 가는 넓은 길로 가서는 안 된다. 넓은 길은 지옥 가는 길이다'라고 배워서 늘 구원의 확신을 의심하게 되는 과정을 반복하였었습니다.

그 목사님은 특히 거듭남을 강조하셨는데 '구원은 값없이 받는 전적인 하나님의 은혜로 받는 것'이라고 하시면서도 거듭나는 것이 정확히 무엇인지는 한번도 설명하시지 않고, 다만 은유적으로 '나의 자아를 완전히 내려놓고 성자처럼 거룩한 삶을 살아야 거듭난 것이다'라는 것을 말씀하셔서 성자처럼 살지 못하는 저는 늘 구원을 의심해야 했고, 늘 자기 정죄에 시달려야 했습니다. 그런데 목사님의 이 책들을 읽고는 너무도 명쾌한 답을 얻어서 얼마나 기쁘고 감사한지 모릅니다.

수십 년을 교회를 다녔고, 각종 성경 공부, 군사훈련, 제자훈련 등등 교육이란 교육은 다 받았지만 신앙의 기초에 해당되는 이런 기본적인 교육이 체계적으로 이루어지지 않은 것을 알 수 있습니다."

어떤 목사의 간증을 소개하겠다.

"목사님, 어제 목회자들 모임에서 구원론에 대해서 매우 강력한 말씀을 전했습니다. 교보문고를 통해서 목사님의 책을 구입하려는 분들도 있겠고, 목사님께 문의 전화를 드리는 분들도 있을 것입니다. 그날 오랜 세월 동안 목회자 집회를 개최해서 강력하게 행위구원론을 전파한 ○○○ 목사님을 본의 아니게 디스했습니다. 그 목사님의 집회에 몇 십 년 다니시던 목사님들의 표정이 안 좋았지만 아무 말씀들을 못 하셨습니다. '구원이라는 단어의 쓰임새가 다양하다'는 것과 '예수님이 행위구원론자들을 향하여 반어법으로 말씀하셨다'는 것은 매우 귀한 발견이라 생각합니다. 감사드립니다."

히브리서를 아래와 같이 요약할 수 있다.

"성도가 복과 상을 등한히 여기면 하나님의 진노를 받는다. 큰 복이나 큰 상을 받는 성도가 매우 적다."

6. 산상설교에 있는 구원론 난해 구절 해석

　대부분의 기독교인들에게 산상설교의 핵심 부분, 즉 마태복음 5장 20절부터 7장 27절만큼 난해하게 여겨지는 성경말씀이 없을 것이다. 그 말씀이 은혜구원을 가르치는 로마서, 갈라디아서, 에베소서, 요한복음 등과 정반대로 행위구원을 가르치는 것처럼 보이기 때문이다.

　　(마 5:20) 너희 의가 서기관과 바리새인보다 더 낫지 못하면 결코 천국에 들어가지 못하리라

　　(마 5:21-22) 옛 사람에게 말한 바 살인하지 말라 누구든지 살인하면 심판을 받게 되리라 하였다는 것을 너희가 들었으나 나는 너희에게 이르노니 형제에게 노하는 자마다 심판을 받게 되고 형제를 대하여 라가라 하는 자는 공회에 잡혀가게 되고 미련한 놈이라 하는 자는 지옥 불에 들어가게 되리라

(마 5:27-30) 또 간음하지 말라 하였다는 것을 너희가 들었으나 나는 너희에게 이르노니 음욕을 품고 여자를 보는 자마다 마음에 이미 간음하였느니라 만일 네 오른 눈이 너로 실족하게 하거든 빼어 내버리라 네 백체 중 하나가 없어지고 온 몸이 지옥에 던져지지 않는 것이 유익하며 또한 만일 네 오른 손이 너로 실족하게 하거든 찍어 내버리라 네 백체 중 하나가 없어지고 온 몸이 지옥에 던져지지 않는 것이 유익하니라

(마 5:38-45) 또 눈은 눈으로, 이는 이로 갚으라 하였다는 것을 너희가 들었으나 나는 너희에게 이르노니 악한 자를 대적하지 말라 누구든지 네 오른편 뺨을 치거든 왼편도 돌려 대며 또 너를 고발하여 속옷을 가지고자 하는 자에게 겉옷까지도 가지게 하며 또 누구든지 너로 억지로 오 리를 가게 하거든 그 사람과 십 리를 동행하고 네게 구하는 자에게 주며 네게 꾸고자 하는 자에게 거절하지 말라 또 네 이웃을 사랑하고 네 원수를 미워하라 하였다는 것을 너희가 들었으나 나는 너희에게 이르노니 너희 원수를 사랑하며 너희를 박해하는 자를 위하여 기도하라 이같이 한즉 하늘에 계신 너희 아버지의 아들이 되리니 이는 하나님이 그 해를 악인과 선인에게 비추시며 비를 의로운 자와 불의한 자에게 내려주심이라

(마 7:13-14) 좁은 문으로 들어가라 멸망으로 인도하는 문은 크고 그 길이 넓어 그리로 들어가는 자가 많고 생명으로 인도하는 문은 좁고 길이 협착하여 찾는 자가 적음이라

(마 7:21) 나더러 주여 주여 하는 자마다 다 천국에 들어갈 것이 아니요 다만 하늘에 계신 내 아버지의 뜻대로 행하는 자라야 들어가리라

오랜 세월 동안 대부분의 기독교인들은 산상설교의 핵심 부분을 예수님이 성도들에게 주신 직설법 교훈으로 해석했다.

직설법은 사실 그대로를 표현하는 수사법이다. 직설법으로 "정말 많이 준다"고 하면 '진짜로 많이 주는 것'을 뜻한다. 직설법의 반대는 반어법이다. 반어법으로 "정말 많이 준다"고 하면 '매우 적게 주는 것'을 뜻한다. 따라서 '성경말씀을 어떤 수사법으로 해석하느냐'가 매우 중요하다.

산상설교의 핵심 부분을 예수님이 성도들에게 주신 직설법 교훈으로 해석하는 개신교의 목회자들과 가톨릭의 사제들은 이구동성으로 "성도들도 예수님이 산상설교를 통해 가르치신 율법들을 지켜야 천국에 갈 수 있다", "성도들도 좁은 문을 통과해야 천국에 갈 수 있다"고 주장했다. 심지어 어떤 이들은 "예수님을 구주로 믿는 사람도 하나님의 뜻대로 살지 않으면 지옥에 간다"고 주장했다. 그들과 달리 어떤 이들은 "진짜로 중생한 신자는 반드시 하나님의 뜻대로 살아서 천국에 간다", "하나님의 뜻대로 살지 않는 신자들은 모두 가짜 신자라"고 주장했다.

"믿음을 갖고 산상수훈을 그대로 행하는 자는 결국 영생을 얻을 것이지만 산상수훈을 행치 않는 자는 멸망할 것입니다."[32]

"천국에 들어가는 것은 우리가 예수님의 말씀을 듣고 그것을 행하

---

32) 변승우, 지옥에 가는 크리스천들, 은혜출판사, 2006년, p.195

느냐 행하지 않느냐에 달렸다. 우리가 천국에 들어가기 위하여서는 예수님의 은혜에만 기대하며 '주여, 주여'를 외치는 믿음으로는 충분치 않다."33)

"다만 하늘에 계신 내 아버지의 뜻대로 행하는 자. 하나님 나라에 들어가는 확실한 조건에 대한 말씀이다. 예수께서는 여기서 참된 믿음은 하나님의 뜻에 순종하여 행하는 것임을 말씀하시어 믿음이 '전인격적'인 차원의 문제이지 단순히 '지적'인 차원이나 '감정적'인 차원이 아님을 분명히 하신다."34)

"중생하고 성결함을 입어 그 뜻을 따라 생애를 보낸 자만이 천국에 들어갈 수가 있다."35)

"웨슬리는 율법을 비판하고 비방하며, 율법 전체를 폐지해야 한다고 가르치는 자들에 대해서는 복음의 최고 원수라고 말한다. 그리스도가 본인의 산상수훈에서 밝히듯이 율법은 폐지되지 않을 것이며, 여기서 예수님은 살인의 표면적 모습에 머무르지 않는다. 예수님은 살인이라는 죄의 지평을 넓혀 형제와의 불화, 혹은 형제에 대한 원망을 살인이라는 죄의 무게와 동일시한다. 형제에게 원한을 품고 있는 것 그 자체가 살인의 근원이 된다는 것이다. 명시된 계명을 문자 그대로 지키고 사는 것이 의로운 것이 아니라 계명의 속뜻까지 이해해야 참된 의로움으로 나갈 수 있다고 예수님은 말한다."36)

---

33) 권연경, 행위 없는 구원?, SFC출판부, 2006년, p.30
34) 그랜드종합주석, 마태복음, 성서교재간행사, 1992년, pp.262-263
35) 요네다 유다까, 마태복음주석, 디럭스바이블 2005, 미션소프트.

산상설교를 해석할 때 직면하는 가장 어려움은 예수님이 산상설교를 통해 가르치신 율법들의 수준이 어마어마하게 높은 데 있다.

오랜 세월 동안 산상설교의 핵심 부분을 예수님이 성도들에게 주신 직설법 교훈으로 해석하는 기독교인들은 예수님이 가르치신 율법들의 수준이 어마어마하게 높은 것 때문에 크게 고민했다. 산상설교의 핵심 부분을 정직하게 해석하면 '산상설교의 율법들을 지켜서 천국에 갈 사람이 한 사람도 없겠다', '나도 지옥에 갈 수밖에 없겠다'는 생각이 저절로 들기 때문이었다. 심지어 어떤 이들은 자신이 하나님께 충성하기를 힘씀에도 불구하고 지옥의 공포에 시달리며 사는 것을 솔직하게 털어놓았다.

"솔직히 말씀드리면 저는 훗날에 제가 주님 앞에 섰을 때, 주님이 '나는 너를 모른다'고 말씀하실까 두렵습니다."

"매우 선하게 사는 성도가 아니면 죽은 후에야 자신이 천국에 갈 수 있는지를 알 수 있습니다. 솔직히 말씀드리면 저도 제가 천국에 갈 수 있을지를 확신할 수 없습니다."

어떤 이들은 산상설교의 핵심 부분 때문에 지옥의 공포에 시달리다 지쳐서 큰 시험에 들었다. 신앙생활을 포기한 이들도 있고, 이단에 빠진 이들도 있고, 심지어 자살한 이들까지 있다. 지금도 그런 비극이 일어나고 있다.

---

36) 김영복, 산상설교와 그리스도교 윤리의 특수성, 수원가톨릭대학교 대학원 석사 논문, 2019년, p.22

성도들이 산상설교의 핵심 부분 때문에 큰 시험에 드는 문제를 해결하기 위해 많은 목회자들과 사제들은 산상설교의 핵심 부분에 관한 연구와 사색과 기도를 거듭했다. 하지만 그 누구도 결코 만족할 만한 해석을 찾을 수 없었다. 어떤 해석도 다른 해석들을 압도하지 못했다. 결국 산상설교의 핵심 부분 해석이 중구난방이 되고 말았다.

개신교의 목회자들이 "좁은 문으로 들어가라"는 말씀을 중구난방으로 해석한 경우들을 소개하겠다.

첫째, 어떤 이들은 '좁은 문으로 들어가는 것'을 아리송하게 해석한다. 어떤 목사의 설교를 예로 들겠다.

> "좁은 문이란 무엇입니까? 좁은 문이란 간단합니다. 좁은 문은 큰 문이 아니라는 것입니다. 좁은 문이라고 하는 것은 내 몸뚱어리가 겨우 빠져나갈 수 있는 문을 뜻합니다."

이 얼마나 애매모호(曖昧模糊)한 주장인가? 좁은 문이 무엇인지를 모르는 사람이 어떻게 좁은 문을 통과할 수 있겠는가?

둘째, 어떤 이들은 옛날의 바리새인들처럼 자기 맘대로 '좁은 문'을 '넓은 문'으로 만든다. 다시 말해서 그들은 자의적으로 예수님이 가르치신 율법들의 수준을 낮춘다. 좁은 문을 많이 넓히느냐, 적게 넓히느냐(율법들의 수준을 많이 낮추느냐, 적게 낮추느냐)가 다를 뿐이다. 이렇게 율법들의 수준을 낮춘 후에 "중생한 신자도 좁은 문으로 들어가야 천국에 갈 수 있다", "중생한 신자는 얼마든지 좁은 문으로 들어가서 천국에 갈 수 있다"고 주장한다.

어떤 목회자가 율법들의 수준을 비교적 적게 낮춘 것을 보자.

"끝까지 좁은 길의 끝에 이를 수 있는 사람은 하루도 빼놓지 않고 기도와 말씀의 삶을 꾸준히 산 사람들에게만 그 좁은 길의 끝에 다다를 수 있는 특권이 주어질 것입니다. 여러분은 좁은 문을 끝까지 통과하고 싶습니까? 그러면 적어도 하루 1시간의 기도와 하루 10장 이상의 말씀을 묵상하셔야 됩니다. 이것이 비가 오나 눈이 오나 바람이 부나 천둥 번개가 치나 친한 친구의 아버지가 돌아가셨거나 천재지변으로 집안이 쑥대밭이 됐다 하더라도 오늘 정해진 만큼의 기도와 말씀을 행하셔야 됩니다."

그 목회자가 율법들의 수준을 비교적 적게 낮췄음에도 불구하고 그의 주장은 예수님이 가르치신 율법들의 수준과 천지 차이가 난다. 예수님이 "율법을 조금만 범해도 지옥 불에 들어가리라", "모든 율법을 완벽하게 지켜야 천국에 갈 수 있다"고 선포하셨기 때문이다.

그 목회자와 달리 어떤 이들은 율법들의 수준을 비교적 많이 낮춘다. 매튜 헨리 목사의 해석을 보자.

"'오른손을 찍어 내 버리거나 오른 눈을 빼어 버리는 것'은 곧 다음과 같은 행위다. 즉 아무리 즐거운 것일지라도 우리에게 올무가 될 사람들과의 교제는 거절하고, 어떤 일들이 우리에게 시험 거리가 되는 것을 발견할 때는 해로운 길을 피하고 조심하여 정당한 방법들만을 사용하는 것이다."[37]

매튜 헨리 목사가 "천국에 가려면 자기의 재산을 모두 팔아서 이웃에게 나눠 줘야 한다"는 말씀을 해석한 것을 보자.

> "이 말씀은 다음과 같은 뜻을 나타낸다. 경건한 일을 위하여 네가 절약할 수 있는 것, 즉 남아도는 소유를 모두 팔라. 다시 말해서 달리 그 남아도는 것으로 선을 행할 수 없다면 그것을 팔라. 또한 그 남아도는 것에 미련을 두지 말라. 하나님에게 영광을 돌리고 가난한 자들을 구제하기 위하여 그것을 기꺼이 내주라."[38]

"남아도는 소유를 모두 팔라"는 주장은 실행 기준이 없다. 그러므로 사람들이 얼마든지 율법을 고무줄 식으로 해석할 수 있다.

마이어 목사가 "천국에 가려면 자기의 재산을 모두 팔아서 이웃에게 나눠 줘야 한다"는 말씀을 해석한 것을 보자.

> "누구나가 자기의 가진 소유물을 팔아 그 매상금을 전부 주어 버려야 한다는 것은 아니다."[39]

예수님이 "모든 재산을 팔아서 이웃에게 나눠 주라"고 명령하셨는데도 마이어 목사는 주님의 명령을 자기 맘대로 수준을 낮춰서 "자기의 가진 소유물을 팔아서 그 매상금을 전부 주어 버려야 한다는 것은 아니라"고 해석했다.

---

37) 매튜 헨리, 마태복음주석, 디럭스바이블 2005, 미션소프트.
38) 매튜 헨리, 마태복음주석, 디럭스바이블 2005, 미션소프트.
39) 마이어, 마태복음주석, 디럭스바이블 2005, 미션소프트.

이처럼 사람들이 자의적으로 율법의 수준을 많이 낮추기도 하고, 적게 낮추기도 한다. 이거야말로 아전인수(我田引水) 아닌가? 예수님이 가르치신 율법들의 수준을 자의적으로 낮춰도 되는 것인가?

셋째, 어떤 이들은 자신이 전혀 좁은 문으로 들어가지 못하면서도 다른 이들에게 "좁은 문으로 들어가서 천국에 가라"고 명령한다. 어떤 목사의 설교를 보자.

"천국은 쉬운 곳이 아니에요. 침노하는 자들이 갈 수 있는 곳이고, 눈이 범죄하면 뽑아 버리고, 손이 범죄하면 찍어 버려야만 갈 수 있는 곳이에요."

그 목회자는 자신의 범죄한 지체는 그냥 둔 채로 성도들에게 "범죄한 지체를 잘라서 천국에 가라"고 명령한다. 이거야말로 자가당착(自家撞着) 아닌가?

넷째, 어떤 이들은 "좁은 문으로 들어가라"는 말씀을 외면한 후에 "무조건 하나님의 은혜로 천국에 간다"고 주장한다. 성경을 이처럼 우격다짐 식으로 해석해도 되는 것인가?

다섯째, 어떤 이들은 "나는 완벽하게 좁은 문으로 들어가고 있다", "나는 얼마든지 좁은 문으로 들어가서 천국에 갈 수 있다", "나는 조금도 죄를 짓지 않고 산다"고 주장한다. 과연 그럴까? 정말로 그들이 먼지만큼도 죄를 짓지 않고 사는 것일까? 진실로 그들은 죽을 때까지 전혀 죄를 짓지 않고 살 수 있을까? 그들은 '하나님의 마음에 합한 자'란 평가를 받았던 다윗이 간음죄와 살인죄를 지은 것을 어떻게 해석할 것인가? 바울 사도가 "나는 지금도 내 몸으로 죄를 짓고 산다"고 고백한 것을 어떻게 해석할 것인가? 그들이 바울 사도보다 위대한 인물일까? 그들의 주장이 황당무계(荒唐無稽)하지 않은가?

여섯째, 어떤 이들은 다른 성경 구절로 산상수훈을 해석한다.
예수님이 설명하신 율법들이 기가 질릴 정도로 수준이 높기 때문에 어떤 이들은 "중생한 신자도 하나님의 뜻대로 살아야 천국에 들어갈 수 있다"고 설교하는 것이 부담스러워서 요한복음 6장에 있는 말씀으로 그 말씀을 해석한다.

> (요 6:40) 내 아버지의 뜻은 아들을 보고 믿는 자마다 영생을 얻는 이것이니 마지막 날에 내가 이를 다시 살리리라 하시니라

그들은 "예수님이 '아버지의 뜻은 아들을 보고 믿는 자마다 영생을 얻는 것이라'고 하셨으므로 하나님의 뜻대로 행하는 것은 예수님을 믿는 것을 의미한다"고 주장한다. 하지만 이 주장은 마태복음 7장 21절의 문맥을 무시한 해석이다. 성경을 이처럼 이현령비현령(耳懸鈴鼻懸鈴) 식으로 해석해도 될까?

이 주장들의 공통점은 '좁은 문으로 들어가는 것'의 정확한 기준을 제시하지 않는 것이다. 다시 말해서 '어느 정도로 선하게 살아야 천국에 갈 수 있는지'를 가르쳐 주지 않는 것이다.
더욱 어이없는 것은 이런 주장을 하는 사람들이 착하게 사는 기준을 각각 다르게 제시하는 점이다. 어떤 사람들은 성도들 중에서 상당

히 많은 사람이 천국에 갈 것처럼 주장하고, 어떤 사람들은 성도들 대부분이 지옥에 갈 것처럼 주장한다. 이 때문에 대부분의 성도들은 어느 장단에 춤을 춰야할지를 몰라서 고민한다. 이것을 볼 때도 지금까지의 산상설교 해석에 큰 문제가 있는 것을 알 수 있다.

박윤선 박사는 산상설교의 핵심 부분을 아래와 같이 해석했다.

"이 구절(마 7:21)은 '율법을 완전히 행해야 구원을 얻는다'는 교리를 가르치는 듯이 보인다. 이 아래의 구절들이 모두 다 그런 논조로 흐르는 듯하다. 그러나 여기 이 구절들은 구원의 법칙을 말하는 것이 아니다. 이 구절은 심판 곧, 정죄의 법칙을 말하는 것이다. 정죄의 원리가 있고, 그 후에 사죄의 규례가 생긴 것이다. 이 구절들이 말하는 심판의 원리는 후일에 구원의 원리를 말씀하실 준비 계단인 것이다. 이 구절들의 말씀을 가리켜 '은혜로 말미암은 구원의 도리에 대한 전제(前提)'라고 하는 것은 옳다. 이 구절들의 말씀을 '은혜로 구원받는 제도를 부인하는 것'이라고 주장하는 것은 바른 신학적 관찰이 아니다."[40]

산상설교를 바르게 해석하려면 가장 먼저 산상설교의 문맥을 살펴야 한다.

산상설교의 문맥을 살펴보면 예수님이 "살인하지 말라", "간음하지 말라", "이웃을 사랑하라"는 율법의 본뜻을 설명하신 후에 "좁은

---

40) 박윤선, 공관복음주석, 영음사, 1989년, pp.224-225

문으로 들어가서 천국에 가라"고 선포하신 것을 알 수 있다. 따라서 주님의 말씀이 아래와 같은 뜻임을 알 수 있다.

"율법을 지켜서 천국에 가려는 사람은 먼지만큼도 죄를 짓지 않아야 하고, 완벽하게 율법을 지켜야 한다."

과연 율법을 완벽하게 지켜서 천국에 갈 사람이 한 사람이라도 있을까? 독자에게는 이것이 가능하겠는가? 정직하게 산상설교를 해석하면 '어떤 사람도 산상설교를 지켜서 천국에 갈 수 없다'는 결론이 저절로 나오지 않는가? 이런데도 여전히 산상설교를 직설법 교훈으로 해석하겠는가?

산상설교를 바르게 해석하려면 산상설교를 들은 사람들이 어떤 신앙을 가지고 있었는지도 알아야 한다.

(마 5:1) 예수께서 무리를 보시고 산에 올라가 앉으시니 제자들이 나아온지라

(마 7:28) 예수께서 이 말씀을 마치시매 무리들이 그의 가르치심에 놀라니

이처럼 산상설교는 예수님의 제자들을 포함한 유대인 무리들에게 하신 것이다.

어떤 이들은 마태복음 7장 21절 이하에 기록된 '예수님을 주님으로 호칭한 선지자들'을 근거로 "산상설교의 핵심 부분은 예수님이 예수님을 구주로 믿는 성도들에게 하신 직설법 교훈이므로 우리도 좁은 문

으로 들어가서 천국에 가야 한다"고 주장한다. 하지만 이것도 잘못된 주장이다. 본문의 문맥을 보면 예수님을 '주님'으로 호칭한 사람들이 거짓 선지자들인 것을 알 수 있기 때문이다.

(마 7:15-23 요약) 거짓 선지자들을 삼가라 양의 옷을 입고 너희에게 나아오나 속에는 노략질하는 이리라 …… 아름다운 열매를 맺지 아니하는 나무마다 찍혀 불에 던져지느니라 이러므로 그들의 열매로 그들을 알리라 나더러 주여 주여 하는 자마다 다 천국에 들어갈 것이 아니요 다만 하늘에 계신 내 아버지의 뜻대로 행하는 자라야 들어가리라 그 날에 많은 사람이 나더러 이르되 주여 주여 우리가 주의 이름으로 선지자 노릇 하며 주의 이름으로 귀신을 쫓아 내며 주의 이름으로 많은 권능을 행하지 아니하였나이까 하리니 그 때에 내가 그들에게 밝히 말하되 내가 너희를 도무지 알지 못하니 불법을 행하는 자들아 내게서 떠나가라 하리라

본문에서 보는 것처럼 예수님에게 "주여, 우리가 주의 이름으로 선지자 노릇을 했나이다"라고 주장한 사람들은 거짓 선지자들이다.

박윤선 박사도 본문의 예수님을 '주여'라고 부른 사람들을 거짓 선지자들로 해석했다.

"거짓 선지자들도 그리스도의 이름으로 일한다고 말한다."[41]

하나님은 간혹 가짜 신자에게도 주님의 이름으로 기적을 행할 수 있는 권능을 주시는 경우가 있다.

---

41) 박윤선, 공관복음, 영음사, 1989년, p.225

(마 10:1) 예수께서 그의 열두 제자를 부르사 더러운 귀신을 쫓아내며 모든 병과 모든 약한 것을 고치는 권능을 주시니라

예수님은 열두 제자 모두에게 더러운 귀신을 쫓아내는 권능과 모든 병과 모든 약한 것을 고치는 능력을 주셨다. 열두 제자 중에는 예수님을 믿지 않는 가룟 유다도 포함돼 있었다. 이처럼 하나님은 가짜 신자에게도 권능을 주셔서 그가 주님이 맡긴 일을 하게 하시는 경우가 있다. 이 때문에 산상설교에 기록된 거짓 선지자들도 기적을 행할 수 있었던 것이다.

거짓 선지자들이 예수님을 '주여'라고 부른 첫 번째 이유는 예수님의 성육신 당시의 유대인들이 높은 사람이나 중요한 사람을 '주님'으로 부르는 습관이 있었기 때문이다.

(마 27: 62-63) 그 이튿날은 준비일 다음 날이라 대제사장들과 바리새인들이 함께 빌라도에게 모여 이르되 주여 저 속이던 자가 살아 있을 때에 말하되 내가 사흘 후에 다시 살아나리라 한 것을 우리가 기억하노니

거짓 선지자들이 예수님을 '주여'라고 부른 두 번째 이유는 주님께 아부해서라도 지옥에 가지 않기 위해서다. 그러나 그런 아부가 주님께 통할 리 없다. 주님은 그들에게 "불법을 행한 자들아, 내게서 떠나가라"고 하셨다. 주님이 말씀하신 '불법'은 첫째로 '율법을 범한 것'을 의미하고, 둘째로 '그들이 예수님을 구주로 믿지 않았던 것'을 뜻한다.

거짓 선지자들을 불신자로 취급하는 것에는 이의가 없을 것이다. 그러나 산상설교를 들은 사람들이 모두 거짓 선지자일 수는 없다. 그

들 중에 예수님의 제자들이 있기 때문이다. 과연 예수님의 제자들은 예수님을 구주로 믿는 사람들이었을까? 결론부터 말하면 그때 그들은 예수님을 구주로 믿을 수 없는 형편이었다.

첫째, 예수님의 제자들은 산상설교 후에도 오랜 시간 동안 예수님이 메시아인 것을 몰랐다.

> (마 8:23-27) 배에 오르시매 제자들이 따랐더니 바다에 큰 놀이 일어나 배가 물결에 덮이게 되었으되 예수께서는 주무시는지라 그 제자들이 나아와 깨우며 이르되 주여 구원하소서 우리가 죽겠나이다 예수께서 이르시되 어찌하여 무서워하느냐 믿음이 작은 자들아 하시고 곧 일어나사 바람과 바다를 꾸짖으시니 아주 잔잔하게 되거늘 그 사람들이 놀랍게 여겨 이르되 이이가 어떠한 사람이기에 바람과 바다도 순종하는가 하더라

예수님이 말씀으로 풍랑을 잔잔하게 하신 것을 본 제자들은 "이분이 어떤 분이기에 바람과 바다도 순종하는가"라고 말하며 크게 놀랐다. 이것은 제자들이 예수님이 구세주신 것을 모르는 것을 증명한다.

이때가 언제인가? 예수님이 산상설교를 하신 후, 여러 날이 지났을 때다. 이때까지 예수님의 제자들도 예수님이 구세주신 것을 몰랐다. 단지 그들은 예수님이 장차 이스라엘의 왕이 되실 것을 바라며 주님을 따르고 있었을 뿐이다. 이런 상황인데 산상설교를 들은 사람들이 어떻게 예수님을 구주로 믿을 수 있었겠는가?

둘째, 예수님은 공생애 후반기까지 사람들에게 자신이 메시아인 것을 최대한 감추셨다.

(마 16:20) 이에 제자들에게 경고하사 자기가 그리스도인 것을 아무에게도 이르지 말라 하시니라

이때가 예수님의 공생애 후반기다. 이처럼 예수님은 공생애 후반기까지 자신이 메시아인 것을 최대한 감추셨다.
산상설교는 공생애 초기에 하신 설교다. 따라서 산상설교를 들은 사람들이 예수님을 구주로 믿었을 리가 없다.

물론 산상설교를 들은 사람들이 유대인들이었기 때문에 그들 대부분은 하나님을 믿었을 것이다. 예수님의 제자들 대부분도 하나님을 믿었을 것이다.
예수님이 구세주신 것을 알기 전까지는 하나님을 구주로 믿으면 영생을 얻었다. 이것은 아래의 말씀으로 증명된다.

(요 5:24) 내가 진실로 진실로 너희에게 이르노니 내 말을 듣고 또 나 보내신 이를 믿는 자는 영생을 얻었고 심판에 이르지 아니하나니 사망에서 생명으로 옮겼느니라

본문의 '나 보내신 이를 믿는 자'는 '하나님을 구세주로 믿는 사람'을 뜻한다. 이처럼 예수님이 구세주신 것을 깨닫기 전까지는 하나님을 구세주로 믿어서 영생을 얻었다.
문제는 예수님 시대의 하나님을 믿는 사람들 대부분이 행위구원론을 믿는 데 있었다. 그 당시의 교회를 지배하던 바리새인들이 행위구원론을 가르쳤기 때문이다.

바리새인들은 유대인들에게 구원론을 가르칠 때, 두 가지의 오류를 범했다.

바리새인들의 첫 번째 오류는 율법의 수준을 낮춰서 가르친 것이다.
바리새인들은 '살인하지 말라'는 율법을 해석할 때, "이 율법은 '불법적으로 사람을 죽이지 말라'는 뜻만 있기 때문에 불법적으로 사람을 죽이지만 않으면 천국에 갈 수 있다"고 주장했다.

그들은 '간음하지 말라'는 율법을 해석할 때, "이 율법은 '불법적으로 이성과 잠자리를 하지 말라'는 뜻만 있기 때문에 불법적으로 이성과 잠자리만 하지 않으면 천국에 갈 수 있다"고 주장했다.

그들은 '이웃을 네 몸처럼 사랑하라'는 율법을 해석할 때, "이 율법은 '자신의 이웃에 사는 사람들을 도와주라'는 뜻만 있기 때문에 자신의 이웃에 사는 사람들을 어느 정도 도와주기만 하면 천국에 갈 수 있다"고 주장했다.

예수님은 바리새인들이 잘못 가르친 율법을 바로잡기 위해 어마어마하게 수준이 높은 율법을 그대로 가르치셨다. 이 때문에 산상설교를 들은 이들이 산상설교가 끝났을 때, 매우 크게 놀란 것이다.

> (마 7:28 헬라어 원문) 예수께서 이 말씀을 마치시매 무리들이 그의 가르치심에 계속 크게 놀라고 있으니

바리새인들의 두 번째 오류는 행위구원론을 가르친 것이다.
그들은 유대인들에게 율법의 수준을 낮춰서 가르친 후에 직설법으로 "율법들을 지켜서 천국에 가라"고 가르쳤다.

산상수훈을 들은 사람들 대부분은 바리새인들로부터 행위구원론(율법주의 구원론)을 배운 사람들이었다. 다시 말해서 그들 대부분은 자신이 하나님을 믿어서 영생을 얻은 것을 몰라서 율법을 지켜서 천국에 가려는 사람들이었다.

예수님은 행위구원론을 믿는 유대인들에게 어마어마하게 수준이 높은 율법의 본뜻을 가르치신 후에 "율법을 조금만 범해도 지옥 불에 들어갈 것이라"고 선포하셨다. 그 후에 그들에게 "범죄한 눈을 뽑고, 범죄한 손을 잘라서 천국에 가라", "하나님처럼 온전하게 살아서 천국에 가라", "좁은 문으로 들어가서 천국에 가라", "하나님의 뜻대로 살아서 천국에 가라", "반석 위에 집을 지어서 천국에 가라"고 명령하셨다. 이처럼 예수님은 산상설교를 통해 행위구원이 절대로 불가능한 것을 가르치셨다.

산상설교의 핵심 부분을 예수님이 중생한 신자들에게 하신 직설법 교훈으로 해석하는 것이 절대로 불가능한 이유를 살펴보자.

1) 예수님의 다른 설교를 보면 산상설교의 핵심 부분을 예수님이 중생한 신자들에게 하신 직설법 교훈으로 해석하는 것이 절대로 불가능함을 알 수 있다.

예수님은 요한복음 10장 28절을 통해 "내가 중생한 신자들에게 영생을 주었으므로 그들은 영원히, 절대로, 결코 지옥에 가지 않을 것이라"고 선포하셨다. 또한 주님은 요한복음 6장 47절을 통해 "믿는 자는 영생을 가졌다"고 선포하셨다. 이렇게 설교하신 주님이 "중생한 신자도 내가 가르친 율법들을 조금이라도 범하면 지옥 불에 들어가리라", "내가 가르친 율법들을 완벽하게 지켜서 천국에 가라", "좁은 문으로 들어가서 천국에 가라"고 명령하셨으면 궤변을 말씀하신 것일 수밖에 없다. 두 설교 중의 하나는 거짓말이기 때문이다. 예수님이 어떻게 궤변을 말씀하실 수 있겠는가? 이것만 봐도 산상설교의 핵심 부분을 예수님이 중생한 신자들에게 하신 직설법 교훈으로 해석하는 것이 절대로 불가능함을 알 수 있다.

2) 산상설교의 핵심 부분을 정직하게 해석하면 산상설교의 핵심 부분을 예수님이 중생한 신자들에게 하신 직설법 교훈으로 해석하는 것이 절대로 불가능함을 알 수 있다.

예수님은 행위구원론을 믿는 유대인들에게 아래와 같이 말씀하셨다.

"너희 의가 서기관과 바리새인보다 더 낫지 못하면 결코 천국에 들어가지 못하리라. 도덕법(율법)을 조금만 범해도 지옥 불에 들어가리라. 범죄한 눈을 뽑고, 범죄한 손을 잘라서 천국에 가라. 도덕법(율법)을 완벽하게 지켜서 천국에 가라. 하나님처럼 온전하게 살아서 천국에 가라. 좁은 문으로 들어가서 천국에 가라. 하나님의 뜻대로 살아서 천국에 가라. 반석 위에 집을 지어서 천국에 가라."

예수님의 말씀을 정직하게 해석하면 "예수님이 산상설교를 통해 행위구원이 절대로 불가능한 것을 가르치셨다"고 말할 수밖에 없다.

앞서 설명한 것처럼 바리새인들은 제멋대로 율법들의 수준을 크게 낮춘 후에 "하나님을 믿는 사람도 율법을 잘 지켜야 천국에 갈 수 있다"고 주장했다. 그런데도 유대인들 대부분은 바리새인들이 가르친 행위구원론을 철석같이 진리로 믿고 있었다. 이런 사람들에게 예수님이 다짜고짜 "율법을 지켜서는 절대로 천국에 갈 수 없다", "오직 나를 믿어야만 천국에 갈 수 있다"고 말씀하시면 대부분의 사람들이 시큰둥할 게 뻔하다. 이런 사람들에게는 어마어마하게 수준이 높은 율법의 본뜻을 가르치는 것이 좋다. 다시 말해서 그들에게는 어떤 사람도 지켜서 천국에 갈 수 없을 정도로 무시무시한 율법의 본뜻을 가르치는 것이 좋다. 이 때문에 예수님이 첫 번째 설교에서 세 가지 율법의 본뜻을 설명하신 것이다.

예수님은 "살인하지 말라", "간음하지 말라", "이웃을 사랑하라"는 율법의 본뜻을 가르치시기 전에 자신이 세상에 온 목적들 중의 하나부터 말씀하셨다.

(마 5:17) 내가 율법이나 선지자를 폐하러 온 줄로 생각하지 말라 폐하러 온 것이 아니요 완전하게 하려 함이라

예수님은 행위구원론을 믿는 유대인들의 어리석음을 깨닫게 하려고 "내가 율법을 온전하게 하러 왔다"고 말씀하셨다. 주님의 말씀은 "내가 율법의 본뜻을 가르치러 왔다"는 뜻이다.

예수님이 '살인하지 말라'는 율법의 본뜻을 가르치신 것을 보자.

(마 5:21-22) 옛 사람에게 말한 바 살인하지 말라 누구든지 살인하면 심판을 받게 되리라 하였다는 것을 너희가 들었으나 나는 너희에게 이르노니 형제에게 노하는 자마다 심판을 받게 되고 형제를 대하여 라가라 하는 자는 공회에 잡혀가게 되고 미련한 놈이라 하는 자는 지옥 불에 들어가게 되리라

본문에는 이웃에게 화내고, 욕하고, 이웃을 무시하는 죄를 짓는 것의 횟수가 없다. 게다가 천국은 죄를 먼지만큼도 용납하지 않는 곳이다. 천국은 하나님처럼 온전하게 살아야 들어갈 수 있는 곳이다. 따라서 주님의 말씀이 '이웃에게 한 번이라도 부당하게 화내거나 욕하거나 이웃을 무시해도 지옥 불에 들어가리라'는 뜻임을 알 수 있다.

요한 사도가 '살인하지 말라'는 율법을 풀이한 것을 보자.

(요일 3:15) 그 형제를 미워하는 자마다 살인하는 자니 살인하는 자마다 영생이 그 속에 거하지 아니하는 것을 너희가 아는 바라

이거야 말로 갈수록 태산 아닌가? 과연 "살인하지 말라"는 율법을 지켜서 천국에 갈 사람이 있을까?

예수님이 '간음하지 말라'는 율법의 본뜻을 가르치신 것을 보자.

(마 5:27-30) 음욕을 품고 여자를 보는 자마다 마음에 이미 간음하였느니라 만일 네 오른 눈이 너로 실족하게 하거든 빼어 내버리라 네 백체 중 하나가 없어지고 온 몸이 지옥에 던져지지 않는 것이 유익하며 또한 만일 네 오른손이 너로 실족하게 하거든 찍어 내버리라 네 백체 중 하나가 없어지고 온 몸이 지옥에 던져지지 않는 것이 유익하니라

천국은 먼지만큼의 죄가 있어도 갈 수 없는 곳이다. 따라서 예수님의 말씀이 '한 번이라도, 그리고 조금이라도 음욕을 품어도 지옥에 간다', '손과 발로 한 번만, 그리고 조금만 죄를 지어도 지옥에 간다', '음욕을 품은 눈을 빼지 않으면 지옥에 간다', '범죄한 손과 발을 자르지 않으면 지옥에 간다'는 뜻임을 알 수 있다. 예수님이 "백체 중 하나가 없어지고 온 몸이 지옥에 던져지지 않는 것이 유익하니라"고 말씀하신 것을 볼 때, 주님의 말씀이 '율법을 지켜서 천국에 가려면 진짜로 범죄한 지체를 자르라'는 뜻임을 알 수 있다. 이 율법 앞에서 완전히 기가 질리는 것이 정상이 아니겠는가?

예수님이 '이웃을 사랑하라'는 율법의 본뜻을 가르치신 것을 보자.

(마 5:38-45 요약) 네 오른편 뺨을 치거든 왼편도 돌려 대며 또 너를 고발하여 속옷을 가지고자 하는 자에게 겉옷까지도 가지게 하며 또 누구든지 너로 억지로 오 리를 가게 하거든 그 사람과 십 리를 동행하고 네게 구하는 자에게 주며 네게 꾸고자 하는 자에게 거절하지 말라 …… 이같이 한즉 하늘에 계신 너희 아버지의 아들이 되리니

주님의 말씀은 '원수가 요구하는 것을 한 번이라도 거절하면 지옥에 간다'는 뜻이다. 과연 '이웃을 사랑하라'는 율법을 지켜서 천국에 갈 사람이 있을까?

오늘날 행위구원론을 따르는 기독교인들은 좁은 문으로 들어가는 것이 예수님이 가르치신 율법들을 완벽하게 지키는 것을 의미함을 모른다. 다시 말해서 그들은 율법의 수준이 어느 누구도 지켜서 천국에 갈 수 없을 정도로 어마어마하게 높은 것을 모른다. 그들은 옛날

의 바리새인들처럼 자기 맘대로 율법의 수준을 대폭 낮춰서 율법을 지킨다. 이 때문에 그들은 산상설교의 핵심 부분을 읽어도 무덤덤하다. 그들과 달리 예수님으로부터 율법의 본뜻을 직접 들은 유대인들은 좁은 문으로 들어가는 것이 예수님이 가르치신 율법들을 완벽하게 지키는 것을 뜻함을 알았다. 그들은 율법의 수준이 어느 누구도 지켜서 천국에 갈 수 없을 정도로 어마어마하게 높은 것을 알았다. 이 때문에 그들은 예수님의 설교가 끝난 후에 이루 말할 수 없이 큰 충격을 받아서 공황 상태에 빠졌다.

> (마 7:28) 예수께서 이 말씀을 마치시매 무리들이 그의 가르치심에 놀라니

본문의 '놀라니'의 헬라어가 '엑세플레손토(εξεπλησσοντο)'다. 이 단어는 '깜짝 놀라서 충돌하다'란 동사 '엑플레소(εκπλησσω)'의 미완료형이다.[42]

본문의 헬라어 원문을 직역하면 아래와 같다.

> "예수께서 이 말씀을 마치시매 무리들이 그의 가르치심에 계속 크게 놀라고 있으니."

유대인들은 율법대로 살기를 힘쓰는 서기관과 바리새인처럼 살아서 천국에 가는 것도 힘들어서 죽을 지경이었다. 그런데도 예수님은

---

[42] 엑플레소(εκπλησσω): 깜짝 놀라서 '충돌하다', 놀라게 하다, 놀라다〈마 7:28〉동. to be amazed; 1) 때리다, 일격에 쫓아내다, 몰아내다. 2) 일격에 풀리다, 정신을 잃다, 공황, 충격, 놀람으로 일격을 가하다. 3) 놀람으로 충격을 받은, 깜짝 놀란. 디럭스바이블 2005, 헬라어 사전, 미션소프트.

"율법대로 살기를 힘쓰는 서기관과 바리새인보다 더 착하게 살지 않으면 절대로 천국에 갈 수 없다"고 선언하셨다. 이 설교에 어떻게 앞이 캄캄해지지 않을 수 있겠는가?

또한 예수님은 "한 번이라도 이웃에게 화를 내고, 한 번이라도 이웃을 욕하고, 한 번이라도 이웃을 무시해도 지옥에 간다"고 가르치셨다. 이 설교에 어떻게 기가 막히지 않을 수 있겠는가?

게다가 주님은 "한 번이라도 이성에게 음욕을 품어도 지옥에 간다", "범죄한 눈을 빼고, 범죄한 손을 잘라야 천국에 간다"고 가르치셨다. 이 설교에 어떻게 정신이 아득해지지 않을 수 있겠는가?

더 나아가서 예수님은 "원수가 '5리를 가자'고 하면 10리를 가야 하고, 구하는 자에게는 누구에게든지 주고, 꾸고자 하는 자들에게 한 번도 그들의 요구를 거절하지 않아야만 하나님의 아들이 돼서 천국에 갈 수 있다"고 선포하셨다. 이 설교에 어떻게 공황 상태에 빠지지 않을 수 있겠는가? 이처럼 율법의 수준이 높기 때문에 바울 사도가 "내가 원하는 바 선은 행하지 아니하고 도리어 원하지 아니하는 바 악을 행한다"고 선언한 것이고(롬 7:19), '죄인 중에 내가 괴수'라고 천명한 것이다(딤전 1:15).

3) 하나님이 도덕법을 제정하신 목적을 깨달아도 산상설교의 핵심 부분을 직설법 교훈으로 해석하는 것이 절대로 불가능한 것을 알 수 있다.

하나님은 다섯 가지 목적을 가지고 율법, 특히 도덕법을 만드셨다.

율법의 첫 번째 목적은 모든 사람이 지옥에 갈 수밖에 없는 죄인인 것을 깨닫게 하는 것이다.

(롬 3:20) 그러므로 율법의 행위로 그의 앞에 의롭다 하심을 얻을 육체가 없나니 율법으로는 죄를 깨달음이니라

본문의 '율법의 행위로 그의 앞에 의롭다 하심을 얻을 육체가 없나니'에 절대부정 부사 '우(ου)'가 사용됐다. 본문은 '율법을 지켜서 천국에 갈 사람이 한 사람도 없다', '율법에 의하면 모든 사람은 지옥에 갈 죄인이라'는 뜻이다.

하나님이 율법을 제정하신 첫 번째 목적이 사람들에게 율법을 지켜서는 절대로 천국에 갈 수 없는 것을 가르치는 것이다. 이것을 볼 때, 예수님이 산상설교에서 율법의 본뜻을 설명하셔서 율법을 지켜서는 절대로 천국에 갈 수 없는 것을 가르치신 것을 알 수 있다.

박윤선 박사는 산상설교의 주된 목적을 아래와 같이 설명했다.

"산상보훈은 유대인들의 오해한 율법관을 교정시키는 목적으로 나타난 교훈이요, 계시의 전체가 아니다. 이 단계에서는 율법을 그대로 해명하시는 것이 자연스럽다. 율법을 모르면 죄를 모르고, 죄를 모르면 예수님의 속죄의 십자가를 알 수 없다."[43]

"바리새인들은 율법을 깊이, 또는 넓게 보지 못했다. 그들은 율법을 단편적으로만 보고 그 원칙을 보지 못하였고, 그것의 겉모양만 보고 속을 보지 못했던 것이다. 따라서 그들은 율법의 두려움을 알지 못하

---

43) 박윤선, 성경신학, 영음사, 1978년, p.148

였고, 율법을 온전히 지키는 것은 사람의 힘으로는 도저히 할 수 없음을 발견치 못하였던 것이다. 그러므로 그들은 그리스도의 공로를 믿음으로만 의롭다고 함이 되는 참 신앙에 들어가지 못하였고, 자기 힘만으로 족한 줄 아는 위선에서 스스로 만족한 것이다."[44]

율법의 두 번째 목적은 모든 사람이 지옥에 갈 수밖에 없는 죄인인 것을 가르친 후에 그들이 예수님을 믿어서 영혼구원을 받게 하는 것이다.

(갈 3:24) 이같이 율법이 우리를 그리스도께로 인도하는 초등교사가 되어 우리로 하여금 믿음으로 말미암아 의롭다 함을 얻게 하려 함이라

율법은 사람들을 지옥에 갈 죄인으로 만들어서 그들이 예수님을 믿어서 영혼구원을 받도록 안내하는 역할을 한다. 이 때문에 바울 사도가 "율법은 우리를 그리스도에게로 인도하는 초등교사라"고 선언한 것이다.

종교개혁자 존 칼빈(John Calvin) 목사는 『기독교강요』에서 율법의 목적을 아래와 같이 설명했다.

"이와 같이 우리는 율법에 의한 의를 얻을 수 없으므로 다른 도움을 구해야 하는데, 그것은 그리스도에 대한 믿음에 호소하는 것이다."[45]

---

44) 박윤선, 성경신학, 영음사, 1978년, pp.145-146
45) 존 칼빈, 신복윤 외 3인 공역, 기독교강요 중, 생명의말씀사, 1988년, p.383

박윤선 박사는 율법의 목적을 아래와 같이 설명했다.

"산상보훈에서 예수님의 해석하신 율법을 누가 행할 수 있으랴? 이 율법 앞에서는 누구든지 제 힘을 믿을 수 없어서 탄식하기를, '오! 그리스도여! 나의 대신(代身)이 되소서. 나는 주님만 의지하나이다' 라고 할 수밖에 없는 것이다."[46]

지금까지 설명한 것처럼 율법의 두 번째 목적은 사람들을 지옥에 갈 죄인으로 만들어서 예수님에게 안내하는 것이다. 이 때문에 예수님이 산상설교 때, 율법의 본뜻을 드러내셔서 청중을 지옥에 갈 죄인으로 만드신 것이다.

율법의 세 번째 목적은 중생한 신자가 율법을 지킨 만큼 복과 상을 받게 하는 것이다.

(약 1:25) 자유롭게 하는 온전한 율법을 들여다보고 있는 자는 듣고 잊어버리는 자가 아니요 실천하는 자니 이 사람은 그 행하는 일에 복을 받으리라

(약 1:12) 시험을 참는 자는 복이 있나니 이는 시련을 견디어 낸 자가 주께서 자기를 사랑하는 자들에게 약속하신 생명의 면류관을 얻을 것이기 때문이라

율법의 네 번째 목적은 중생한 신자가 율법을 지키지 않은 만큼 저주를 내리거나 상을 박탈하는 것이다.

---

46) 박윤선, 성경신학, 영음사, 1978년, p.146

(신 28:15) 네가 만일 네 하나님 여호와의 말씀을 순종하지 아니하여 내가 오늘 네게 명령하는 그의 모든 명령과 규례를 지켜 행하지 아니하면 이 모든 저주가 네게 임하며 네게 이를 것이니

(고전 3:13-15) 각 사람의 공적이 나타날 터인데 그 날이 공적을 밝히리니 이는 불로 나타내고 그 불이 각 사람의 공적이 어떠한 것을 시험할 것임이라 만일 누구든지 그 위에 세운 공적이 그대로 있으면 상을 받고 누구든지 그 공적이 불타면 해를 받으리니 그러나 자신은 구원을 받되 불 가운데서 받은 것 같으리라

율법의 다섯 번째 목적은 중생한 신자가 거룩하게 살아서 하나님께 영광을 돌리게 하는 것이다.

(민 15:40) 너희가 내 모든 계명을 기억하고 행하면 너희의 하나님 앞에 거룩하리라

하나님이 율법을 만드신 목적들 중에는 사람이 율법을 지켜서 천국에 가게 하는 것이 없다. 또한 산상설교는 복음을 깨달은 성도들을 대상으로 하신 설교가 아니라 행위구원론을 믿는 유대인들에게 행위구원이 절대로 불가능한 것을 가르치신 설교다. 그러므로 "중생한 신자도 산상수훈을 지켜서 천국에 가야 한다"고 주장하면 안 된다.

4) 성경의 통일성, 일관성, 논리성을 생각해도 산상설교의 핵심 부분을 직설법 교훈으로 해석하는 것이 절대로 불가능한 것을 알 수 있다.

성경은 하나님의 말씀이다. 따라서 성경에 통일성, 일관성, 논리성이 있을 수밖에 없다. 사람도 궤변가, 사기꾼, 바보, 어린 아기가 아니면 말을 할 때나 글을 쓸 때, 통일성, 일관성, 논리성을 유지하기 때문이다.

요한복음과 바울서신은 "사람은 백 퍼센트 하나님의 은혜로 영혼구원을 받는다"고 가르친다. 그러므로 산상설교를 근거로 "중생한 신자도 행함으로 영혼구원을 받아야 한다"고 주장하면 성경에 모순이 있게 된다. 어떻게 성경에 모순이 있을 수 있겠는가? 이것을 볼 때도 산상설교의 핵심 부분을 직설법 교훈으로 해석하는 것이 불가능함을 알 수 있다.

5) 성도의 신분을 생각해도 산상설교의 핵심 부분을 직설법 교훈으로 해석하는 것이 절대로 불가능한 것을 알 수 있다.

성도는 영원히, 절대로, 결코 지옥에 가지 않는 영생을 소유한 사람이다. 그러므로 성도는 예수님이 가르치신 도덕법들을 지켜서 천국에 갈 이유가 없고, 그럴 필요도 없다. 이것을 볼 때도 산상설교의 핵심 부분을 직설법 교훈으로 해석하는 것이 불가능함을 알 수 있다.

7. 획기적으로 새로운 산상설교 해석

나는 1980년에 결혼했다. 아내는 나의 모 신학교 동창생이다. 신혼 첫날 아내는 나에게 산상설교에 관해 물었다.

"산상설교에 있는 '너희 의가 서기관과 바리새인보다 더 낫지 아니하면 결단코 천국에 들어가지 못하리라'는 말씀이 무슨 뜻이에요?"

"그 말씀은 '서기관과 바리새인보다 더 의롭게 살아도 절대로 천국에 들어갈 수 없다'는 뜻이에요."

"그걸 어떻게 알았어요?"

"군대 가기 전에 모 신학교를 다닐 때, 박윤선 박사님의 책 『성경신학』을 통해 알았어요. 박윤선 박사님은 '산상설교는 율법을 지켜서는 절대로 천국에 들어갈 수 없는 것을 강조한 말씀이라'고 말씀하셨어요."

"그렇군요! 나는 신학을 공부한 후에도 천국과 지옥을 왔다갔다 했어요."

박윤선 박사는 『성경신학』에서 산상설교의 핵심 부분을 아래와 같이 해석했다.

"이 부분(마 5:17-7:29)도 소망 없는 율법주의의 선언이 아니다. 이 부분은 그리스도를 믿음으로만 구원받게 되는 도리를 간접적으로 가르친다. 즉, 그것은 참된 율법의 표준은 높기 때문에 사람이 지키기 어려울 것을 보여 주어서 사람으로 하여금 하나님의 은혜로만 구원받을 수 있음을 기대하게(믿게) 한다."[47]

나는 박윤선 박사의 산상설교 해석에 전적으로 동의했다. 그 해석을 따르지 않으면 산상설교의 핵심 부분을 아리송하게 해석하거나 수준을 낮춰서 해석하거나 자가당착을 범하며 해석하거나 우격다짐 식으로 해석하거나 황당무계하게 해석할 수밖에 없기 때문이었다. 그러나 내가 아는 대부분의 목회자들은 박윤선 박사의 해석을 수용하지 않았다. 그들은 "산상설교의 핵심 부분이 직설법 교훈이므로 오늘날의 성도들도 산상수훈을 지켜서 천국에 가야 한다"고 주장했다. 나는 박윤선 박사보다 더 명쾌하게 해석할 방법을 찾을 수 없어서 답답한 세월을 보낼 수밖에 없었다.

---

47) 박윤선, 성경신학, 영음사, 1978년, p.144

2010년 7월 30일 오전 6시 경이다. 새벽기도를 마친 후에 방에서 쉬고 있을 때였다. 하나님이 문득 내 머릿속에 "너희가 먹을 것을 주라"는 성경말씀이 떠오르게 하셨다. 그와 동시에 산상설교가 반어법(反語法) 교훈임이 깨달아졌다! 이어서 예수님이 부자 청년에게 들려주신 낙타 바늘귀 비유와 율법 교사에게 들려주신 선한 사마리아인 비유도 반어법 교훈인 것이 깨달아졌다!

(막 6:34-44 요약) 예수께서 나오사 큰 무리를 …… 가르치시더라 때가 저물어가매 제자들이 예수께 나아와 여짜오되 이 곳은 빈 들이요 날도 저물어가니 무리를 보내어 두루 촌과 마을로 가서 무엇을 사 먹게 하옵소서 대답하여 이르시되 너희가 먹을 것을 주라 하시니 여짜오되 우리가 가서 이백 데나리온의 떡을 사다 먹이리이까 이르시되 너희에게 떡 몇 개나 있는지 가서 보라 하시니 알아보고 이르되 떡 다섯 개와 물고기 두 마리가 있더이다 하거늘 …… 예수께서 떡 다섯 개와 물고기 두 마리를 가지사 하늘을 우러러 축사하시고 떡을 떼어 제자들에게 주어 사람들에게 나누어 주게 하시고 또 물고기 두 마리도 모든 사람에게 나누시매 다 배불리 먹고 남은 떡 조각과 물고기를 열두 바구니에 차게 거두었으며 떡을 먹은 남자는 오천 명이었더라

본문은 벳새다 광야(빈 들)에서 예수님이 오병이어의 기적을 일으키신 것을 기록한 말씀이다. 그때 모인 사람들은 장년 남자만 5천 명이었다. 여자들과 어린이들을 합하면 1만 명이 넘는 사람들이 그곳에 모였을 것이다.

어느덧 저녁이 됐다. 아마도 노인들은 힘없이 앉아 있었을 것이고,

아이들은 배가 고파서 칭얼댔을 것이다. 이렇게 되자 1만 명이 넘는 무리에게 저녁을 먹이는 일이 큰 문제로 대두됐다. 하지만 예수님의 제자들은 무리에게 저녁을 먹일 방법을 찾을 수 없었다. 어쩔 수 없이 그들은 예수님께 "무리를 보내어 마을에 들어가서 먹을 것을 사 먹게 하소서"라고 건의했다. 그때 주님은 그들에게 매우 엉뚱한 명령을 하셨다.

"너희가 먹을 것을 주라."

이 말씀을 들은 대부분의 제자들은 눈이 휘둥그레졌을 것이다. 요즘 유행어로 '멘붕'이 됐을 것이다. 자기들이 절대로 할 수 없는 일을 예수님이 "하라"고 명령하셨기 때문이다. 어떤 이들은 속으로 예수님을 흉봤을 수도 있다.

'예수님이 더위 먹으신 거 아니야? 우리가 어떻게 이 많은 사람이 먹을 음식을 구할 수 있단 말인가?'

'도대체 주님이 뭔 소리를 하시는 거야? 말이 되는 소리를 하셔야지!'

이 사건이 일어나기 전에 예수님은 빌립의 믿음을 시험하기 위해 빌립에게 하나의 질문을 하셨다.

(요 6:5-7) 예수께서 눈을 들어 큰 무리가 자기에게로 오는 것을 보시고 빌립에게 이르시되 우리가 어디서 떡을 사서 이 사람들을 먹이겠느냐 하시니

이렇게 말씀하심은 친히 어떻게 하실지를 아시고 빌립을 시험하고자 하심이라 빌립이 대답하되 각 사람으로 조금씩 받게 할지라도 이백 데나리온의 떡이 부족하리이다

예수님은 빌립에게 "우리가 어디서 떡을 사서 이 사람들을 먹이겠느냐"고 물으셨다. 빌립은 계산은 잘했지만 믿음이 없었다. 그는 "각 사람으로 조금씩 받게 할지라도 이백 데나리온의 떡이 부족하리이다"라고 대답했다. 이 말은 '이 많은 사람들에게 저녁 식사를 제공하는 것이 불가능하다'는 뜻이다. 예수님의 말씀을 직설법 명령, 즉 주님이 '진짜로 무리에게 먹을 것을 주라'고 명령하신 것으로 이해하는 사람들은 이런 반응을 보일 수밖에 없다.

다른 제자들이 예수님께 "우리가 가서 이백 데나리온의 떡을 사다 먹이리이까"라고 질문한 것도 마찬가지다. 그들도 이백 데나리온의 떡을 사도 무리를 충분히 먹일 수 없는 것을 잘 알고 있었다. 설령 이백 데나리온의 떡을 사러 간다고 해도 떡을 사러 다니다가 날이 샐 것을 알고 있었다. 주님이 "너희가 먹을 것을 주라"고 명령하셨으므로 그 명령을 수행하는 흉내라도 내려고 그런 말을 한 것일 뿐이다.

이 일을 상식적으로 생각해 보자. 제자들은 1만 명이 넘는 사람들을 먹일 수 있는 음식을 절대로 구할 수 없었다. 무리를 마을에 보내서 음식을 사 먹게 하는 것도 결코 해결책이 될 수 없었다. 그런 시골 마을에 1만 명이 넘는 사람들이 먹을 수 있을 만큼의 음식을 파는 식당이 있을 리가 없고, 무리에게 음식을 사 먹을 돈이 있을 리도 없기 때문이다. 그런데도 제자들은 자기들의 힘으로 1만 명이 넘는 무리의

식사 문제를 해결하기 위해 애쓰고 있었다. 이 얼마나 어리석은 짓인가? 이 때문에 예수님이 그들의 어리석은 짓을 즉각 포기하게 하시려고 "너희가 먹을 것을 주라"고 명령하신 것이다. 이것이 생각난 순간에 산상설교가 반어법 교훈인 것이 깨달아졌다!

"아하! 제자들이 자신의 힘으로 절대로 할 수 없는 일을 하려 할 때, 예수님은 그 일을 포기시키기 위해 그들에게 '너희가 먹을 것을 주라'고 반어법으로 명령하셨구나! 주님이 산상설교를 하실 때도 마찬가지였구나!

율법을 지켜서는 절대로 천국에 갈 수 없는데도 유대인들은 율법을 지켜서 천국에 가려 했구나! 이 때문에 예수님이 그 누구도 지켜서 천국에 갈 수 없는 율법들을 가르치신 후에 반어법으로 '율법을 완벽하게 지켜서 천국에 가라', '좁은 문으로 들어가서 천국에 가라', '하나님의 뜻대로 살아서 천국에 가라'고 말씀하신 것이구나! 주님의 말씀은 '율법을 지켜서 천국에 가려 하지 말라', '좁은 문으로 들어가서 천국에 가려 하지 말라', '하나님의 뜻대로 살아서 천국에 가려 하지 말라'는 뜻이구나! 산상설교를 들은 사람들이 산상설교를 직설법 설교로 오해하는 바람에 그들이 산상설교를 들은 후에 공황상태에 빠진 것이구나!

대부분의 기독교 신학자들이 산상설교를 직설법 설교로 오해하는 바람에 기독교의 구원론에 중대한 오류가 생긴 것이구나! 이 때문에 기독교의 구원론이 중구난방이 된 것이구나! 이런 구원론들 때문에 대부분의 성도들이 자신의 구원을 확신하지 못하는 것이고, 많은 성도들이 엄청난 비극을 당하는 것이구나!"

뛸 듯이 기뻤다. 입에서 '할렐루야' 소리가 저절로 나왔다.

직설법(直說法)은 사실 그대로를 말하는 수사법이고, 반어법(反語法)은 상대편이 틀린 것을 강조하기 위하여 사실과 반대로 말하는 수사법이다. 이 때문에 반어법은 표현한 것과 반대로 해석해야 바른 해석이 된다.

'네이버 국어사전'은 반어법을 아래와 같이 설명했다.

"반어법: 1. 상대편이 틀린 점을 깨우치도록 반대의 결론에 도달하는 질문을 하여 진리로 이끄는 일종의 변증법. 2. 참뜻과는 반대되는 말을 하여 문장의 의미를 강화하는 수사법. 풍자나 위트, 역설 따위가 섞여 나타나는 경우가 많다. '인색하다'는 뜻으로 쓴 '참 푸지게도 준다!' 따위이다."

반어법의 예를 몇 가지 더 든다면 '가지 말 것'을 강조하기 위하여 "가라"고 하거나 '만지지 말 것'을 강조하기 위하여 "만지라"고 하거나 '보기 흉한 것'을 강조하기 위하여 "꼴좋다"고 말하는 것을 들 수 있다.

반어법은 강조 어법이다. 그러므로 반어법은 직설법보다 효과가 크다. 이 때문에 사람들은 상대방의 어리석음을 효과적으로 깨우치려 할 때 반어법을 사용한다. 나도 그렇게 한 적이 있다.

제천에서 목회할 때였다. 그때 나의 아들이 매우 어렸다. 겨울이 되면 내가 섬기는 교회의 교회당에 석유난로를 설치했다. 제천이 추운 곳이기 때문에 난로의 화력이 매우 강했다. 이 때문에 나의 아들이 석유난로를 조심하게 만드는 것이 절실한 문제로 대두되었다. 나는 아들이 뜨거운 난로를 멀리해야 할 것을 가르치기 위하여 나름대로 기발한(?) 방법을 사용했다.

어느 날 아들을 안고 뜨거운 난로 가까이에 천천히 다가갔다. 아이가 뜨거움을 느껴서 움찔대면 조금 뒤로 물러섰다. 잠시 후에 조금 전보다 난로에 더 가까이 다가갔다. 아이가 뜨겁다고 몸부림을 치면 즉시 뒤로 물러섰다. 그런 일을 세 번 정도 되풀이한 후에 아이를 내려놓았다. 나는 웃으며 아들에게 "난로를 만져"라고 명령했다. 하지만 아들은 도리질을 하며 멀리 달아났다. 난로를 절대로 만지면 안 되는데도 "난로를 만지라"고 명령했기 때문이다. 그 후부터 아들은 난로를 멀리 피했다. 이것이 반어법의 효과다!

내가 아들에게 난로의 뜨거움을 체험시키지 않은 채로 그 "난로를 만지지 말라"고 말했으면 아들은 큰 충격을 받지 않았기 때문에 그 자리에 서서 "예"라고 대답했을 것이고, 그 일을 금방 잊었을 것이다. 아들에게 난로의 뜨거움을 체험시킨 후에 "난로를 만져"라고 말했기 때문에 아들이 큰 충격을 받아서 멀리 달아난 것이고, 그 일을 오래 기억할 수 있었던 것이다. 이것이 반어법의 효과다.

예수님은 산상설교를 듣는 유대인들에게 그 누구도 지켜서 천국에 갈 수 없는 무시무시한 율법들을 가르치신 후에 "율법을 완벽하게 지켜서 천국에 가라"고 명령하셨다. 청중은 주님의 명령을 직설법 교훈으로 오해했다. 이 때문에 그들은 어마어마하게 큰 충격을 받아서 공황상태에 빠졌다.

예수님의 성육신 당시의 유대인들은 율법의 본뜻을 몰랐다. 바리새인들이 율법의 수준을 대폭 낮춘 후에 "아무리 하나님을 믿어도 율법들을 잘 지켜야 천국에 갈 수 있다"고 가르쳤기 때문이다. 유대인들은 어릴 때부터 바리새인들이 가르친 행위구원론에 세뇌됐다. 그들은 행위구원론을 철석같이 믿고 있었다. 그들에게 예수님이 다짜고짜 아래와 같이 말씀하셨으면 그들이 어떤 반응을 보였을까?

"율법을 지켜서는 절대로 천국에 갈 수 없다. 오직 믿음으로만 천국에 갈 수 있다. 너희가 아직도 하나님을 믿지 않고 있으면 너희를 구원하러 온 나를 믿어라. 그러면 즉시 영생을 얻어서 천국에 갈 수 있는 자격을 얻을 것이다."

예수님이 이렇게 말씀하셨으면 유대인들은 모두 콧방귀를 뀌며 주님을 멸시했을 것이다. 이런 사람들에게는 그 누구도 지켜서 천국에 갈 수 없을 정도로 어마어마하게 수준이 높은 율법의 본뜻부터 가르쳐서 율법을 지켜서는 절대로 천국에 갈 수 없는 것을 알려 주는 것이 상책이다. 이 때문에 예수님은 산상설교 때, 율법의 본뜻부터 가르치셨다. 그 후에 "내가 가르친 율법들을 조금만 어겨도 지옥 불에 들어가리라"고 선포하셨다. 이어서 "내가 가르친 율법들을 하나님처럼 완벽하게 지켜서 천국에 가라"고 명령하셨다. 이것이 "좁은 문으로 들어가서 천국에 가라", "하나님의 뜻대로 살아서 천국에 가라"는 말씀의 본뜻이다. 그러나 산상설교를 들은 유대인들은 주님의 말씀을 직설법 교훈으로 알아들었다. 이 때문에 그들은 기절초풍할 정도로 크게 놀랐다. 그처럼 큰 충격을 받아야 행위구원론을 쉽게 포기하기 때문에 예수님은 그들에게 산상설교가 반어법 교훈임을 가르쳐 주지 않으셨다.

산상설교의 핵심 부분은 아래와 같은 뜻이다.

> "율법들을 지켜서 천국에 가려 하지 말라. 범죄한 눈을 뽑고, 범죄한 손과 발을 잘라서 천국에 가려 하지 말라. 하나님처럼 온전하게 살아서 천국에 가려 하지 말라. 좁은 문으로 들어가서 천국에 가려 하지 말라. 하나님의 뜻대로 살아서 천국에 가려 하지 말라. 반석 위에 집을 지어서 천국에 가려 하지 말라."

안타깝게도 오늘날 대부분의 성도들은 "좁은 문으로 들어가라"는 말씀을 직설법 교훈으로 오해하여 잘못 만든 찬송가를 부르고 있다. 찬송가 521장이 대표적인 경우다!

> 구원으로 인도하는 그 문은 참 좁으며
> 생명으로 인도하는 그 길은 참 험하니
> 우리 몸에 매어 있는 그 더러운 죄짐을
> 하나 없이 벗어 놓고 힘써서 들어갑시다
> 구원으로 인도하는 그 좁은 문 들어가
> 영생으로 인도하는 그 생명 길 갑시다

이처럼 찬송가 521장은 "좁은 문으로 들어가라"는 말씀을 근거로 "좁은 문으로 들어가서 영생을 얻자"고 역설한다. 안타깝게도 이 찬송가는 예수님께서 철저하게 금지하신 행위구원론을 주장하는 오류를 범하고 있다. 예수님이 반어법으로 "좁은 문으로 들어가라"고 명령하신 것을 몰라서 이런 그릇된 찬송가를 만든 것이다!

예수님의 말씀과 바리새인들의 주장은 말의 형태가 똑같다. 바리새인들만 "율법을 지켜서 천국에 가라"고 가르친 것이 아니다. 예수님도 "율법을 지켜서 천국에 가라"고 가르치셨다.

하지만 양자의 내용은 정반대다. 바리새인들은 율법의 수준을 대폭 낮춘 후에 직설법으로 "율법을 지켜서 천국에 가라"고 명령한 것이고, 예수님은 율법의 본뜻을 가르치신 후에 반어법으로 "율법을 지켜서 천국에 가라"고 명령하신 것이다. 다시 말해서 바리새인들은 "율법을 지켜서 천국에 가라"고 명령한 것이고, 예수님은 "율법을 지켜서 천국에 가려하지 말라"고 명령하신 것이다. 하지만 산상설교를 들은 청중은 예수님의 가르침을 직설법 교훈으로 오해했다. 지금도 대부분의 기독교인들이 그들과 똑같은 오해를 하고 있다. 이것을 깨달아야만 성경이 가르치는 은혜구원론을 바르게 이해할 수 있다!

성경에는 산상설교의 핵심 부분이 반어법 교훈임을 증명하는 말씀들이 많다.

1) 예수님이 어떤 부자 청년에게 하신 말씀도 산상설교의 핵심 부분이 반어법 교훈인 것을 증명한다.

(눅 18:18-27 요약) 어떤 관리가 물어 이르되 선한 선생님이여 내가 무엇을 하여야 영생을 얻으리이까 …… 네가 계명을 아나니 간음하지 말라, 살인하지 말라, 도둑질하지 말라, 거짓 증언 하지 말라, 네 부모를 공경하라 하였느니라 여짜오되 이것은 내가 어려서부터 다 지키었나이다 예수께서

이 말을 들으시고 이르시되 네게 아직도 한 가지 부족한 것이 있으니 네게 있는 것을 다 팔아 가난한 자들에게 나눠 주라 그리하면 하늘에서 네게 보화가 있으리라 그리고 와서 나를 따르라 하시니 그 사람이 큰 부자이므로 이 말씀을 듣고 심히 근심하더라 예수께서 그를 보시고 이르시되 재물이 있는 자는 하나님의 나라에 들어가기가 얼마나 어려운지 낙타가 바늘귀로 들어가는 것이 부자가 하나님의 나라에 들어가는 것보다 쉬우니라 하시니 듣는 자들이 이르되 그런즉 누가 구원을 얻을 수 있나이까 이르시되 무릇 사람이 할 수 없는 것을 하나님은 하실 수 있느니라

본문은 어려서부터 착하게 살아서 천국에 가기를 매우 많이 힘쓴 어떤 부자 청년이 예수님을 찾아왔을 때 일어난 일을 기록한 것이다.

부자 청년은 예수님께 "제가 무슨 선한 일을 해야 천국에 갈 수 있겠습니까"라고 질문했다. 예수님은 그에게 "네가 천국에 가려면 계명들을 지키라"고 답변하셨다. 주님의 말씀에 그 청년은 아주 당당하게 "저는 어려서부터 계명들을 다 지켰습니다"라고 대답했다. 그의 말을 볼 때, 그가 어려서부터 천국에 가기 위해 매우 열심히 착한 일을 한 것을 알 수 있다. 그런데도 예수님은 그에게 "네게 아직도 한 가지 부족한 것이 있으니 네게 있는 것을 다 팔아서 가난한 자들에게 나눠 주고 나를 따르라"고 명령하셨다. 예수님의 말씀을 직설법 교훈으로 이해하면 주님의 말씀을 아래와 같이 해석할 수밖에 없다.

"영생을 얻는 두 가지 길이 제시돼 있는데 첫째는 재산을 포기하는 것이고, 둘째는 그 이후 예수님을 따르는 것이다."[48]

---

48) 그랜드종합주석, 마태복음, 성서교재간행사, 1993년, p.502

부자 청년은 주님의 말씀을 "너의 재산을 모두 팔아서 가난한 사람들에게 나눠 주고 나를 따라야 천국에 갈 수 있다"고 해석했다. 그는 예수님의 말씀에 매우 큰 충격을 받아서 심히 근심했다. 자기의 모든 재산을 팔아서 가난한 사람들에게 나눠 준 후에 사실상 거지가 돼서 예수님을 따르는 것이 도저히 불가능하게 여겨졌기 때문이다.

본문의 '그를 보시고'는 '자신의 구원에 절망해서 크게 근심하는 부자 청년을 보시고'를 의미한다. 예수님은 주님의 명령에 큰 충격을 받아서 심히 근심하는 부자 청년을 보시며 행위구원론자들이 완전히 기가 질릴 말씀을 하셨다.

"재물이 있는 자는 하나님의 나라에 들어가기가 얼마나 어려운지. 낙타가 바늘귀로 들어가는 것이 부자가 하나님의 나라에 들어가는 것보다 쉬우니라."

본문의 '재물이 있는 자'는 어려서부터 착하게 살아서 천국에 가려고 매우 열심히 착한 일을 힘쓴 그 청년 같은 착한 부자를 뜻한다. 예수님은 "이 청년처럼 어려서부터 착하게 살기를 매우 힘쓴 부자가 천국에 가는 것보다 낙타가 바늘귀로 들어가는 것이 더 쉽다"고 선언하셨다. 성경에 기록돼 있지는 않지만 주님의 말씀에 그 청년은 기절초풍했을 것이다.

부자 청년뿐만 큰 충격을 받은 것이 아니다. 예수님의 말씀을 직설법 교훈으로 착각한 예수님의 제자들도 이루 말할 수 없이 큰 충격을 받았다. 그들은 주님께 아래와 같이 질문했다.

(마 19:25) 제자들이 듣고 몹시 놀라 이르되 그렇다면 누가 구원을 얻을 수 있으리이까

악한 부자가 지옥에 가는 것 때문에 크게 놀랄 사람은 한 사람도 없다. 그러므로 주님의 말씀이 "어려서부터 천국에 가기 위해 매우 열심히 착한 일을 한 부자 청년 같은 사람도 천국에 들어가는 것이 절대로 불가능하다"는 뜻임을 알 수 있다. 이것이 사실이면 어부나 세리로 살며 많은 죄를 지은 예수님의 제자들은 백 퍼센트, 천 퍼센트 지옥에 갈 수밖에 없다. 이 때문에 제자들이 매우 크게 놀라서 "그렇다면 누가 구원을 얻을 수 있습니까"라고 질문한 것이다. 그들의 말은 '천국에 갈 사람이 한 사람도 없는 것 아닙니까'란 뜻이다.

이것을 볼 때, 제자들이 그때까지 복음을 깨닫지 못하고 있었던 것을 알 수 있다. 다시 말해서 그들 역시 행위구원론을 믿고 있었던 것을 알 수 있다. 제자들이 복음을 깨닫고 있었으면 깜짝 놀라지 않고, 아래와 같은 반응을 보였을 것이기 때문이다.

"맞습니다, 주님. 저 청년처럼 어려서부터 착하게 살기를 힘쓴 사람도 예수님을 믿지 않으면 절대로 천국에 갈 수 없습니다. 율법은 먼지만큼 어겨도 지옥에 떨어질 정도로 무서운 것입니다. 그러므로 저 부자 청년이 아무리 열심히 율법을 지켰어도 여전히 그는 완벽하게 율법을 지키지 못한 것 때문에 지옥에 떨어질 수밖에 없습니다. 저 부자 청년같이 율법을 지켜서 천국에 가려고 애쓰는 사람들이 정말 불쌍합니다."

제자들이 자신의 구원을 확신하지 못해서 불안해할 때, 예수님이

그들에게 복음을 들려주셨다.

"사람으로는 할 수 없으나 하나님으로서는 다 하실 수 있느니라."

이 말씀은 "사람은 선하게 살아서는 절대로 영생을 얻을 수 없고, 오직 하나님의 은혜로 예수님을 믿을 때만 영생을 얻을 수 있다"는 뜻이다. 그제야 제자들은 자신의 구원에 소망을 가질 수 있었을 것이다.

만일 부자 청년이 재산을 모두 팔아서 가난한 사람들에게 나눠 주고 예수님에게 왔으면 어떻게 됐을까? 예수님은 그에게 "그만하면 천국에 들어갈 자격이 충분하다", "너처럼 착한 일을 많이 한 사람이 천국에 못 가면 누가 천국에 가겠느냐"고 말씀하셨을까? 예수님은 절대로 그렇게 말씀하지 않으셨을 것이다. 그가 모든 재산을 이웃에게 나눠 줬어도 여전히 그는 천국에 들어갈 자격이 조금도 없기 때문이다. 다시 말해서 예수님이 산상설교에서 설명하신 율법들에 의하면 그가 아무리 착한 일을 많이 했어도 그는 여전히 지옥에 떨어질 죄인이기 때문이다! 이것을 볼 때도 예수님이 부자 청년에게 반어법으로 말씀하신 것을 알 수 있다. 또한 부자 청년이 주님의 말씀을 직설법으로 알아들었기 때문에 매우 크게 근심한 것도 알 수 있다.

낙타 바늘귀 비유가 직설법 교훈이면 구약시대에 부자로 살다가 재산을 자손에게 물려주고 죽은 아브라함, 다윗은 지옥에 갔을 수밖에 없지 않겠는가? 그러나 히브리서 기자는 히브리서 11장에 "아브라함과 다윗이 천국에 갔다"고 기록했다. 이것을 볼 때도 낙타 바늘귀 비유가 반어법 교훈임을 알 수 있다.

2) 예수님이 어떤 율법교사에게 하신 말씀도 산상설교의 핵심 부분이 반어법 교훈인 것을 증명한다.

(눅 10:25-28) 어떤 율법교사가 일어나 예수를 시험하여 이르되 선생님 내가 무엇을 하여야 영생을 얻으리이까 예수께서 이르시되 율법에 무엇이라 기록되었으며 네가 어떻게 읽느냐 대답하여 이르되 네 마음을 다하며 목숨을 다하며 힘을 다하며 뜻을 다하여 주 너의 하나님을 사랑하고 또한 네 이웃을 네 자신 같이 사랑하라 하였나이다 예수께서 이르시되 네 대답이 옳도다 이를 행하라 그러면 살리라 하시니

어떤 율법교사가 예수님을 시험하여 "제가 무엇을 하여야 영생을 얻을 수 있습니까"라고 질문했다. 예수님은 율법교사에게 "네가 영생을 얻으려면 율법을 지키라"고 명령하셨다. 주님의 말씀에 신바람이 난 율법교사는 자신을 옳게 보이려고 예수님께 다시 질문했다.

(눅 10:29) 그 사람이 자기를 옳게 보이려고 예수께 여짜오되 그러면 내 이웃이 누구니이까

예수님이 "네 이웃에 사는 사람들이 네 이웃이라"고 말씀하시면 율법교사는 자신이 이웃에 사는 사람들을 여러 명 도와준 것을 자랑할 심산이었다. 그러나 예수님은 그의 예상과 전혀 다른 이웃을 소개하셨다. 주님이 소개하신 이웃은 위험한 길을 가다가 강도를 만나서 죽을 지경에 이른 사람이다. 성경에 기록돼 있지는 않지만 주님의 말씀에 율법교사는 앞이 캄캄해졌을 것이다. 이 세상에는 강도(사람 강도, 질병 강도, 실패 강도)를 만나서 죽을 지경에 이른 사람이 수도

없이 많기 때문이다. 이것을 볼 때, 예수님이 율법교사에게 "선한 사마리아인처럼 살아서 천국에 가라"고 명령하신 것이 "율법들을 지켜서 천국에 가려 하지 말라"는 뜻임을 알 수 있다.

3) 예수님과 함께 십자가에서 죽은 한편 강도 역시 산상설교의 핵심 부분이 반어법 교훈인 것을 증명한다.

산상설교의 핵심 부분이 직설법 교훈이면 예수님과 함께 십자가에서 죽기 직전에 예수님을 믿은 한편 강도는 절대로 천국에 갈 수 없다. 첫 번째로 그가 죄를 너무 많이 지었기 때문이다. 두 번째로 그가 범죄한 눈과 손과 발을 제거하지 않았기 때문이다.

더 나아가서 산상설교의 핵심 부분이 직설법 교훈이면 예수님이 그에게 거짓말을 하셨다. 산상설교의 핵심 부분이 직설법 교훈이면 주님이 그에게 아래와 같이 말씀하시는 게 옳기 때문이다.

"'살인하지 말라'는 율법에는 '사람을 죽이지 말라'는 뜻만 있는 게 아니라 '이웃에게 화를 내지 말라', '이웃에게 욕설을 하지 말라', '이웃을 무시하지 말라'는 뜻도 있다. 더 나아가서 그 계명에는 '이웃을 미워하지 말라'는 뜻도 있다. 그런데도 너는 사람들을 미워했을 뿐만 아니라 사람을 죽이기까지 했다.

또한 너는 좁은 문으로 들어가지도 않았고, 범죄한 눈을 뽑지도 않았고, 범죄한 손과 발을 자르지도 않았다.

너는 곧 죽을 거다. 그러므로 더 이상 좁은 문으로 들어갈 기회가 없고, 범죄한 눈을 뽑을 기회도 없고, 범죄한 손과 발을 자를 기회도 없다. 이런 판국에 나에게 '천국에 보내 달라'고 하다니! 사람은 염치가 있어야 하는 거다. 쓸데없는 소리 집어치우고, 지옥에 떨어질 각오나 해라."

예수님이 그 강도에게 "네가 오늘 나와 함께 낙원에 이르리라"고 거짓말을 하셨을 리가 없다. 그러므로 산상설교의 핵심 부분이 반어법 교훈일 수밖에 없다.

4) 간음죄를 짓다가 현장에서 잡힌 어떤 여성도 산상설교의 핵심 부분이 반어법 교훈인 것을 증명한다.

요한복음 8장을 보면 간음죄를 짓다가 현장에서 잡힌 어떤 여성이 나온다. 율법에 의하면 그녀를 돌로 쳐서 사형시켜야 한다. 그런데도 예수님은 그녀에게 "나도 너를 정죄하지 않는다"고 선언하셨다. 산상설교의 핵심 부분이 직설법 교훈이면 예수님이 자신의 가르침을 위반하신 것이다. 주님이 자신의 입으로 "음욕을 품기만 해도 지옥 불에 들어가리라"고 말씀하셨고, "오른 눈이 범죄하면 뽑아서 천국에 가고, 오른손이 범죄하면 잘라서 천국에 가라"고 말씀하셨으면서도 실제로 간음죄를 범한 여성에게는 "나도 너를 정죄하지 않는다"고 모순되게 말씀하셨기 때문이다.

산상설교의 핵심 부분이 직설법 교훈이면 예수님은 그녀에게 아래와 같이 말씀하셨을 것이다.

"너는 너의 눈과 손과 발로 죄를 너무 많이 지었다. 지옥에 가기 싫으면 돌에 맞아서 죽기 전에 너의 두 눈을 뽑고, 두 손과 두 발을 잘라라. 두 눈과 두 손과 두 발을 가지고 지옥에 가는 것보다 두 눈과 두 손과 두 발이 없이 천국에 가는 것이 낫기 때문이다."

산상설교의 핵심 부분이 직설법 교훈이면 그 여성은 절대로 천국에 갈 수 없다. 그녀는 반드시 지옥에 가야 한다. 음욕을 품기만 해도 지옥에 가고, 남을 미워하기만 해도 지옥에 가는데, 어떻게 진짜로 간음죄를 지은 사람이 천국에 갈 수 있겠는가? 이 사건을 볼 때도 산상설교의 핵심 부분이 반어법 교훈임을 알 수 있지 않은가?

5) 패륜죄를 지은 고린도교회의 어떤 성도 역시 산상설교의 핵심 부분이 반어법 교훈인 것을 증명한다.

고린도전서 5장을 보면 패륜죄를 지은 어떤 성도가 나온다.

> (고전 5:1-5 요약) 너희 중에 심지어 음행이 있다 함을 들으니 그런 음행은 이방인 중에서도 없는 것이라 누가 그 아버지의 아내를 취하였다 하는도다 …… 이런 자를 사탄에게 내주었으니 이는 육신은 멸하고 영은 주 예수의 날에 구원을 받게 하려 함이라

본문에 기록된 성도는 불신자들도 좀처럼 짓지 않는 패륜죄를 범했다. 나중에 자세히 설명하겠지만 그는 어쩌다 실수로 한번 패륜죄를 범한 것이 아니다. 그는 그녀와 동거 생활을 하고 있었다. 그가 회개를 거부했기 때문에 바울 사도는 그의 육체를 사탄에게 맡겨서 죽게 만들었다.

산상설교의 핵심 부분이 직설법 교훈이면 그 성도는 절대로 천국에 갈 수 없다. 그는 반드시 지옥에 가야 한다. 예수님이 "음욕을 품

어도 지옥 불에 들어가리라"고 말씀하셨기 때문이다. 더 나아가서 주님이 "간음죄를 지은 눈을 뽑고, 손과 발을 잘라서 천국에 가라"고 명령하셨는데도 그는 전혀 그렇게 하지 않았기 때문이다. 이뿐만 아니라 그가 그녀와 동거 생활을 했기 때문이다. 그런데도 바울 사도는 그의 영이 천국에 가도록 조치했다. 이 사건을 볼 때도 산상설교의 핵심 부분이 반어법 교훈임을 알 수 있다.

6) 마태복음 18장에도 산상설교의 핵심 부분이 반어법 교훈임을 증명하는 말씀이 있다.

> (마 18:1-3) 그 때에 제자들이 예수께 나아와 이르되 천국에서는 누가 크니이까 예수께서 한 어린 아이를 불러 그들 가운데 세우시고 이르시되 진실로 너희에게 이르노니 너희가 돌이켜 어린 아이들과 같이 되지 아니하면 결단코 천국에 들어가지 못하리라

대부분의 기독교인들은 본문의 문맥과 성경의 통일성을 무시한 채로 본문만 떼어서 해석한다. 또한 그들은 '너희가 돌이켜서 어린 아이들과 같이 되지 아니하면 결단코 천국에 들어가지 못하리라'는 말씀을 직설법 교훈으로 해석한다. 이 때문에 그들은 본문을 근거로 행위구원론을 주장한다.

매튜 헨리 목사의 해석을 보자.

> "제자들은 '천국에서는 누가 크니이까'라는 질문을 했을 때 그들 스스로 천국을 확실히 안다고 생각했다. 그래서 그들은 천국에서 가장

큰 자가 되고 싶어 했다. 그러나 그리스도는 제자들에게 그들이 더 좋은 성품에 이르지 못할 경우 결코 천국에 들어가지 못할 것이라고 말씀하신다."[49]

그랜드종합주석도 똑같은 해석을 했다.

"여기서 어린아이는 천진무구함이나 순결함의 이상형으로서가 아니라 본질상 연약하여 혼자 힘으로는 살 수가 없고, 부모에게 절대 의지해야만 하듯이 하나님의 자녀가 하나님의 뜻에 절대 순복하며 그분만을 의지하려는 믿음과 자신을 과대평가하거나 지나치게 내세우려 하지 않는 겸손함, 그리고 가르침에 대해 단순한 믿음으로 받아들이는 단순성의 이상형으로 제시되고 있다."[50]

이 주장들은 예수님이 "중생한 신자들은 영생을 가졌다", "내가 중생한 신자들에게 영생을 주었으므로 그들은 영원히, 절대로, 결코 지옥에 가지 않을 것이라"고 말씀하신 것과 모순된다. 백 퍼센트의 은혜구원을 가르치신 예수님이 그것과 모순되게 행위구원을 가르치셨을 리가 없다. 그렇다면 본문을 어떻게 해석해야 하는가? 본문의 문맥과 성경 전체를 살펴야 본문을 바르게 해석할 수 있다.

어느 날 제자들이 예수님께 "천국에서는 누가 큽니까"라고 질문했다. 이 질문에 주님이 상식적으로 대답하시려면 "하나님께 많이

---

49) 디럭스바이블 2005, 매튜 헨리 주석, 미션소프트.
50) 그랜드종합주석, 마태복음, 성서교재간행사, 1992년, p.478

충성한 성도가 천국에서 큰 사람이 된다"고 말씀하셔야 한다. 그러나 예수님은 동문서답을 하시는 것처럼 "너희가 돌이켜서 어린 아이들과 같이 되지 아니하면 결단코 천국에 들어가지 못하리라"고 말씀하셨다. 주님이 왜 이렇게 말씀하셨을까? 그 이유는 제자들이 행위구원론을 믿는 상태에서 "어떤 사람이 천국에서 큰 상을 받습니까"라고 질문했기 때문이다. 이 때의 제자들이 행위구원론을 믿고 있었던 증거는 그 후에 그들이 예수님께 "부자 청년처럼 어려서부터 착하게 살기를 힘쓴 사람도 절대로 천국에 갈 수 없으면 대체 누가 구원을 받을 수 있습니까"라고 질문한 것이 증명한다(마 19:25).

제자들에게 가장 먼저 가르칠 것은 큰 상을 받는 방법이 아니라 행위구원론을 포기하게 만드는 것이다. 이 때문에 주님이 제자들에게 행위구원이 절대로 불가능한 것을 가르치시려고 "너희가 돌이켜서 어린 아이들과 같이 되지 아니하면 결단코 천국에 들어가지 못하리라"고 선언하신 것이다. 이 말씀과 주님이 니고데모에게 하신 말씀이 똑같은 뜻이다.

(요 3:3) 예수께서 대답하여 이르시되 진실로 진실로 네게 이르노니 사람이 거듭나지 아니하면 하나님의 나라를 볼 수 없느니라

어른이 무슨 수로 어린아이로 태어나서 천국에 갈 수 있겠는가? 이 일은 사람의 힘으로는 절대로 불가능하다. 이 때문에 니고데모가 주님께 아래와 같이 질문한 것이다.

(요 3:4) 니고데모가 이르되 사람이 늙으면 어떻게 날 수 있사옵나이까 두

예수님의 말씀을 종합하면 "너희가 돌이켜서 어린 아이들과 같이 되지 아니하면 결단코 천국에 들어가지 못하리라"는 말씀과 "사람이 거듭나지 않으면 결단코 천국에 들어가지 못하리라"는 말씀이 똑같은 뜻임을 알 수 있다. 성경에 기록돼 있지 않지만 그 때 제자들은 '예수님의 말씀이 도저히 이해가 안 된다'는 표정을 지었거나 자신의 구원에 크게 절망하는 표정을 지었을 것이다. 예수님은 그런 제자들을 보시며 아래와 같이 쐐기를 박으셨다.

(마 18:8-9) 만일 네 손이나 네 발이 너를 범죄하게 하거든 찍어 내버리라 장애인이나 다리 저는 자로 영생에 들어가는 것이 두 손과 두 발을 가지고 영원한 불에 던져지는 것보다 나으니라 만일 네 눈이 너를 범죄하게 하거든 빼어 내버리라 한 눈으로 영생에 들어가는 것이 두 눈을 가지고 지옥 불에 던져지는 것보다 나으니라

앞서 설명한 것처럼 율법을 지켜서 천국에 갈 사람은 한 사람도 없다. 범죄한 지체들을 제거해서 천국에 갈 사람도 전혀 없다. 어린 아기로 다시 태어나서 천국에 갈 수 있는 사람도 전혀 없다. 첫째로 먼지만큼 죄를 지어도 지옥 가기에 충분하기 때문이고, 둘째로 범죄한 지체를 모두 잘라 내서 천국에 갈 사람이 한 사람도 없기 때문이고, 셋째로 아무리 범죄한 지체들을 잘라 내도 마음으로 범죄하는 것을 백 퍼센트 막는 것이 절대로 불가능하기 때문이고, 넷째로 죽을 때까지 아무리 열심히 회개해도 모든 죄를 회개하는 것이 절대로 불가능하기 때문이고, 다섯째로 착하게 살아서 천국에 가려면 하나님

처럼 온전하게 살아야 하기 때문이다. 그런데도 예수님의 제자들은 착하게 살아서(율법을 지켜서) 천국에 가려 했다.

그래서 예수님이 제자들의 어리석음을 깨닫게 해 주시려고 "너희가 돌이켜서 어린아이들과 같이 되지 아니하면 결단코 천국에 들어가지 못하리라"고 선언하신 후에 "너희가 범죄한 너희의 손발을 자르지 않고, 범죄한 너희의 눈을 빼지 않으면 절대로 천국에 갈 수 없을 것이라"고 쐐기를 박으신 것이다. 주님의 말씀은 '행위구원이 절대로 불가능하다'는 뜻이다. 따라서 "범죄한 손발을 자르고, 범죄한 눈을 빼서 천국에 가라"는 말씀이 반어법 교훈인 것처럼 "어린아이처럼 되어서 천국에 가라"는 말씀도 반어법 교훈임을 알 수 있다.

예수님이 반어법으로 영의 구원을 가르치신 성경 구절을 정리해 보자.

(마 5:20-7:27) 모든 도덕법을 완벽하게 지켜서 천국에 가라.

(눅 18:18-25) 어려서부터 선한 일을 힘쓴 부자 청년보다 더 선하게 살아서 천국에 가라.

(눅 10:25-37) 선한 사마리아인처럼 살아서 천국에 가라.

(요 3:1-3) 다시 태어나서 천국에 가라.

(눅 18:15-17) 어린아이가 되어서 천국에 가라.

이 말씀은 선하게 살아서는 절대로 천국에 갈 수 없는 것을 반어법으로 강조하신 것이다. 다시 말해서 이 말씀은 "절대로 선하게 살아서 천국에 가려 하지 말라"는 뜻이다.

불행하게도 오랜 세월 동안 모든 목회자들은 이 말씀을 직설법 교훈으로 해석했다. 이 말씀을 반어법 교훈으로 해석한 목회자가 한 사람도 없었다. 이 때문에 모든 기독교의 구원론에 중대한 오류가 생겼고, 수많은 성도들이 그 구원론들 때문에 비참한 일을 당했다. 하루 속히 그 구원론들을 개혁해야 하지 않겠는가?

7) 상식적으로 생각해도 산상설교의 핵심 부분이 반어법 교훈인 것을 알 수 있다.

만일 산상설교의 핵심 부분이 직설법 교훈이면 예수님이 열두 제자들과 유대인들은 물론 우리 모두를 지옥에 보내려 작정하신 것일 수밖에 없다. 우리가 죽을힘을 다해도 절대로 산상설교의 율법들을 지켜서 천국에 갈 수 없기 때문이다. 이것은 성인, 성녀에게도 절대로 불가능하다. 이런데도 산상설교의 핵심 부분을 직설법 교훈으로 해석할 것인가?

산상설교를 읽을 때, '사람은 누구나 다 율법을 하나도 제대로 지키지 못하기 때문에 모든 사람이 지옥에 갈 수밖에 없다'는 생각이 들면 산상설교의 율법들을 바르게 깨달은 것이다. 이와 달리 산상설교를 읽을 때, '나는 얼마든지 산상설교의 율법들을 지켜서 천국에 갈 수 있다'는 생각이 들면 산상설교의 율법들을 잘못 깨달은 것이다.

어떤 목회자의 독후감을 소개하겠다.

"『지옥에 가는 크리스천들?』 책은 가히 충격적입니다. '반어법'은 '신의 한 수 해석'입니다. 오늘 새벽에 이 땅의 모든 목회자, 사역자, 교인들이 이 책을 읽도록 기도했습니다. 그리고 또 기도하겠습니다. 정말 하나님의 속뜻을 알려 주신 놀라운 해석이고, 감전된 듯 신선한 하나님의 은혜를 체감했습니다. 제 주위부터 책을 선물하겠습니다. 주소를 아는 대로 바로 이메일을 드리겠습니다."

이번 장의 내용을 아래와 같이 요약할 수 있다.

"산상설교의 핵심 부분은 반어법 교훈이다. 예수님은 그 말씀을 통해 행위구원이 절대로 불가능한 것을 강조하셨다. 그러므로 그 말씀을 근거로 행위구원론을 주장하면 안 된다."

8. 산상설교 해석의 오류를 증명하는 스모킹 건

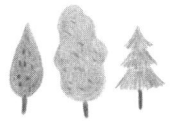

　총기로 인한 살인 사건이 일어나면 수사관은 스모킹 건, 즉 '총구에서 연기가 나는 총'을 찾는 일에 주력한다. 범인이 아무리 정교하게 조작한 알리바이를 제시하며 "나는 절대로 살인범이 아니라"고 주장해도 스모킹 건을 제시하면 그것으로 그의 범죄가 증명되기 때문이다. 요즘 한국 사람들은 스모킹 건을 "빼박 증거"라 한다.
　과연 성경에 산상설교의 핵심 부분을 직설법 교훈으로 해석하는 것이 오류임을 증명하는 스모킹 건이 있을까? 당연히 있다. 그것이 누가복음 13장에 있다.

　(눅 13:23-24) 어떤 사람이 여짜오되 주여 구원을 받는 자가 적으니이까 그들에게 이르시되 좁은 문으로 들어가기를 힘쓰라 내가 너희에게 이르노니 들어가기를 구하여도 못하는 자가 많으리라

어느 날 어떤 사람이 예수님께 "구원을 받는 사람이 적습니까"라고 질문했다. 매우 불행하게도 한글개역개정성경은 예수님이 그에게 "좁은 문으로 들어가기를 구하여도 못 하는 사람이 많으리라"고 대답하신 것으로 번역했다. 이것은 "좁은 문으로 들어가서 천국에 가는 사람이 조금 있다"는 뜻이다. 이런 번역 때문에 한국교회의 수많은 목회자들이 "좁은 문으로 들어가는 것이 어렵고 힘들므로 열심히 노력하는 사람만 좁은 문으로 들어가서 천국에 갈 수 있다"고 주장하는 것이고, "좁은 문을 통과하지 못하는 사람은 지옥에 간다"고 주장하는 것이고, 심지어 어떤 목회자들이 "대부분의 성도들은 지옥에 갈 것이라"고 주장하는 것이다.

매우 안타깝게도 한글개역개정성경은 누가복음 13장 24절의 헬라어 원문을 거꾸로 번역했다.

본문의 헬라어 원문을 보자.

"αγωνιζεσθε εισελθειν δια της στενης θυρας οτι πολλοι λεγω υμιν ζητησουσιν εισελθειν και ουκ ισχυσουσιν."

한글개역개정성경은 본문을 번역할 때, 세 가지 오류를 범했다.

첫째, 한글개역개정성경에 '많으리라(미래형 동사-未來形 動詞)'로 번역된 단어인 헬라어 '폴로이(πολλοι)[51]'가 주어(主語)다. 따라서

---

51) 폴로이(πολλοι) : 형용사, 대명사적, 주격, 남성, 복수. 디럭스바이블 2005, 헬라어 사전, 미션소프트.

이 단어는 '많은 사람이'로 번역해야 한다.

둘째, 한글개역개정성경에 '자가(주어-主語)'로 번역된 단어인 헬라어 '이스퀴수신(ισχυσουσιν)⁵²)'이 미래형 동사다. 따라서 이 단어는 '하리라'로 번역해야 한다.

셋째, 한글개역개정성경에 '못 하는'으로 번역된 단어인 헬라어 '우크(ουκ, 기식음 앞 우:ου)'가 절대부정 부사다. 그러므로 이 단어는 '절대로 못 하는'으로 번역해야 한다.

불행하게도 한글개역개정성경은 주어를 동사로 오역했다. 동사를 주어로 오역했다. '절대로 할 수 없는 것'을 표현할 때 사용하는 절대부정 부사 '우크'를 '조금은 할 수 있다'로 오역했다. 이 정도면 번역(飜譯)이 아니라 반역(反逆)이 아닌가?

조금 다행스럽게도 영국의 유명한 킹제임스성경은 누가복음 13장 24절을 헬라어 원문에 가깝게 번역했다.

> **(KJV 눅 13:24)** Strive to enter in at the strait gate: for many, I say unto you, will seek to enter in, and shall not be able.

킹제임스성경의 누가복음 13장 24절을 한글로 번역하면 아래와 같다.

---

52) 이스퀴수신(ισχυσουσιν): 동사, 직설법, 미래, 능동태, 3인칭, 복수. 디럭스바이블 2005, 헬라어 사전, 미션소프트.

"좁은 문으로 들어가기를 분투하라. 내가 너희에게 이르노니, 많은 사람들이 들어가기를 구하지만 들어갈 수 없을 것(shall not be able)이기 때문이다."

킹제임스성경이 헬라어의 절대부정 부사를 살려서 번역하지 못한 것은 아쉽지만 어느 정도 원문과 가깝게 번역한 것은 천만다행이다.

한글 성경 중에서 현대인의성경은 헬라어 원문과 가깝게 번역했다.

(현대인의 성경 눅 13:24) 너희는 좁은 문으로 들어가기를 힘써라. 내가 분명히 말하지만 많은 사람이 들어가려고 애써도 들어가지 못할 것이다.

누가복음 13장 24절의 헬라어 원문은 "좁은 문으로 들어가라"는 말씀(산상설교의 핵심 부분)을 직설법 교훈으로 해석하는 것이 절대로 불가능한 것을 증명하는 스모킹 건이다. 그러므로 "중생한 신자도 산상수훈을 지켜야 천국에 갈 수 있다"는 주장과 "진짜로 중생한 신자는 반드시 산상수훈을 지켜서 천국에 간다"는 주장을 즉시 배격해야 한다.

누가복음 13장 24절에 절대부정 부사 '우크'가 사용됐다. 그러므로 본문은 반드시 아래와 같이 번역해야 한다.

(눅 13:24) 좁은 문으로 들어가기를 투쟁하라. 내가 분명히 말하지만 많은 사람이 들어가려 애써도 절대로 들어가지 못할 것이기 때문이니라.

산상설교의 핵심 부분을 직설법 교훈으로 해석하면 중대한 문제가 많이 발생한다.

1) 산상설교의 핵심 부분을 직설법 교훈으로 해석하면 예수님이 궤변가, 사기꾼, 바보, 폭군, 야비한 여우 같은 존재가 되는 문제가 발생한다.

예수님은 "믿는 자는 영생을 가졌다"고 선포하셨고, "내가 중생한 신자들에게 영생을 주었으므로 그들은 영원히, 절대로, 결코 지옥에 가지 않을 것이라"고 선언하셨다. 더 나아가서 주님은 "좁은 문으로 들어갈 사람이 한 사람도 없다"고 선포하셨다. 그러므로 만일 주님이 "중생한 신자도 모든 율법을 완벽하게 지키지 못하면 지옥에 간다", "중생한 신자도 좁은 문을 통과한 후에 좁은 길을 끝까지 가지 못하면 지옥에 간다"고 직설법으로 가르치신 것이면 명백하게 모순을 범하신 것이다. 더 나아가서 주님이 폭군과 이솝 우화에 나오는 야비한 여우처럼 행동하신 것이다.

2) 산상설교의 핵심 부분을 직설법 교훈으로 해석하면 백 퍼센트의 은혜 구원을 가르친 바울서신, 요한복음, 사도행전 등을 모두 폐기해야 하는 문제가 발생한다.

예수님이 "중생한 신자도 율법을 완벽하게 지켜야 천국에 갈 수 있다"고 선포하신 것이 사실이면 성경 기자들이 "사람은 백 퍼센트 하나님의 은혜로 천국에 간다"고 주장한 것은 거짓말이 된다. 이렇게 되면 그들이 쓴 책들을 성경으로 인정할 수 없다. 당장 그 책들을 모두 폐기해야 한다.

3) 산상설교의 핵심 부분을 직설법 교훈으로 해석하면 예수님의 십자가 죽음이 헛수고가 되는 문제가 발생한다.

(갈 2:21) 내가 하나님의 은혜를 폐하지 아니하노니 만일 의롭게 되는 것이 율법으로 말미암으면 그리스도께서 헛되이 죽으셨느니라

본문은 '율법을 지켜서 영혼구원을 받는 것이 사실이면 예수님이 십자가에서 죽으신 것은 헛수고를 하신 것이라'는 뜻이다. 예수님이 십자가에서 죽으셨어도 율법들을 완벽하게 지키지 못한 사람은 지옥에 갈 수밖에 없기 때문이고, 율법들을 완벽하게 지켜서 천국에 갈 사람이 한 사람도 없기 때문이다.

4) 산상설교의 핵심 부분을 직설법 교훈으로 해석하면 대부분의 기독교인들이 사기꾼이 되는 문제가 발생한다.

산상설교가 직설법 교훈이면 대부분의 기독교인들은, 특히 목회자들은 사기죄로 처벌을 받아야 한다. 예수님을 믿어도 대부분 지옥에 가는데도 대부분의 기독교인들이, 특히 목회자들이 "예수님을 믿기만 하면 천국에 간다"고 사기를 쳐서 사람들을 교회로 끌어들였기 때문이다. 정직하게 전도하려면 "율법들을 완벽하게 지켜서 천국에 갈 각오가 돼 있으면 예수님을 믿으라"고 말해야 한다.

이처럼 중대한 문제가 많이 발생하는데도 여전히 산상설교를 직설법 교훈으로 해석할 것인가?

산상설교의 핵심 부분은 예수님을 구주로 믿는 성도들에게 하신

설교가 아니다. 예수님을 믿지 않은 채로 율법을 지켜서 천국에 가려는 유대인들에게 하신 설교다.

산상설교의 핵심 부분은 율법을 지켜서는 절대로 천국에 갈 수 없는 것을 반어법으로 가르치신 말씀이다.

오랜 세월 동안 절대다수의 목회자들은 산상설교의 핵심 부분, 낙타 바늘귀 비유, 선한 사마리아인 비유를 직설법 교훈으로 해석했다. 또한 그들은 "성경의 '행함으로 구원을 받는다'는 말씀은 행함으로 영의 구원을 받는 것을 뜻한다"고 해석했다. 이런 해석을 근거로 어떤 이들은 "중생한 신자도 하나님의 뜻대로 살아야 천국에 갈 수 있다"고 주장했다. 다른 이들은 "하나님의 뜻대로 살지 않은 신자는 모두 가짜 신자라"고 주장했다.

이런 행위구원론 때문에 헤아릴 수 없이 많은 성도들이 지옥의 공포에 시달렸다. 심지어 자신의 구원에 절망한 어떤 성도들은 비참한 일을 당했다. 모든 성도들이 본서를 통해 그런 비참한 일을 당하지 않게 되기를 간절히 기도한다.

한편, 산상설교의 핵심 부분을 직설법 교훈으로 해석하는 기독교인들은 이구동성으로 아래와 같이 주장한다.

"성령님이 성도를 도와주시기 때문에 성도는 얼마든지 산상수훈을 지켜서 천국에 갈 수 있다."

이 주장도 성경의 가르침이 아니다. 성령님이 성도를 도와주시는 것이 사실이다. 하지만 성도가 율법을 완벽하게 지킬 수 있도록 도와

주시지 않는 것도 사실이다. 이것은 성경에 기록된 믿음의 사람들이 모두 죄를 짓고 산 것이 증명한다. 고린도전서 5장에는 불신자보다 더 악한 패륜죄를 지은 성도가 천국에 간 기록이 있다. 바울 사도는 로마서 7장에서 "나는 지금도 육신으로 죄를 짓는 것 때문에 크게 고민하고 있다"고 고백했다. 다윗은 대부분의 불신자보다 더 큰 죄를 지었다. 그러므로 "성령님이 성도를 도와주시기 때문에 성도는 얼마든지 산상수훈을 지켜서 천국에 갈 수 있다"고 주장하면 안 된다.

아마도 '좁은 문'을 '기독교인들이 반드시 들어가야 할 천국 문'으로 오해하게 만드는 데 가장 큰 영향을 끼친 책은 기독교인들에게 성경 다음으로 많이 읽히는 『천로역정』일 것이다. 『천로역정』에 좁은 문을 통과한 후에 좁은 길을 가다가 시험과 유혹을 이기지 못해 구원에서 탈락하는 크리스천들이 많이 나오는 까닭이다.[53] 『천로역정』의 저자 존 번연이 성경의 구원론 난해 구절들의 본뜻과 누가복음 13장 24절의 본뜻을 몰라서 비성경적인 내용을 『천로역정』에 넣은 것이다.

나는 『천로역정』을 개혁하기 위해 하나님의 은혜로 소설 구원론 『신 천로역정』을 썼다. 어떤 이는 이 책을 읽은 후에 "『신 천로역정』을 자손들에게 가보로 물려주겠다"고 말했다. 하나님께 영광을 돌린다!

중생한 신자는 좁은 문으로 들어가지 않아도 되는가? 중생한 신자는 도덕법을 지키지 않아도 되는가? 그렇지 않다. 하나님이 중생한 신자가 최선을 다해서 도덕법을 지키기를 원하시기 때문이다.

---

53) 존 번연 저, 심명섭 역, 그림 천로역정, 소망사, 1988년, p.55

첫째, 하나님이 정하신 도덕법이 만고불변의 법이기 때문에 중생한 신자도 최선을 다해서 도덕법을 지켜야 한다.

둘째, 도덕법을 지켜서 천국에 갈 수는 없지만 도덕법을 지킨 만큼 하나님의 영광을 드러낼 수 있기 때문에, 또는 도덕법을 지키지 않은 만큼 하나님의 영광이 훼손되기 때문에 중생한 신자도 최선을 다해서 도덕법을 지켜야 한다.

셋째, 도덕법을 지킨 만큼 복과 상을 받기 때문에 중생한 신자도 최선을 다해서 도덕법을 지켜야 한다.

넷째, 도덕법을 지키지 않은 만큼 저주를 받거나 상을 잃기 때문에 중생한 신자도 최선을 다해서 도덕법을 지켜야 한다.

본서를 읽은 어떤 목사는 아래와 같은 소감을 피력했다.

"『지옥에 가는 크리스천들?』은 백만 불짜리 책입니다."

본서를 비롯한 나의 모든 책을 읽은 어떤 목사는 아래와 같이 간증했다.

"목사님의 책들을 교과서로 여기며 공부하고 있습니다."

경상대학교 영어교육학과 교수를 정년퇴임한 이도수 교수는 그의 책『나는 스토커 교수였다』를 통해 아래와 같이 말했다.

"이 책을 내기까지 많은 도움을 주신 이화영 목사님께 특별히 감사드린다. 이화영 목사님이 목회자로서 겪은 시련과 성경에 대한 해박한 지식으로 쓴 신앙간증서 『지옥에 가는 크리스천들?』 1, 2, 3권을 구해 읽고 나도 그분처럼 참회하기로 결심했다. 그분의 저서 세 권을 타는 목마름으로 읽지 않았다면 나도 '지옥에 가는 크리스천'들 중 한 명이 될 번했다는 아찔한 생각이 들었다. 종교 생활의 쇄신은 회개에서 시작된다는 것을 깨닫게 해 주었다."[54]

"필자는 이화영 목사님의 솔직담백한 신앙 간증을 읽고 그분의 용기에 박수를 보냈다. 뿐만 아니라 나의 40년간 밋밋한 신앙생활에 종지부를 찍기 위해서 이 목사님의 신앙 간증을 타는 목마름으로 읽었다. 그리고 많은 반성을 했다. 그게 내가 이 책을 쓰게 된 동기가 되었다. 내가 반평생 동안 습관적으로 성당에 다녔을 뿐이지 하나님과 깊은 교감을 이루지 못한 원인은 바로 '성령세례 단회론'을 믿은 때문이었음을 깨닫게 되었다. 그래서 이걸 깨닫게 해 준 이화영 목사님을 제2의 복음전달자로 여기게 되었다."[55]

어떤 교회 사모의 간증을 소개하겠다.

"목사님의 구원론을 듣고 얼마나 기쁘고 자유했는지 모릅니다. 사모로서 제대로 사명 감당을 못하니……. 그리고 천국과 지옥에 갔다 온 서사라 목사님께서 '지옥에 사모가 많더라'고 주장하는 얘기를

---

54) 이도수, 나는 스토커 교수였다, 개혁시대, 2020년, p.20
55) 이도수, 나는 스토커 교수였다, 개혁시대, 2020년, p.241

듣고 너무나 두렵고 죄의식에 눌려 살았거든요. 그렇게 간증하는 목회자들이 너무 많아서 진짜라고 믿고 있었어요. 정말 영계가 혼란스러운 시대를 살고 있는 것 같아요. 목사님께서 그런 분들의 잘못을 일일이 말씀으로 분별시켜 주셨으면 좋겠어요. 목사님을 알게 해 주신 하나님께 감사드립니다."

지금까지 설명한 것을 아래와 같이 요약할 수 있다.

"산상설교의 핵심 부분은 행위구원론을 믿는 유대인들에게 행위구원이 절대로 불가능한 것을 가르치신 말씀이다. 산상설교의 핵심 부분을 중생한 신자들에게 적용해서 행위구원을 주장하면 안 된다."

제2부
구원론 난제 해석 2

1. 베드로서에 있는 구원론 난해 구절 해석
2. 디모데서에 있는 구원론 난해 구절 해석
3. 마태복음 25장에 있는 구원론 난해 구절 해석
4. 로마서에 있는 구원론 난해 구절 해석
5. 이기는 자는 누구인가?
6. 성령훼방죄는 무엇일까?
7. 어떤 사람이 666표를 받을까?
8. 예수님이 지옥에 가셔서 복음을 전하셨을까?

1. 베드로서에 있는 구원론 난해 구절 해석

베드로전서에도 오랜 세월 동안 대부분의 기독교인들에게 난해 구절로 여겨진 말씀이 있다.

> (벧전 1:5) 너희는 말세에 나타내기로 예비하신 구원을 얻기 위하여 믿음으로 말미암아 하나님의 능력으로 보호하심을 받았느니라

> (벧전 1:8-9) 예수를 너희가 보지 못하였으나 사랑하는도다 이제도 보지 못하나 믿고 말할 수 없는 영광스러운 즐거움으로 기뻐하니 믿음의 결국 곧 영혼의 구원을 받음이라

> (벧전 2:2) 갓난 아기들 같이 순전하고 신령한 젖을 사모하라 이는 그로 말미암아 너희로 구원에 이르도록 자라게 하려 함이라

오랜 세월 동안 대부분의 기독교인들은 본문의 구원을 '영의 구원'으로 해석했다.

그랜드종합주석이 베드로전서 1장 5절을 해석한 것을 보자.

"한편 본 절은 성도들의 '구원'이 말세에 있을 것으로 말하고 있다. 즉 성도들은 이미 구원받은 존재들이지만(엡 2:8-9) 그의 최종 완성은 예수 그리스도께서 재림하실 이 세상 종말의 때에 이루어지며(빌 3:20-21; 골 3:4), 현재는 최종 구원을 이루어 가는 과정이다(빌 2:12)."[56]

매튜 헨리 목사의 해석을 보자.

"이 구원은 '말세에 나타내기로 예비하신 것'이다. 즉 구원은 성도들을 위해서 하늘나라에 준비되어 있으며 간직되어 있다. 그러나 구원은 비록 예비되어 있다 할지라도 현재에는 여전히 구원을 기업으로 받게 될 사람들에게조차 상당히 감추어져 있으며 나타나 있지 않다. 그것은 말세에 완전하게 나타날 것이다. 생명과 불멸이 복음에 의해서 이제 빛 가운데 드러났다. 그러나 이 생명은 임종 시에 그리스도 앞에 나아가게 될 것이며 그의 영광을 보게 될 것이다."[57]

베드로 사도가 말한 구원의 본뜻을 깨달으려면 네 가지를 주목해야 한다.

---

56) 그랜드종합주석, 베드로전서, 성서교재간행사, 1993년, p.351
57) 매튜 헨리, 베드로전서주석, 디럭스바이블 2005, 미션소프트.

첫째, 본문의 '구원'이란 단어에 사용된 헬라어가 '소테리아(σωτηρια)'다. 성경 기자들은 '소테리아'를 '영의 구원', '복을 받는 것', '상을 받는 것' 등에 사용했다. 그러므로 본문의 구원이 어떤 용도로 사용됐는지를 확인해야 한다.

둘째, 다른 성경은 "사람은 예수님을 믿을 때 영의 구원을 받는다"고 가르쳤다. 이와 달리 베드로전서 1장 5절은 "예수님이 말세에 구원을 가져오신다"고 가르쳤다. 그러므로 베드로전서의 구원을 '영의 구원'으로 단정하면 안 된다.

셋째, 다른 성경은 "사람은 백 퍼센트 하나님의 은혜로 영의 구원을 받는다"고 가르쳤다. 이와 달리 베드로전서 2장 2절은 "사람의 노력으로 구원을 얻는다"고 가르쳤다.

넷째, 초대교회와 종교개혁자들이 사용한 헬라어 성경(공인 본문, 다수 사본)의 베드로전서 2장 2절에는 '구원에 이르도록'이란 말이 없다.

비평 본문(소수 사본): ἵνα ἐν αὐτῷ αὐξηθῆτε εἰς σωτηρίαν(이로 말미암아 너희가 구원에 이르도록 성장하게 하려 함이라)

공인 본문(다수 사본): ἵνα ἐν αὐτῷ αὐξηθῆτε(이로 말미암아 너희가 성장하게 하려 함이라)

공인 본문의 베드로전서 2장 2절은 아래와 같다.

"새로 태어난 아기들로서 말씀의 순전한 젖을 사모하라. 이로 말미암아 너희가 성장하게 하려 함이라."

공인 본문은 성도가 성경 공부를 통해 신앙을 성장시켜서 하늘의 상을 받아야 할 것을 가르친다. 그런데 어이없게도 웨스트코트와 호르트는 천주교의 행위구원론을 전파하기 위해 비평 본문을 만들 때, 공인 본문에 없는 '구원에 이르도록(εις σωτηρίαν)'이란 말을 비평 본문에 집어넣었다. 불행하게도 이것이 한글 성경에 그대로 반영되었다. 이것을 모르는 이들은 베드로전서 2장 2절을 근거로 "중생한 신자도 성경을 공부해서 신앙을 성장시켜야 영혼구원을 받을 수 있다"고 비성경적인 행위구원론을 주장한다.

지금까지 설명한 것처럼 '말세에 얻는 구원'을 '영의 구원'으로 해석하면 중대한 문제점이 많이 발생한다. 그러므로 '말세에 얻는 구원'을 '영의 구원'으로 단정하면 안 된다. 과연 '말세에 얻는 구원'은 무엇을 뜻할까?

결론부터 말하겠다. 베드로전서의 '말세에 얻는 구원'은 '하늘의 상을 받는 것'을 의미한다. 이에 관한 성경의 증거들을 제시하겠다.

1) 베드로전서의 문맥을 보면 '말세에 얻는 구원'이 예수님이 재림하신 후에 하나님께 충성한 신자들에게 상을 주시는 것을 의미함을 알 수 있다.

베드로 사도는 '말세에 나타내기로 예비하신 구원이 있다'고 말한 후에 거듭 예수님이 재림하셔서 하실 일들을 소개했다.

(벧전 1:5) 너희는 말세에 나타내기로 예비하신 구원을 얻기 위하여 믿음으로 말미암아 하나님의 능력으로 보호하심을 받았느니라

(벧전 1:7) 너희 믿음의 확실함은 불로 연단하여도 없어질 금보다 더 귀하여 예수 그리스도께서 나타나실 때에 칭찬과 영광과 존귀를 얻게 할 것이니라

(벧전 1:13) 그러므로 너희 마음의 허리를 동이고 근신하여 예수 그리스도께서 나타나실 때에 너희에게 가져다 주실 은혜를 온전히 바랄지어다

베드로 사도는 '예수님이 말세에 나타내실 구원'을 '예수님이 재림하실 때 충성한 성도들에게 가져오실 은혜', 혹은 '예수님이 재림하셔서 하나님께 충성한 성도들에게 칭찬과 영광과 존귀를 주시는 것'으로 규정했다. 이것은 '예수님이 재림하신 후에 하나님께 충성한 성도들에게 상을 주시는 것'을 뜻한다. 예수님이 가르치신 므나 비유를 보면 이것을 알 수 있다.

(눅 19:15-19) 귀인이 왕위를 받아가지고 돌아와서 은화를 준 종들이 각각 어떻게 장사하였는지를 알고자 하여 그들을 부르니 그 첫째가 나아와 이르되 주인이여 당신의 한 므나로 열 므나를 남겼나이다 주인이 이르되 잘하였다 착한 종이여 네가 지극히 작은 것에 충성하였으니 열 고을 권세를 차지하라 하고 그 둘째가 와서 이르되 주인이여 당신의 한 므나로 다섯 므나를 만들었나이다 주인이 그에게도 이르되 너도 다섯 고을을 차지하라 하고

왕위를 받아서 돌아온 귀인이 충성스러운 종에게 "잘하였다 착한 종이여"라고 칭찬한 것은 예수님이 재림하셔서 하나님께 충성한 성도를 칭찬하시는 것을 의미한다. 귀인이 충성스러운 종에게 "열 고을

권세를 차지하라"고 한 것은 예수님이 재림하셔서 충성한 성도에게 존귀와 영광을 주시는 것을 의미한다. 이것을 볼 때, '말세에 얻는 구원'이 '상을 받는 것'을 의미함을 알 수 있다. 이 때문에 베드로 사도가 '예수님이 재림하셔서 충성한 성도들에게 상을 주시는 것'을 '말세에 나타내기로 예비하신 구원'으로 표현한 것이다.

2) 베드로전서가 박해를 받는 기독교인들에게 보낸 편지인 것을 볼 때도 예수님이 재림하셔서 충성한 기독교인들에게 칭찬과 영광과 존귀를 주시는 것이 그들에게 상을 주시는 것을 의미함을 알 수 있다.

(벧전 1:6) 그러므로 너희가 이제 여러 가지 시험으로 말미암아 잠깐 근심하게 되지 않을 수 없으나 오히려 크게 기뻐하는도다

본문에서 보는 것처럼 베드로전서는 여러 가지 시험, 즉 많은 박해를 당하는 성도들에게 보낸 편지다. 박해를 당하면 땅의 복을 기대할 수 없다. 박해를 당하면 이미 받은 복(물질, 건강 등)을 빼앗기기 때문이다. 박해를 당하는 성도들이 기대할 것은 오직 하늘의 상밖에 없다. 그래서 베드로 사도가 베드로전서를 받는 사람들에게 하늘의 상을 강조한 것이다.

히브리서 기자는 "모세는 하늘의 상을 바라보며 기쁘게 모든 고난을 견뎠다"(히 11:24-26), "하늘의 상을 믿는 성도들은 세상이 감당할 수 없는 사람들이라"고 말했다(히 11:38).

베드로전서를 받은 성도들도 하늘의 상의 중요성을 충분히 깨닫고 있었다. 이 때문에 베드로 사도가 "너희가 이제 여러 가지 시험으로

말미암아 잠깐 근심하게 되지 않을 수 없으나 오히려 크게 기뻐한다"고 말한 것이다.

3) 히브리서와 베드로전서를 비교해도 예수님이 재림하셔서 충성한 성도들에게 칭찬과 영광과 존귀를 주시는 것이 그들에게 상을 주시는 것을 의미함을 알 수 있다.

> (히 10:34-35) 너희가 갇힌 자를 동정하고 너희 소유를 빼앗기는 것도 기쁘게 당한 것은 더 낫고 영구한 소유가 있는 줄 앎이라 그러므로 너희 담대함을 버리지 말라 이것이 큰 상을 얻게 하느니라

> (벧전 1:5-6) 너희는 말세에 나타내기로 예비하신 구원을 얻기 위하여 믿음으로 말미암아 하나님의 능력으로 보호하심을 받았느니라 그러므로 너희가 이제 여러 가지 시험으로 말미암아 잠깐 근심하게 되지 않을 수 없으나 오히려 크게 기뻐하는도다

히브리서를 받은 성도들은 하늘의 상을 믿었기 때문에 자신의 소유를 빼앗기는 것을 기쁘게 당했다. 베드로전서를 받은 성도들도 하늘의 상을 믿었기 때문에 여러 가지 시험을 기쁘게 당했다. 이것을 볼 때도 '말세에 나타내기로 예비하신 구원'이 '하늘의 상을 뜻하는 것'을 알 수 있다.

4) 예수님의 말씀과 베드로전서를 비교해도 예수님이 재림하셔서 하나님께 충성한 성도들에게 칭찬과 영광과 존귀를 주시는 것이 그들에게 상을 주시는 것을 뜻함을 알 수 있다.

(마 5:11-12) 나로 말미암아 너희를 욕하고 박해하고 거짓으로 너희를 거슬러 모든 악한 말을 할 때에는 너희에게 복이 있나니 기뻐하고 즐거워하라 하늘에서 너희의 상이 큼이라 너희 전에 있던 선지자들도 이같이 박해하였느니라

(벧전 1:5-6) 너희는 말세에 나타내기로 예비하신 구원을 얻기 위하여 믿음으로 말미암아 하나님의 능력으로 보호하심을 받았느니라 그러므로 너희가 이제 여러 가지 시험으로 말미암아 잠깐 근심하게 되지 않을 수 없으나 오히려 크게 기뻐하는도다

마지막으로 베드로전서 1장 9절의 '믿음의 결국 곧 영혼의 구원을 받음이라'는 말씀을 해석하겠다.

본문에 사용된 '영혼'의 헬라어는 '프쉬케'다. 성경 기자들은 '프쉬케'를 '영'의 뜻으로 사용한 경우도 있고, '혼'의 뜻으로 사용한 경우도 있고, '목숨'의 뜻으로 사용한 경우도 있다.

아래의 성경말씀에는 '프쉬케'가 '영'의 뜻으로 사용됐다.

(마 10:28) 몸은 죽여도 영혼은 능히 죽이지 못하는 자들을 두려워하지 말고 오직 몸과 영혼을 능히 지옥에 멸하실 수 있는 이를 두려워하라

본문의 '영혼'으로 번역된 단어가 '프쉬케'다. 예수님은 '프쉬케'를 '영'의 뜻으로 사용하셔서 하나님이 인간의 영을 지옥에 던지시고, 인간의 육(몸)을 죽이시는 사실을 증언하셨다.

아래의 성경말씀에는 '프쉬케'가 '혼'의 뜻으로 사용됐다.

(살전 5:23) 평강의 하나님이 친히 너희를 온전히 거룩하게 하시고 또 너희의 온 영과 혼과 몸이 우리 주 예수 그리스도께서 강림하실 때에 흠 없게 보전되기를 원하노라

본문의 '영'은 '프뉴마', '혼'은 '프쉬케', '몸'은 '소마'다. 바울 사도는 본문에서 '영'과 '혼'을 분리하여 구원을 설명했다. 이처럼 성경 기자들은 '프쉬케(혼)'를 '프뉴마(영)'와 본질적으로 다른 것으로 취급했다.

아래의 성경에는 '프쉬케'가 '목숨'의 뜻으로 사용됐다.

(눅 12:22) 또 제자들에게 이르시되 그러므로 내가 너희에게 이르노니 너희 목숨을 위하여 무엇을 먹을까 몸을 위하여 무엇을 입을까 염려하지 말라

본문의 '목숨'으로 번역된 헬라어가 '프쉬케'다. 본문의 '목숨'은 '몸'과 동일한 뜻으로 사용됐다. 목숨이 몸에 소속된 것이기 때문이다. 이처럼 '프쉬케'는 '목숨(몸)'의 뜻으로 사용되기도 했다.

베드로전서 1장 9절에서는 '프쉬케'가 '혼'의 뜻으로 사용됐다. '혼'은 '육'에 속한 것이다. 성도는 몸으로 하나님께 충성한 만큼 하늘의 상을 받는다. 따라서 베드로전서 1장 9절의 '믿음의 결국 곧 혼의 구원을 받음이라'가 '중생한 신자가 몸(혼)으로 하나님께 충성하면 하늘의 상을 받을 것이라'는 뜻임을 알 수 있다.

어떤 권사의 간증을 소개하겠다.

"저 개인으로는 믿음으로 구원받는 것과 행위로 구원받는 것에 대한 궁금증과 고민으로 많은 시간을 말씀 들으러 다녔습니다. 김기동 목사님, 한만영 장로님, 예수전도단, 중보기도 등 많이. 또 기적과 이적을 하는 데도. 난해한 구절들을 쉽게 해석하시는 목사님이 훌륭하시고, 저의 마음에 기쁨입니다."

지금까지 설명한 것을 아래와 같이 요약할 수 있다.

"중생한 신자가 말세에 얻는 구원은 천국의 상을 의미한다."

2. 디모데서에 있는 구원론 난해 구절 해석

디모데전서에도 오랜 세월 동안 대부분의 기독교인들이 난해하게 여긴 성경말씀이 있다.

(딤전 6:12) 믿음의 선한 싸움을 싸우라 영생을 취하라 이를 위하여 네가 부르심을 받았고 많은 증인 앞에서 선한 증언을 하였도다

바울 사도는 디모데 목사에게 "믿음의 선한 싸움을 싸워서 영생을 취하라"고 명령했다. 오랜 세월 동안 대부분의 기독교인들은 본문의 영생을 '영혼구원'으로 해석했다. 그러나 성급한 해석이다.

첫째, 성경 기자들이 '영생'이란 단어를 여러 가지 용도로 사용했기 때문에 '본문의 영생'을 '영혼구원'으로 속단하면 안 된다.

둘째, 다른 성경은 "백 퍼센트 하나님의 은혜로 영생을 얻는다"고 가르친다. 이와 달리 디모데전서는 "사람의 노력으로 영생을 얻는다"고 가르친다. 양자는 모순이다. 성경이 하나님의 말씀이기 때문에 성경에 모순이 있을 수 없다. 그러므로 '디모데전서의 영생'을 '영혼구원'으로 속단하면 안 된다.

셋째, 다른 성경은 "불신자가 예수님을 믿을 때 영생을 얻는다"고 가르친다. 이와 달리 디모데전서는 "중생한 신자가 노력해야 영생을 얻을 수 있다"고 가르친다. 양자는 모순이다. 그러므로 '디모데전서의 영생'을 '영혼구원'으로 속단하면 안 된다.

넷째, 예수님은 "믿는 자는 영생을 가졌다"고 가르치시고, 바울 사도는 "성도의 영은 이미 영화롭게 돼서 예수님과 함께 천국에 있다"고 선언한다. 이와 달리 디모데전서는 "성도가 노력해야 영생을 얻을 수 있다"고 가르친다. 양자는 모순이다. 성경에는 절대로 모순이 있을 수 없다. 그러므로 '디모데전서의 영생'을 '영의 구원'으로 속단하면 안 된다. 과연 '디모데전서의 영생'은 어떤 뜻으로 사용된 것일까?

디모데전서 6장 12절의 '영생'이 어떤 뜻으로 사용된 것인지를 알려면 이 구절과 디모데후서 4장 7-8절을 비교해 보아야 한다.

(딤전 6:12) 믿음의 선한 싸움을 싸우라 영생을 취하라

(딤후 4:7-8) 나는 선한 싸움을 싸우고 나의 달려갈 길을 마치고 믿음을 지켰으니 이제 후로는 나를 위하여 의의 면류관이 예비되었으므로 주 곧

의로우신 재판장이 그 날에 내게 주실 것이며 내게만 아니라 주의 나타나심을 사모하는 모든 자에게도니라

바울 사도는 성도가 하나님께 충성한 후에 하늘에서 받는 상을 '의의 면류관'으로 표현했다. 베드로 사도는 성도가 하나님께 충성한 후에 하늘에서 받는 상을 '영광의 면류관'으로 표현했다. 예수님은 성도가 하나님께 충성한 후에 하늘에서 받는 상을 '생명의 면류관'으로 표현하셨다. 따라서 바울 사도가 디모데 목사에게 한 말이 아래와 같은 뜻임을 알 수 있다.

"나는 선한 싸움을 싸웠으므로 장차 하늘의 상을 받게 될 것이다. 디모데야, 너도 나처럼 선한 싸움을 싸워서 하늘의 상을 받아라."

성경을 보면 예수님이 바울 사도보다 먼저 '영생'이란 단어를 '하늘의 상을 받는 것을 뜻하는 단어'로 사용하신 것을 알 수 있다.

(마 19:29) 또 내 이름을 위하여 집이나 형제나 자매나 부모나 자식이나 전토를 버린 자마다 여러 배를 받고 또 영생을 상속하리라

본문은 베드로가 예수님께 "우리가 모든 것을 버리고 주님을 쫓았는데 장차 무엇을 받을 수 있나이까"라고 질문했을 때 예수님이 답변하신 말씀이다.

본문의 '영생'을 '영혼구원'으로 해석하면 매우 큰 문제가 발생한다. 예수님은 "중생한 신자는 영원히 절대로 지옥에 가지 않는 영생을

얻었다"고 선포하셨다. 그러므로 예수님이 "중생한 신자도 내 이름을 위해 집이나 형제나 자매나 부모나 자식이나 전토를 버려야만 영생을 얻을 것이라"고 가르치셨으면 주님은 꼼짝없이 궤변가가 된다. "중생한 신자는 영원히 절대로 지옥에 가지 않는 영생을 얻었다"는 말과 "중생한 신자도 내 이름을 위해 모든 것을 버려야만 영생을 얻을 것이라"는 말이 모순이기 때문이다.

더 나아가서 예수님이 말씀하신 영생을 상속하는 일은 예수님이 재림하신 후에 일어난다. 주님이 말씀하신 영생이 영혼구원이면 중생한 신자는 예수님의 재림 때 영혼구원을 받게 된다. 이와 달리 성경에는 "사람은 예수님을 믿을 때 영생을 얻는다"고 기록돼 있다. 그러므로 마태복음 19장 29절의 '영생'을 '영혼구원'으로 해석하면 절대로 안 된다.

마태복음 19장 29절의 '영생'을 바르게 깨달으려면 본문의 문맥을 살펴야 한다.

(마 19:27-29) 이에 베드로가 대답하여 이르되 보소서 우리가 모든 것을 버리고 주를 따랐사온대 그런즉 우리가 무엇을 얻으리이까 예수께서 이르시되 내가 진실로 너희에게 이르노니 세상이 새롭게 되어 인자가 자기 영광의 보좌에 앉을 때에 나를 따르는 너희도 열두 보좌에 앉아 이스라엘 열두 지파를 심판하리라 또 내 이름을 위하여 집이나 형제나 자매나 부모나 자식이나 전토를 버린 자마다 여러 배를 받고 또 영생을 상속하리라

베드로는 예수님께 "모든 것을 버리고 주님을 따른 우리가 장차

무엇을 받을 것입니까"라고 질문했다. 베드로의 질문은 "주님을 위해 크게 헌신한 우리가 장차 주님이 다스리실 나라에서 어떤 상을 받을 것입니까"라는 뜻이다. 예수님은 베드로에게 아래와 같이 답변하셨다.

"장차 나의 왕국이 이루어지면 헌신적으로 나를 따른 너희에게 열두 보좌에 앉아서 이스라엘 열두 지파를 심판하는 상을 주리라."

이 말씀을 볼 때 "내세에 영생을 상속하리라"는 말씀이 "내세에 영혼구원을 받으리라"는 뜻이 아니라 "내세에 상을 받으리라"는 뜻임을 알 수 있다. 이것은 예수님과 예수님 시대의 사람들이 '영생'이란 단어를 '하늘의 상을 받는 것'에 사용한 것을 가르쳐 준다.

예수님과 사도들이 '영생'이란 단어를 '하늘의 상을 받는 것'에 사용한 것을 깨달으면 아래의 성경말씀에 사용된 '영생'이 '하늘의 상을 받는 것에 사용된 것'도 충분히 깨달을 수 있을 것이다.

(갈 6:7-8) 스스로 속이지 말라 하나님은 업신여김을 받지 아니하시나니 사람이 무엇으로 심든지 그대로 거두리라 자기의 육체를 위하여 심는 자는 육체로부터 썩어질 것을 거두고 성령을 위하여 심는 자는 성령으로부터 영생을 거두리라

바울 사도는 갈라디아서를 통해 '행위구원론'을 '다른 복음'으로 정죄했다. 또한 그는 "중생한 신자는 백 퍼센트 하나님의 은혜로 영혼구원을 받았다"고 가르쳤다. 그는 로마서와 고린도전서에서 "성도는

선행으로 상을 받는다"고 가르쳤다. 만일 행위구원론자들의 주장처럼 바울 사도가 갈라디아서 6장에서 "중생한 신자도 선하게 살아야 영혼구원을 받을 수 있다"고 주장한 것이면 바울 사도는 궤변가가 틀림없다. 정말 그렇다면 바울서신을 모두 성경에서 삭제해야 한다. 하나님의 말씀인 성경에 궤변이 있을 수 없기 때문이다. 따라서 '성령을 위해 심는 자는 성령으로부터 영생을 거두리라'는 말씀이 '성령을 위해 심는 중생한 신자는 성령으로부터 상을 받으리라'는 뜻임을 알 수 있다.

지금까지 설명한 것을 이해하면 디모데전서의 또 다른 난해 구절들을 바르게 해석할 수 있을 것이다.

(딤전 2:15) 그러나 여자들이 만일 정숙함으로써 믿음과 사랑과 거룩함에 거하면 그 해산함으로 구원을 얻으리라

본문의 문맥과 디모데전후서와 바울서신 전체를 살펴보면 본문이 '중생한 신자도 거룩하게 살아야 상을 받을 수 있다'는 뜻임을 알 수 있다.

여기서 구원론 난해 구절들 중의 하나인 마태복음 24장 9-13절을 살펴보자.

(마 24:9-13) 그 때에 사람들이 너희를 환난에 넘겨 주겠으며 너희를 죽이리니 너희가 내 이름 때문에 모든 민족에게 미움을 받으리라 그 때에 많은 사람이 실족하게 되어 서로 잡아 주고 서로 미워하겠으며 거짓 선지자가

많이 일어나 많은 사람을 미혹하겠으며 불법이 성하므로 많은 사람의 사랑이 식어지리라 그러나 끝까지 견디는 자는 구원을 얻으리라

본문에 "끝까지 견디는 자는 구원을 얻으리라"는 말씀이 있다. 행위구원론자들은 이 말씀을 근거로 행위구원론을 주장한다. 그러나 오류다. 예수님은 "내가 중생한 신자들에게 영원히 절대로 지옥에 가지 않는 영생을 주었다"고 선포하셨다. 만일 주님이 "중생한 신자도 끝까지 견디지 못하면 지옥에 간다"고 선언하셨으면 모순을 범하신 것이다. 주님은 절대로 모순을 범하실 분이 아니다. 따라서 주님의 말씀이 "끝까지 견디는 자는 상을 받으리라"는 뜻임을 알 수 있다.

어떤 새 신자의 간증을 소개하겠다.

"2023년 새해 선물을 받았습니다. 현재 나이 만 35세, 예수님을 영접한 지 2년 된 초신자입니다.

어느 날 믿음이 먼저 다가왔고, 그 이후 연속적인 연단과 진심 어린 기도로 은혜로 말미암아 회개와 더불어 제 작은 골방에서 성령세례를 받게 되었고, 이전 삶과 다르게 하나님을 위한 헌신의 삶을 살게 되었습니다.

그러나 그 이후 시간이 지나 계속해서 육신의 죄로 실족하거나 행위구원론에 방황하던 중 유튜브에서 우연히 본 목사님의 영상들로 구원의 확신을 가지게 되었습니다. 하나님께 영광, 그리고 목사님께 감사를 진심으로 전합니다. 거짓 없는 참 복음을 전하는데 얼마나 핍박이 심하셨겠습니까?"

지금까지 설명한 것을 아래와 같이 요약할 수 있다.

"'선한 싸움을 싸워서 영생을 취하라'는 말은 '선한 싸움을 싸워서 상을 받으라'는 뜻이다."

3. 마태복음 25장에 있는 구원론 난해 구절 해석

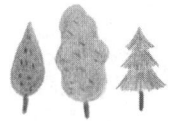

양과 염소의 비유도 구원론 난해 구절에 속한다.

(마 25:31-36) 인자가 자기 영광으로 모든 천사와 함께 올 때에 자기 영광의 보좌에 앉으리니 모든 민족을 그 앞에 모으고 각각 구분하기를 목자가 양과 염소를 구분하는 것 같이 하여 양은 그 오른편에 염소는 왼편에 두리라 그 때에 임금이 그 오른편에 있는 자들에게 이르시되 내 아버지께 복 받을 자들이여 나아와 창세로부터 너희를 위하여 예비된 나라를 상속받으라 내가 주릴 때에 너희가 먹을 것을 주었고 목마를 때에 마시게 하였고 나그네 되었을 때에 영접하였고 헐벗었을 때에 옷을 입혔고 병들었을 때에 돌보았고 옥에 갇혔을 때에 와서 보았느니라

(마 25:45-46) 이에 임금이 대답하여 이르시되 내가 진실로 너희에게 이르노니 이 지극히 작은 자 하나에게 하지 아니한 것이 곧 내게 하지 아니한 것이니라 하시리니 그들은 영벌에, 의인들은 영생에 들어가리라 하시니라

본문의 임금은 예수님을 상징한다. 양들과 염소들은 사람들을 상징한다.

본문을 피상적으로 보면 임금의 오른편에 있는 사람들(양들)은 선하게 살았기 때문에 천국에 들어간 것처럼 보인다. 반면 임금의 왼편에 있는 사람들(염소들)은 선하게 살지 않았기 때문에 지옥에 간 것처럼 보인다. 이 때문에 본문을 근거로 행위구원론을 주장하는 이들이 많다. 과연 그럴까?

1) 양으로 비유된 사람들이 천국에 들어간 이유가 무엇인가?

(마 25:34) 그 때에 임금이 그 오른편에 있는 자들에게 이르시되 내 아버지께 복 받을 자들이여 나아와 창세로부터 너희를 위하여 예비된 나라를 상속 받으라

한글 성경이 본문을 '내 아버지께 복 받을 자들'로 번역한 것은 잘못된 번역이다. 한글 성경에 '받을'으로 번역된 단어가 과거완료형 동사(율로게메노이-ευλογημενοι)[58]이기 때문이다. 그러므로 본문은 '내 아버지께 복 받은 자들'로 번역해야 한다.

개혁파 신학자 헨드릭슨 박사는 마태복음 25장 34절의 '내 아버지께 복 받은 자들'을 아래와 같이 해석했다.

"이 양들의 선한 행위가 언급(35, 36절)되기 바로 앞서서 구원의

---

58) 율로게메노이(ευλογημενοι): 받은: 동사, 분사, 완료, 수동태, 2인칭, 복수. 디럭스바이블 2005, 헬라어 사전, 미션소프트.

기초, 즉 이들의 선한 행위의 기초는, 그들이 영원 전부터 선택받았다는 사실을 우선적으로 강조를 하고 있다."59)

양으로 비유된 기독교인들은 하나님이 주시는 상을 받기 전에 예수님으로부터 '내 아버지께 복 받은 자들'이란 평가를 받았다. 과연 그들이 하늘의 상급을 받기 전에 받은 복이 무엇일까? 이것은 사람이 하나님으로부터 받을 수 있는 복의 종류를 알아야 바르게 깨달을 수 있다.

사람이 하나님으로부터 받을 수 있는 복은 세 가지다. 가장 큰 복은 영이 구원을 받는 것이고, 두 번째로 큰 복은 하늘의 상을 받는 것이고, 세 번째의 복은 땅의 복을 받는 것이다.

사람의 영혼구원은 창세 전의 하나님의 예정과 선택으로 시작된다.

(엡 1:3-5) 찬송하리로다 하나님 곧 우리 주 예수 그리스도의 아버지께서 그리스도 안에서 하늘에 속한 모든 신령한 복을 우리에게 주시되 곧 창세 전에 그리스도 안에서 우리를 택하사 우리로 사랑 안에서 그 앞에 거룩하고 흠이 없게 하시려고 그 기쁘신 뜻대로 우리를 예정하사 예수 그리스도로 말미암아 자기의 아들들이 되게 하셨으니

이것을 볼 때 양들로 비유된 기독교인들은 창세 전에 하나님의 선택을 받은 것 때문에 가장 큰 복인 영혼구원을 받은 것을 알 수 있다.

---

59) 헨드릭슨 저, 김경래 역, 마태복음(하), 아가페출판사, 1985년, p.285

2) 양으로 비유된 사람들이 예비된 나라를 상속받은 이유가 무엇인가?

(마 25:34-40 요약) 그 때에 임금이 그 오른편에 있는 자들에게 이르시되 내 아버지께 복 받은 자들이여 나아와 창세로부터 너희를 위하여 예비된 나라를 상속받으라 내가 주릴 때에 너희가 먹을 것을 주었고 목마를 때에 마시게 하였고 나그네 되었을 때에 영접하였고 헐벗었을 때에 옷을 입혔고 병들었을 때에 돌보았고 옥에 갇혔을 때에 와서 보았느니라 …… 너희가 여기 내 형제 중에 지극히 작은 자 하나에게 한 것이 곧 내게 한 것이니라

본문에 양으로 비유된 기독교인들은 예수님의 형제들(성도들)을 도와준 것 때문에 나라를 상속받았다. 이것이 무슨 뜻인지를 알려면 성경 기자들이 본문의 '상속받으라'는 헬라어를 어떤 용도로 사용했는지를 알아야 한다.

본문의 '상속받으라'의 헬라어는 '클레로노메오(κληρονομεω)[60]'다. 앞서 설명한 것처럼 이 단어는 문장에 따라서 '영이 구원을 받는 것', '땅에서 복을 받는 것', '하늘에서 상을 받는 것'으로 사용되는 단어다. 이 단어의 명사는 '클레로노미아(κληρονομια)[61]'다. 이 단어는 한글 성경에 '기업', '유업', '상속'으로 번역됐다.

---

[60] 클레로노메오(κληρονομεω): '상속자가 되다'(문자적으로 혹은 상징적으로), 후사가 되다⟨마 5:5, 고전 15:50⟩ 동. to be heir; 1) 분배받다, 몫으로 받다, 특히 상속분을 받다, 상속하다. 2) 할당된 부분을 받다, 소유로 받아들이다. 3) 함께하다, 획득하다. 디럭스바이블 2005, 헬라어 사전, 미션소프트.

[61] 클레로노미아(κληρονομια): 상속권, 즉(구상명사), 세습재산, 또는 소유물, 유업⟨갈 3:18, 히 9:15⟩ 여명. heirship; 1) 상속재산, 유산으로 받은 재산. 2) 소유로 받은 것.

영혼구원은 백 퍼센트 하나님의 은혜로 받는다. 사람의 선행은 영혼구원을 받는 데 조금도 도움을 주지 않는다. 이것을 볼 때 예수님이 양과 염소의 비유를 통해 "중생한 신자들이 나에게 먹을 것과 입을 것을 주었기 때문에 창세로부터 예비된 하나님의 나라를 그들에게 상속해 준다"고 하신 것이 영혼구원을 의미하지 않는 것을 알 수 있다.

땅의 복은 중생한 신자가 땅에 살아 있는 동안에 하나님께 충성한 만큼 받는다. 예수님은 재림하신 후에 양들에게 "중생한 신자들이 나에게 충성했기 때문에 하늘나라를 상속해 준다"고 선포하셨다. 따라서 예수님이 말씀하신 '상속'이 땅에서 받는 복을 의미하지 않는 것도 알 수 있다.

하늘의 상도 중생한 신자가 하나님께 충성한 만큼 받는다. 예수님은 오른편에 있는 사람들에게 "너희가 나에게 충성했기 때문에 하늘나라를 상속해 주리라"고 선포하셨다. 따라서 본문의 '상속'이 예수님의 재림 때 하나님의 은혜로 영혼구원을 받은 성도들이 하나님께 충성한 만큼 상을 받는 것을 의미함을 알 수 있다!

3) 염소로 비유된 사람들이 지옥에 간 이유가 무엇인가?

(마 25:41) 또 왼편에 있는 자들에게 이르시되 저주를 받은 자들아 나를 떠나 마귀와 그 사자들을 위하여 예비된 영원한 불에 들어가라

예수님은 왼편에 있는 자들을 '저주를 받은 자들'이라고 호칭하셨다. 주님이 말씀하신 '저주를 받은 자들'은 '복 받은 자들'의 반대개념이다.

따라서 주님이 말씀하신 '저주를 받은 자들'이 '창세 전에 하나님이 선택하지 않은 자들', '하나님이 영을 중생시키지 않은 자들', '하나님이 믿음을 선물하지 않는 자들'을 의미함을 알 수 있다.

본문에 염소들로 비유된 사람들이 지옥에 간 또 다른 이유는 그들이 예수님을 구주로 믿지 않아서 영의 죄를 용서받지 못했기 때문이다. 이것은 달란트 비유와 므나 비유가 증명한다.

먼저 달란트 비유부터 보자.

> **(마 25:24-25)** 한 달란트 받았던 자는 와서 이르되 주인이여 당신은 굳은 사람이라 심지 않은 데서 거두고 헤치지 않은 데서 모으는 줄을 내가 알았으므로 두려워하여 나가서 당신의 달란트를 땅에 감추어 두었었나이다 보소서 당신의 것을 가지셨나이다

한 달란트 받은 종은 주인을 '굳은 사람'으로 취급했다. '굳은 사람'이란 헬라어(스클레로스-σκληρός)[62]는 '거친 사람, 난폭한 사람'이라는 의미다. 이것은 한 달란트 받은 종이 주인을 악당으로 취급한 것을 의미하고, 주인을 멸시한 것을 뜻한다. 이런 사람이 주인을 위하여 충성할 리가 없다. 그래서 그가 한 달란트를 땅에 묻어 둔 것이다. 이 때문에 주인이 한 달란트 받은 종을 '악하고 게으른 종'으로 정죄하여 큰 벌을 내린 것이다.

---

62) 스클레로스(sklhrov"): 굳은: 단단한, 거친, 난폭한, 엄한. 디럭스바이블 2005, 헬라어 사전, 미션소프트.

(마 25:30) 이 무익한 종을 바깥 어두운 데로 내쫓으라 거기서 슬피 울며 이를 갈리라 하니라

한 달란트 받은 종은 불신자를 의미한다. 불신자는 예수님을 믿지 않고, 예수님을 멸시한다. 그러므로 불신자가 예수님이 맡긴 일을 충성스럽게 할 리가 없다. 불신자는 착한 일도 자기를 위하여 할 뿐이다. 또한 불신자는 예수님을 악당으로 여긴다. 이 때문에 예수님이 불신자들을 '악하고 게으른 종'으로 정죄하시는 것이고, 그들을 지옥에 떨어지게 하시는 것이다.

가룟 유다는 악하고 게으른 종의 대표다. 그는 예수님을 사람들의 노동력을 착취하는 악당으로 여겼다. 또한 그는 사도였지만 예수님을 구주로 믿지 않았다. 이 때문에 그는 예수님을 위하여 일하지 않고, 자기를 위해서 일했다. 결국 그는 대제사장들에게 예수님을 팔았다.

므나 비유에 나오는 지옥에 간 사람 역시 주인을 악당으로 취급했다.

(눅 19:21) 이는 당신이 엄한 사람인 것을 내가 무서워함이라 당신은 두지 않은 것을 취하고 심지 않은 것을 거두나이다

므나를 땅에 묻어 둔 종은 귀인을 '엄한 사람'으로 여겼다. 본문의 '엄한(아우스테로스-aujsthrov")[63]'이라는 헬라어 역시 '거친, 난폭한, 완고한'의 뜻이다. 이것은 그가 귀인을 남의 것을 착취하는 악당

[63) 아우스테로스(aujsthrov"): 엄한: 거친, 난폭한, 완고한. 디럭스바이블 2005, 헬라어 사전, 미션소프트.

으로 취급한 것을 의미한다. 또한 그는 주인이 왕이 되는 것을 원치 않았다. 왕이 된 귀인이 볼 때, 그는 반역자. 이 때문에 왕이 된 귀인이 악한 종을 사형에 처한 것이다.

(눅 19:27) 그리고 내가 왕 됨을 원하지 아니하던 저 원수들을 이리로 끌어다가 내 앞에서 죽이라 하였느니라

오늘날도 마찬가지다. 사람들이 지옥에 가는 이유는 그들이 예수님을 무시하고, 주님을 구주로 인정하지 않기 때문이다. 조금 덜 악한 사람들은 예수님을 인류의 4대 성인 중의 한 사람으로만 인정한다. 그들 역시 예수님을 위해 일하지 않고, 자기를 위해서 일한다.

4) 염소로 비유된 사람들이 불이 타오르는 지옥에 들어간 이유가 무엇인가?

(마 25:41-46 요약) 또 왼편에 있는 자들에게 이르시되 저주를 받은 자들아 나를 떠나 마귀와 그 사자들을 위하여 예비된 영원한 불에 들어가라 내가 주릴 때에 너희가 먹을 것을 주지 아니하였고 목마를 때에 마시게 하지 아니하였고 나그네 되었을 때에 영접하지 아니하였고 헐벗었을 때에 옷 입히지 아니하였고 병들었을 때와 옥에 갇혔을 때에 돌보지 아니하였느니라 …… 내가 진실로 너희에게 이르노니 이 지극히 작은 자 하나에게 하지 아니한 것이 곧 내게 하지 아니한 것이니라 하시리니 그들은 영벌에, 의인들은 영생에 들어가리라 하시니라

양과 염소의 비유에 염소로 비유된 불신자들이 영원한 불에 들어간

것은 양과 염소의 비유에 양으로 비유된 성도들이 나라를 상속받은 것과 정반대의 일을 당한 것을 의미한다.

성경은 "천국에 간 성도들 중에는 상을 받는 이들도 있고, 상을 못 받는 이들도 있다"고 가르친다(고전 3:12-15). 이것을 볼 때 성경에 명확한 기록은 없지만 지옥에 간 불신자들은 그들의 행위에 따라서 차등적인 형벌을 받는 것을 추정할 수 있다.

많은 기독교인들이 '지옥은 전체가 뜨거운 불구덩이일 것이라'고 생각한다.

(막 9:43) 만일 네 손이 너를 범죄하게 하거든 찍어버리라 장애인으로 영생에 들어가는 것이 두 손을 가지고 지옥 곧 꺼지지 않는 불에 들어가는 것보다 나으니라

(유 1:7) 소돔과 고모라와 그 이웃 도시들도 그들과 같은 행동으로 음란하며 다른 육체를 따라 가다가 영원한 불의 형벌을 받음으로 거울이 되었느니라

그러나 지옥에는 뜨거운 불이 없는 곳도 있다.

(벧후 2:4) 하나님이 범죄한 천사들을 용서하지 아니하시고 지옥에 던져 어두운 구덩이에 두어 심판 때까지 지키게 하셨으며

(유 1:6) 또 자기 지위를 지키지 아니하고 자기 처소를 떠난 천사들을 큰 날의 심판까지 영원한 결박으로 흑암에 가두셨으며

이처럼 지옥 중에는 뜨거운 불이 타는 곳도 있고, 뜨거운 불이 없는 단지 어둡기만 한 곳도 있다.[64]

'어두운 곳'은 '불이 타는 곳'보다 상대적으로 덜 고통스러울 것이다. 천국의 상급에 차등이 있는 것처럼 지옥의 형벌에도 차등이 있기 때문에 하나님이 지옥을 다르게 만드신 것으로 여겨진다.

사탄이 타락할 때 적극적으로 사탄의 반역에 가담한 천사들은 불이 타는 지옥에 갔을 것이다. 하지만 그때 소극적으로 가담한 천사들은 어두운 지옥에 갔을 것이다. 다시 말해서 영원한 불에 들어간 마귀와 그 사자들은 사탄이 타락할 때 적극적으로 가담한 천사들을 의미하고, 어두운 구덩이에 던져진 천사들은 사탄이 타락할 때 소극적으로 가담한 천사들을 의미하는 것으로 추정된다.

하나님이 지옥에 간 불신자들에게 그들의 행위대로 각각 다른 형벌을 내리시는 것은 성경이 가르치는 내용이다.

> (계 20:12) 또 내가 보니 죽은 자들이 큰 자나 작은 자나 그 보좌 앞에 서 있는데 책들이 펴 있고 또 다른 책이 펴졌으니 곧 생명책이라 죽은 자들이 자기 행위를 따라 책들에 기록된 대로 심판을 받으니

이처럼 지옥에 간 불신자들은 자신이 죄를 지은 만큼 형벌을 받는다. 죄를 많이 지은 불신자들은 큰 형벌을 받고, 죄를 적게 지은 불신자들은 작은 형벌을 받는다.

---

64) 좁후(ζοφου): 1) 암흑, 어두움. 디럭스바이블 2005, 헬라어 사전, 미션소프트.

지옥에 간 사람들이 받는 형벌에 차등이 없으면 그들을 심판할 필요 없이 모두 지옥에 보내면 될 것이다. 그들의 형벌에 차등이 있기 때문에 심판한 후에 지옥에 보내는 것이다.

매우 죄를 적게 지은 불신자들(법 없이 살 정도로 착하게 산 불신자들)은 불이 타는 곳에서 형벌을 받지 않고, 어두운 곳에서 살게 될 것으로 예상된다. 매우 죄를 많이 지은 불신자들(악인들)은 불이 타는 곳에서 형벌을 받으며 살게 될 것으로 예상된다.

매우 죄를 많이 지은 불신자들도 각자의 죄에 따라서 차등적인 고통을 받을 것이다. 그들이 지은 죄의 분량에 따라서 불[火力]의 강도(强度)가 다를 것이다.

5) 염소로 비유된 사람들이 예수님의 제자들(성도들)을 도와주지 않은 죄 때문에 불이 타오르는 지옥에 들어가는 형벌을 받은 이유가 무엇인가?

(마 25:41) 또 왼편에 있는 자들에게 이르시되 저주를 받은 자들아 나를 떠나 마귀와 그 사자들을 위하여 예비된 영원한 불에 들어가라

부자와 나사로의 비유에 나오는 부자도 걸인 나사로를 도와주지 않은 것 때문에 불이 타오르는 지옥에 들어가는 형벌을 받았다.

(눅 16:22-24) 이에 그 거지가 죽어 천사들에게 받들려 아브라함의 품에 들어가고 부자도 죽어 장사되매 그가 음부에서 고통중에 눈을 들어 멀리 아브라함과 그의 품에 있는 나사로를 보고 불러 이르되 아버지 아브라함이여 나를 긍휼히 여기사 나사로를 보내어 그 손가락 끝에 물을 찍어 내 혀를 서늘하게 하소서 내가 이 불꽃 가운데서 괴로워하나이다

염소들로 비유된 사람들과 부자로 비유된 사람이 중생한 신자를 도와주지 않은 것 때문에 불이 타오르는 지옥에 들어가는 형벌을 받은 것은 성도를 도와주지 않는 죄가 매우 큰 죄인 것을 증명한다.

성도를 도와주지 않는 것이 매우 큰 죄인 것은 예수님과 성도의 영적 관계를 알아야만 바르게 깨달을 수 있다.

사람은 예수님을 믿으면 영적으로 예수님과 한 몸이 된다. 그러므로 영적으로 예수님과 한 몸이 된 사람을 도와주는 것은 곧 예수님을 도와주는 것이다. 다시 말해서 예수님의 제자를 존중하는 것은 예수님을 존중하는 것이고, 예수님의 제자를 무시하는 것은 예수님을 무시하는 것이다. 이 때문에 예수님이 아래와 같이 말씀하신 것이다.

> (마 10:40) 너희를 영접하는 자는 나를 영접하는 것이요 나를 영접하는 자는 나를 보내신 이를 영접하는 것이니라

예수님은 염소들로 비유된 사람들에게 "내가 주릴 때에 너희가 먹을 것을 주지 아니하였고 목마를 때에 마시게 하지 아니하였고 나그네 되었을 때에 영접하지 아니하였고 헐벗었을 때에 옷 입히지 아니하였고 병들었을 때와 옥에 갇혔을 때에 돌보지 아니하였다"고 말씀하신 후에 "이 지극히 작은 자 하나에게 하지 아니한 것이 곧 내게 하지 아니한 것이니라"고 선언하셨다.

예수님은 만왕의 왕이시다. 성도는 왕이신 예수님의 몸이다. 중생한 신자는 예수님의 대사(大使)다. 성도를 도와주지 않는 것은 왕이신 예수님을 무시하는 것이다. 그러므로 성도를 도와주지 않은 불신자는

예수님을 무시한 것으로 취급돼서 큰 벌을 받을 수밖에 없다. 하나님이 성도를 얼마나 귀하게 평가하시는지를 가늠할 수 있는 대목이다. 안타깝게도 이런 사실을 전혀 모르는 어떤 불신자들은 성도들을 업신여긴다. 심지어 어떤 이들은 성도들을 박해하기도 한다. 그들은 지옥 불에 떨어진 후에야 자신의 어리석은 행위를 후회하게 될 것이다!

본서를 소설로 쓴 '신 천로역정'을 읽은 어떤 안수집사의 간증을 소개하겠다.

"진짜 감사합니다! 영원히 풀리지 않을 것 같은 난제, 이렇게 시원하게 풀리니 마치 과거 시험에 열 번 낙방한 뒤 장원급제 한 느낌입니다. 『신 천로역정』의 최 박사의 구원론을 듣고 감개무량한 현우의 마음입니다. 다시 한번 감사합니다!

그 안수집사는 『발칵 뒤집힌 기독교 구원론』을 구매하여 읽은 후에 아래와 같이 간증했다.

"매일 확신과 낙심과 천국과 지옥을 오르락내리락하며 갈등하던 제가 『발칵 뒤집힌 기독교 구원론』을 읽고 이제 더는 흔들릴 것 같지 않습니다. 나머지 책들도 구입해 보려 합니다. 부탁드립니다.
저는 늦었지만 정말 기막히게 하나님 은혜로 『신 천로역정』과 『발칵 뒤집힌 기독교 구원론』을 통해서 신앙을 정립하고 나니 신학교 6년 공부한 것보다 더 분명해졌습니다. 비유하자면 한 자루 일장 보검을 손에 쥔 강호의 고수의 심정입니다. 한 마디로 최고입니다.
저의 나이는 68세, 성경은 100번 독파, KBS 우리말 겨루기 우승,

한자 1급, 국어사전을 30번 정독했습니다. 이제 구원론 난제가 완전 무결하게 해결되었으니 세상에 부러울 게 없습니다. 다시 한번 감사 인사드립니다.

신학교 교수 두 사람의 구원론 토론을 보고 기가 막혔습니다. 장 모 교수는 빌립보서 2장을 들어서 '구원의 시작을 끝까지 인내하여 구원을 이루어야 한다' 하고, 박 모 교수는 '구원이 취소될 수 없다'고 하면서도 정확한 성경 구절을 제시하지 못했습니다. 그걸 보면서 그들이 요한복음 10장 28절의 헬라어 원문에 '내가 그들에게 영생을 주었노니 그들은 영원히 절대로 결코 멸망치 않는다'는 예수님의 약속을 모르고, 헬라어 '소테리아'와 '소조'가 영혼구원만이 아닌 죽도록 충성하여 하늘의 큰 상을 받는 상급에 관한 말씀임을 모르고, '구원을 이루라'는 그 내용을 '영혼구원'으로 단정해 버렸으니 이 일을 우짜마 좋습니까? 그것이 현재 신학 교수들의 수준인 것을요!

백 퍼센트 은혜구원을 알고, 히브리서, 야고보서, 빌립보서가 하늘의 상에 관한 사실이라는 것을 이해하면 인생이 달라집니다. 이 기쁨, 이 평안, 이 확신, 하늘의 소망, 금보다 더 귀합니다.

우리 교회 1,500명 중에서 제가 1호 순교자가 되고 싶습니다. 이 마음 깊은 곳에서 솟아오르는 이 글자, 내 주 예수님이 받으셨겠지요."

그 안수집사는 『신 천로역정』을 20권 구매하여 자신이 다니는 교회의 목회자들과 성도들에게 선물했다.

지금까지 설명한 것을 아래와 같이 요약할 수 있다.

"성도는 행한 대로 상을 받고, 불신자는 행한 대로 벌을 받는다."

4. 로마서에 있는 구원론 난해 구절 해석

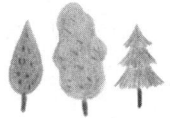

많은 기독교인들이 아래의 성경말씀을 근거로 행위구원론을 주장하고 있다.

(롬 11:20-22) 옳도다 그들은 믿지 아니하므로 꺾이고 너는 믿으므로 섰느니라 높은 마음을 품지 말고 도리어 두려워하라 하나님이 원 가지들도 아끼지 아니하셨은즉 너도 아끼지 아니하시리라 그러므로 하나님의 인자하심과 준엄하심을 보라 넘어지는 자들에게는 준엄하심이 있으니 너희가 만일 하나님의 인자하심에 머물러 있으면 그 인자가 너희에게 있으리라 그렇지 않으면 너도 찍히는 바 되리라

본문에 '하나님이 원 가지들도 아끼지 아니하셨은즉 너도 아끼지 아니하시리라'는 말씀과 '하나님의 인자하심에 머물러 있지 않으면 너도 찍히는 바 되리라'는 말씀이 있다. 많은 기독교인들이 본문을

근거로 행위구원론을 주장하고 있다. 이 때문에 자신의 구원을 확신하지 못하는 기독교인들이 많다.

결론부터 말하면 본문을 근거로 행위구원론을 주장하는 것은 오류를 범하는 것이다.

1) 로마서 11장 20-22절을 근거로 행위구원을 주장하는 것은 바울 사도의 은혜구원론에 위배되기 때문에 오류다.

> (롬 8:30) 또 미리 정하신 그들을 또한 부르시고 부르신 그들을 또한 의롭다 하시고 의롭다 하신 그들을 또한 영화롭게 하셨느니라

> (롬 8:33) 누가 능히 하나님께서 택하신 자들을 고발하리요 의롭다 하신 이는 하나님이시니

> (롬 8:38-39) 내가 확신하노니 사망이나 생명이나 천사들이나 권세자들이나 현재 일이나 장래 일이나 능력이나 높음이나 깊음이나 다른 어떤 피조물이라도 우리를 우리 주 그리스도 예수 안에 있는 하나님의 사랑에서 끊을 수 없으리라

바울 사도는 "중생한 신자는 절대로 지옥에 가지 않는다"고 선언했다. 이런 그가 행위구원론을 주장하면 모순을 범하는 것이다. 바울 사도가 궤변가가 아닌 이상 모순을 범할 리가 없다.

하나님은 호세아서를 통해 아무도 중생한 신자를 하나님의 사랑

에서 끊을 수 없는 것을 가르치셨다.

(호 3:1-3) 여호와께서 내게 이르시되 이스라엘 자손이 다른 신을 섬기고 건포도 과자를 즐길지라도 여호와가 그들을 사랑하나니 너는 또 가서 타인의 사랑을 받아 음녀가 된 그 여자를 사랑하라 하시기로 내가 은 열다섯 개와 보리 한 호멜 반으로 나를 위하여 그를 사고 그에게 이르기를 너는 많은 날 동안 나와 함께 지내고 음행하지 말며 다른 남자를 따르지 말라 나도 네게 그리하리라 하였노라

하나님이 가장 미워하는 죄가 우상숭배다. 그런데도 하나님은 지독하게 우상숭배를 하는 이스라엘 백성들을 끝까지 사랑하셨다. 이처럼 하나님은 호세아를 통해 중생한 신자를 절대로 버리지 않으시는 것을 증명하셨다. 그러므로 로마서 11장 20-22절을 근거로 행위구원을 주장하면 안 된다.

2) 로마서 11장 20-22절을 근거로 행위구원론을 주장하는 것은 예수님의 가르침에 위배되기 때문에 오류다.

(요 6:47) 진실로 진실로 너희에게 이르노니 믿는 자는 영생을 가졌나니

(요 10:28 헬라어 원문) 내가 그들에게 영생을 주었노니 그들은 영원히, 절대로, 결코 멸망하지 아니할 것이요 또 그들을 내 손에서 빼앗을 자가 없느니라

영원히, 절대로, 결코 지옥에 가지 않는 중생한 신자가 어떻게 하

나님에게서 끊어져서 지옥에 갈 수 있겠는가?

로마서 11장 20-22절을 바르게 해석하려면 본문의 문맥을 살펴야 한다.

> (롬 9:1-3) 내가 그리스도 안에서 참말을 하고 거짓말을 아니하노라 나에게 큰 근심이 있는 것과 마음에 그치지 않는 고통이 있는 것을 내 양심이 성령 안에서 나와 더불어 증언하노니 나의 형제 곧 골육의 친척을 위하여 내 자신이 저주를 받아 그리스도에게서 끊어질지라도 원하는 바로라

바울 사도는 자신의 동족인 유대인들의 영혼구원 문제를 깊이 고민했다. 심지어 그는 "나의 형제 곧 골육의 친척을 위해 내 자신이 저주를 받아서 그리스도에게서 끊어질지라도 원하는 바로라"고까지 말할 정도로 유대인들이 영혼구원을 받기를 원했다. 바울 사도는 아래와 같은 의문을 가지고 있었다.

'조상 대대로 신앙생활을 해 온 유대인들은 영혼구원을 받을 수 있을 것인가? 그들 중에서 교회를 박해한 사람들은 어떻게 될까?'

바울 사도가 고민과 기도 끝에 하나님의 은혜로 깨달은 것이 세 가지다.

(1) 바울 사도는 하나님의 선택을 받은 유대인들이 반드시 영혼구원을 받는 것을 깨달았다.

(롬 9:6-18 요약) 그러나 하나님의 말씀이 폐하여진 것 같지 않도다 이스라엘에게서 난 그들이 다 이스라엘이 아니요 또한 아브라함의 씨가 다 그의 자녀가 아니라 오직 이삭으로부터 난 자라야 네 씨라 불리리라 하셨으니 …… 그런즉 하나님께서 하고자 하시는 자를 긍휼히 여기시고 하고자 하시는 자를 완악하게 하시느니라

(롬 9:27-28) 또 이사야가 이스라엘에 관하여 외치되 이스라엘 자손들의 수가 비록 바다의 모래 같을지라도 남은 자만 구원을 받으리니

영혼구원은 아무나 받는 것이 아니다. 오직 하나님이 선택한 사람(남은 자)만 영혼구원을 받는다. 하나님이 선택한 사람은 어떤 경우에도 반드시 영혼구원을 받는다. 하나님이 선택한 사람이 영혼구원을 받기를 거부하면 하나님은 강제로라도 그를 구원하신다. 바울 사도가 이런 방식으로 영혼구원을 받았다. 이것은 예수님을 반대하고, 교회를 박해하는 유대인들 선택자에게도 동일하게 적용된다. 이 때문에 바울 사도가 유대인들을 억지로 예수님을 믿게 하려 애쓰지 않은 것이다(행 13:45-46). 그는 유대인들을 전도하는 길이 막히면 그들을 하나님께 맡기고 다른 사람들을 전도했다(행 13:50-52).

(2) 바울 사도는 박해가 두려워서 몰래 예수님을 믿는 유대인들이 있는 것을 깨달았다.

(롬 11:2-5) 하나님이 그 미리 아신 자기 백성을 버리지 아니하셨나니 너희가 성경이 엘리야를 가리켜 말한 것을 알지 못하느냐 그가 이스라엘을 하나님께 고발하되 주여 그들이 주의 선지자들을 죽였으며 주의 제단들을 헐어버렸고 나만 남았는데 내 목숨도 찾나이다 하니 그에게 하신 대답이 무엇이

냐 내가 나를 위하여 바알에게 무릎을 꿇지 아니한 사람 칠천 명을 남겨 두었다 하셨으니 그런즉 이와 같이 지금도 은혜로 택하심을 따라 남은 자가 있느니라

구약시대에 아합 왕의 극심한 박해를 받던 엘리야 선지자가 하나님께 "하나님을 믿는 사람들이 다 없어지고 나만 남았나이다"라고 탄식할 때, 하나님은 "내가 바알에게 무릎을 꿇지 않은 7천 명을 남겨 두었다"고 말씀하셨다. 이와 같이 바울 사도 시대에도 하나님의 은혜로 택함을 받은 유대인들이 있었다. 그들은 동족들의 박해가 두려워서 드러내 놓고 예수님을 믿는 것을 고백하지 못하고 있을 뿐이었다. 이런 신자들도 반드시 영혼구원을 받는다. 바울 사도는 자기의 시대에도 이런 유대인들이 있는 것을 알았다. 이 때문에 바울 사도가 안심하고 이방인 전도를 할 수 있었던 것이다.

(3) 바울 사도는 넘어진 유대인들(완고하게 예수님을 믿기를 거부하는 유대인들) 중에도 선택자들이 있는 것을 깨달았다.

(롬 11:11-14) 그러므로 내가 말하노니 그들이 넘어지기까지 실족하였느냐 그럴 수 없느니라 그들이 넘어짐으로 구원이 이방인에게 이르러 이스라엘로 시기나게 함이니라 그들의 넘어짐이 세상의 풍성함이 되며 그들의 실패가 이방인의 풍성함이 되거든 하물며 그들의 충만함이리요 내가 이방인인 너희에게 말하노라 내가 이방인의 사도인 만큼 내 직분을 영광스럽게 여기노니 이는 혹 내 골육을 아무쪼록 시기하게 하여 그들 중에서 얼마를 구원하려 함이라

본문에서 바울 사도는 예수님을 믿기를 거부하고, 교회를 박해하는 완고한 유대인들(넘어진 유대인들) 가운데도 하나님의 선택자들이 있는 것을 말하고 있다. 하나님은 완고한 유대인 선택자들이 이방인들이 복을 받는 것을 통해 질투심이 생겨서 교회를 박해하다가 예수님을 믿게 되기를 원하셨다. 무관심보다는 박해가 진리를 깨닫는 데 더 효과적이기 때문이다. 바울 사도가 그렇게 예수님을 믿었다. 이것을 깨달았기 때문에 바울 사도가 더욱 열심히 이방인 전도를 한 것이다.

바울 사도가 예를 든 감람나무를 접붙이는 비유를 행위구원을 가르치는 말씀으로 오해하지 않도록 조심해야 한다.

> **(롬 11:24)** 네가 원 돌감람나무에서 찍힘을 받고 본성을 거슬러 좋은 감람나무에 접붙임을 받았으니 원 가지인 이 사람들이야 얼마나 더 자기 감람나무에 접붙이심을 받으랴

본문의 '돌감람나무에서 찍힘을 받고 본성을 거슬러서 좋은 감람나무에 접붙임을 받은 것'은 '이방인이 이방인의 생활을 청산하고 영적 유대인으로 살아서 복을 받는 것'을 뜻한다.

본문의 '원 가지인 이 사람들이야 얼마나 더 자기 감람나무에 접붙이심을 받으랴'는 말씀은 '완고한 유대인들이 회개한 후에 영적 유대인으로 살아서 복을 받는 일이 이방인들보다 더 쉽다'는 뜻이다.

본문의 '찍히는 것'이 '지옥에 던져지는 것'을 의미하지 않고, '범죄하여 일시적으로 하나님의 은혜에서 끊어지는 것'을 의미함은 아래의 본문으로 알 수 있다.

(롬 11:23) 그들도 믿지 아니하는 데 머무르지 아니하면 접붙임을 받으리니 이는 그들을 접붙이실 능력이 하나님께 있음이라

본문을 표준새번역으로 보면 이해하기가 쉽다.

(롬 11:23) 그러나 믿지 않았던 탓으로 잘려나갔던 가지들이 믿게 되면, 그 가지들도 접붙임을 받게 될 것입니다. 하나님께서는 그들을 다시 접붙이실 수 있습니다.

본문의 '믿지 않았던 탓으로 잘려 나갔던 가지들'은 '완고하게 교회를 박해하여 하나님의 진노를 받은 유대인 선택자들(예전의 바울 같은 사람)'을 의미한다. 만일 '가지들이 잘려 나간 것'이 '지옥에 떨어진 것'을 뜻하면 잘려 나간 가지들(유대인 선택자들)은 다시 접붙임을 받을 수 없다. 지옥에 간 유대인 선택자들이 지옥에서 예수님을 믿어서 영혼구원을 받을 수 없기 때문이다.

본문의 잘려 나간 유대인들은 회개할 경우에 다시 접붙임을 받을 수 있는 사람들이다. 그러므로 본문이 말하는 유대인들은 지옥에 떨어진 것이 아니라 복을 잃은 것이다.

서울의 대형 교회에 다니는 어떤 권사는 본서를 읽은 후에 "구원에 관해 궁금하던 것이 다 풀려서 너무너무 감사하다"고 간증했다.

어떤 집사는 구원의 확신이 없어서 성경 공부를 하러 다니다가 이단자에게 몇 달 동안 성경 공부를 한 적도 있었다. 그는 계속 자신의 구원을 의심하던 중에 본서를 읽고 구원의 확신을 얻었다. 그 후에

직접 나를 찾아와서 사의를 표했다.

지금까지 설명한 것을 아래와 같이 요약할 수 있다.

"믿지 않으므로 찍히는 것은 중생한 신자가 타락하여 복과 상을 잃는 것을 의미한다."

5. 이기는 자는 누구인가?

어떤 일반 성도의 간증부터 소개하겠다.

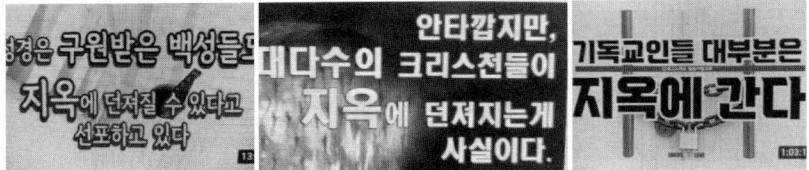

"이화영 목사님의 구원론이 없었다면 큰일 날 번했습니다. 평생 지옥의 공포에 두렵고 떨림으로 스트레스 받고, 그러다가 늙기도 전에 암에 걸려 죽을 것입니다.

많은 목사님들이 오늘은 '은혜로 천국 간다'고 설교하고, 얼마 못 가서 '예수님의 보혈로는 부족하고 행함이 없으면 천국 못 간다'고 말 바꾸기 하는 것이 현실입니다. 그래서 저는 일반 개신교 예배당에 가서 설교 한 시간을 들으면 집에 와서 이화영 목사님의 설교를 듣고 마음을 정화시킵니다."

많은 기독교인들이 요한계시록 2-3장에 기록된 '이기는 자'를 오해하기 때문에 구원의 확신을 얻지 못하고 있다.

(계 2:11) 귀 있는 자는 성령이 교회들에게 하시는 말씀을 들을지어다 이기는 자는 둘째 사망의 해를 받지 아니하리라

행위구원론자들은 본문을 근거로 "중생한 신자도 죄와 싸워서 죄에게 지면 지옥에 갈 수밖에 없다"고 주장한다. 안타깝게도 이 주장은 중생한 신자가 소유한 영생과 중생한 신자의 영의 위치와 중생한 신자의 영의 상태와 성경의 구원론 난해 구절들의 본뜻을 깨닫지 못해서 나온 오류일 뿐이다.

중생한 신자는 반드시 이기는 자가 될 수밖에 없다. 그 이유를 설명하겠다.

1) 성도의 영과 육의 상태가 다르기 때문에 성도는 반드시 이기는 사람이 될 수밖에 없다.

어떤 사람이 예수님을 믿을 때, 그의 영이 영원히 지옥에 가지 않는 상태로 변한다. 영생을 얻은 영은 절대로 죄를 짓지 않는다(요일 5:18, 롬 7:14-25). 이 때문에 성도는 반드시 이기는 자가 될 수밖에 없다. 행위구원론자들은 '행함이 없는 믿음으로는 구원을 받을 수 없다' 등의 말씀이 행위구원을 가르치는 것으로 오해하기 때문에 "중생한 신자도 죄와 싸워서 죄에게 지면 지옥에 간다"고 주장하는 것이다.

2) 성도와 이기는 자가 동일하기 때문에 성도는 반드시 이기는 사람이 될 수밖에 없다.

(계 2:11) 귀 있는 자는 성령이 교회들에게 하시는 말씀을 들을지어다 이기는 자는 둘째 사망의 해를 받지 아니하리라

(요 10:28-29) 내가 그들에게 영생을 주었노니 영원히, 절대로, 결코 멸망하지 아니할 것이요 또 그들을 내 손에서 빼앗을 자가 없느니라 그들을 주신 내 아버지는 만물보다 크시매 아무도 아버지 손에서 빼앗을 수 없느니라

요한복음 10장 28절의 "중생한 신자는 멸망하지 않는다"는 말씀과 요한계시록 2장 11절의 "둘째 사망의 해를 받지 않는다"는 말씀의 헬라어 원문을 보면 두 말씀에 동일하게 '우 메'란 단어가 사용된 것을 알 수 있다. '우 메'는 '절대로, 결코 아니다'를 뜻한다. 주님의 말씀은 "중생한 신자는 절대로, 결코 지옥에 가지 않는다"는 뜻이다.

요한일서를 보면 '중생한 신자'와 '이기는 사람'이 동일한 것을 알 수 있다.

(요일 5:5) 예수께서 하나님의 아들이심을 믿는 자가 아니면 세상을 이기는 자가 누구냐

요한 사도가 말한 '이기는 자'는 '예수님을 하나님의 아들로 믿는 사람'이다. 다시 말해서 '중생한 신자'가 '이기는 사람'이다. 이것을 볼 때 '모든 성도'가 '이기는 자인 것'을 알 수 있다. 더 나아가서 '모든

성도'가 '절대로 지옥에 가지 않는 것'을 알 수 있다.

3) 하나님이 성도의 영이 반드시 이기게 도와주시기 때문에 성도는 이기는 사람이 될 수밖에 없다.

> (고후 2:14) 항상 우리를 그리스도 안에서 이기게 하시고 우리로 말미암아 각처에서 그리스도를 아는 냄새를 나타내시는 하나님께 감사하노라

본문은 바울 사도의 말이다. 그는 "나와 나의 동역자들은 죄와 싸워서 항상 이긴다"고 선언했다. 이 말은 "중생한 신자의 영은 죄와 싸워서 항상 이긴다"는 뜻이다. 바울 사도가 로마서 7장에서 "나의 영(속사람)은 하나님의 법을 따르지만 나의 육(몸)은 죄의 법을 따른다"고 말했기 때문이다.

고린도후서 2장 14절의 '항상(판토테-παντοτε)[65]'은 '언제나, 끊임없이'를 뜻한다. 바울 사도의 말은 '우리의 영은 가끔씩 이기는 것이 아니라 항상 이긴다'는 뜻이고, '우리의 영은 죄와 싸워서 한 번도 죄에게 진 적이 없다'는 뜻이고, '우리의 영은 죄와 싸워서 백 퍼센트 죄를 이긴다'는 뜻이다.

> (롬 8:37) 그러나 이 모든 일에 우리를 사랑하시는 이로 말미암아 우리가 넉넉히 이기느니라

---

[65] 판토테(παντοτε): 언제나, 항상, 끊임없이. 디럭스바이블 2005, 헬라어 사전, 미션소프트.

본문도 바울 사도의 말이다. 그는 "우리는 하나님의 도우심으로 넉넉히 이긴다"고 했다. 그가 말한 '우리'는 바울과 로마교회 성도들을 의미한다. 이 말씀을 볼 때도 하나님이 모든 중생한 신자의 영이 반드시 죄와 싸워서 반드시 이기게 해 주시는 것을 알 수 있다. 이것을 요한 사도는 "성령님이 중생한 신자의 영을 지키시기 때문에 사탄은 중생한 신자의 영을 만지지도 못한다"고 표현했다(요일 5:18). 이 때문에 중생한 신자들이 한 사람도 빠짐없이 모두 천국에 가는 것이다.

성도의 영이 도덕법을 지킬 필요가 없는 이유 중의 하나는 예수님이 성도의 영을 대신하여 도덕법의 모든 요구를 완벽하게 이루셨기 때문이다.

(롬 10:4) 그리스도는 모든 믿는 자에게 의를 이루기 위하여 율법의 마침이 되시니라

본문은 '예수님이 창세 전에 하나님이 구원하기로 선택한 사람들의 영을 의롭게 만들기 위해 그들을 대신해서 십자가에서 죽으심으로 도덕법의 모든 요구를 완벽하게 이루셨다'는 뜻이다. 구체적으로 말해서 '예수님이 택자들의 영을 의롭게 만들기 위해 그들을 대신해서 좁은 문으로 들어가셨고, 하나님의 뜻대로 행하셨다'는 뜻이다. 이 때문에 택자들은 좁은 문으로 들어가지 않아도 예수님을 구주로 믿는 순간에 그의 영이 영원히 의롭게 되는 것이다. 그래서 바울 사도가 아래와 같이 말한 것이다.

(롬 10:9) 네가 만일 네 입으로 예수를 주로 시인하며 또 하나님께서 그를

죽은 자 가운데서 살리신 것을 네 마음에 믿으면 구원을 받으리라

(엡 2:8) 너희는 그 은혜에 의하여 믿음으로 말미암아 구원을 받았으니 이 것은 너희에게서 난 것이 아니요 하나님의 선물이라

지금까지 설명한 것을 아래와 같이 요약할 수 있다.

"중생한 신자의 영은 죄와 싸워서 반드시 이긴다. 중생한 신자들 중에 죄와의 싸움에서 패하여 지옥에 가는 사람은 한 사람도 없다."

6. 성령훼방죄는 무엇일까?

많은 기독교인들이 성령훼방죄를 오해하는 것 때문에 자신의 구원을 확신하지 못하고 있다.

(마 12:31-32) 그러므로 내가 너희에게 이르노니 사람에 대한 모든 죄와 모독은 사하심을 얻되 성령을 모독하는 것은 사하심을 얻지 못하겠고 또 누구든지 말로 인자를 거역하면 사하심을 얻되 누구든지 말로 성령을 거역하면 이 세상과 오는 세상에서도 사하심을 얻지 못하리라

본문에 성령훼방죄(성령을 거역하는 죄)가 나온다. 성령훼방죄는 영원히 용서받지 못하는 죄다. 본문의 문맥을 정확하게 살피지 않고 본문을 해석하면 '중생한 신자도 성령훼방죄를 지어서 지옥에 갈 수 있다'고 오해하기 쉽다. 실제로 많은 기독교인들이 본문을 오해해서 '내가 혹시 성령훼방죄를 지어서 지옥에 가는 것은 아닐까'라고 걱정

한다. 하지만 이런 걱정은 표준구원론을 무시하고, 본문과 성경 전체를 오해해서 생긴 기우일 뿐이다.

먼저 성령훼방죄가 무엇인지부터 알아보자.

(마 12:22-24, 31-32, 34-35) 그때에 귀신 들려 눈 멀고 말 못하는 사람을 데리고 왔거늘 예수께서 고쳐 주시매 그 말 못하는 사람이 말하며 보게 된지라 무리가 다 놀라 이르되 이는 다윗의 자손이 아니냐 하니 바리새인들은 듣고 이르되 이가 귀신의 왕 바알세불을 힘입지 않고는 귀신을 쫓아내지 못하느니라 하거늘 …… 그러므로 내가 너희에게 이르노니 사람에 대한 모든 죄와 모독은 사하심을 얻되 성령을 모독하는 것은 사하심을 얻지 못하겠고 또 누구든지 말로 인자를 거역하면 사하심을 얻되 누구든지 말로 성령을 거역하면 이 세상과 오는 세상에서도 사하심을 얻지 못하리라 …… 독사의 자식들아 너희는 악하니 어떻게 선한 말을 할 수 있느냐 이는 마음에 가득한 것을 입으로 말함이라 선한 사람은 그 쌓은 선에서 선한 것을 내고 악한 사람은 그 쌓은 악에서 악한 것을 내느니라

어느 날 예수님께서 귀신이 들려서 눈멀고 말 못하는 사람을 고쳐 주셨다. 이것을 본 군중들 대부분은 "이 사람은 다윗의 자손이 아니냐"라며 놀라움을 감추지 못했다. 하지만 예수님을 죽이기 위해 쫓아다니는 바리새인들은 "예수는 귀신의 왕 바알세불을 힘입어서 귀신을 쫓아낸 것뿐이라"고 주장하며 예수님이 성령의 능력을 힘입어서 하신 일을 주님이 사탄의 힘으로 일한 것으로 폄훼(貶毀)했다. 그러자 예수님은 "내가 너희에게 이르노니 성령을 거역하면 사함을 받지 못한다"고 말씀하셨다.

본문의 문맥을 볼 때 예수님이 말씀하신 '너희'는 '예수님을 믿지 않으면서 주님을 폄훼한 바리새인들'을 의미한다. 예수님의 말씀은 '내가 성령의 능력으로 하는 일을 귀신의 왕의 힘으로 하는 것으로 폄훼한 너희 바리새인 불신자들은 성령훼방죄를 짓고 있는 것이며, 성령훼방죄를 짓는 너희들은 절대로 용서받을 수 없을 것이라'는 뜻이다.

한편으로 예수님은 예수님을 '귀신의 왕 바알세불이 들린 사람으로 폄훼한 바리새인들'을 '마귀의 자녀들'로 규정하셨다.

(요 8:44, 48) 너희는 너희 아비 마귀에게서 났으니 너희 아비의 욕심대로 너희도 행하고자 하느니라 그는 처음부터 살인한 자요 진리가 그 속에 없으므로 진리에 서지 못하고 거짓을 말할 때마다 제 것으로 말하나니 이는 그가 거짓말쟁이요 거짓의 아비가 되었음이라 …… 유대인들이 대답하여 이르되 우리가 너를 사마리아 사람이라 또는 귀신이 들렸다 하는 말이 옳지 아니하냐

이것을 볼 때, 예수님이 마귀의 자녀들인 바리새인들을 향해 "성령훼방죄를 짓는 너희는 영원히 용서받지 못할 것이라"고 말씀하신 것을 알 수 있다. 그러므로 성령훼방죄를 성도에게 적용하면 안 된다.

요한일서 5장 16-17절도 구원론 난해구절이다.

(요일 5:16-17) 누구든지 형제가 사망에 이르지 아니하는 죄 범하는 것을 보거든 구하라 그리하면 사망에 이르지 아니하는 범죄자들을 위하여 그에게 생명을 주시리라 사망에 이르는 죄가 있으니 이에 관하여 나는 구하라

하지 않노라 모든 불의가 죄로되 사망에 이르지 아니하는 죄도 있도다

어떤 목회자들은 본문의 '사망에 이르는 죄'를 근거로 "성도들도 사망에 이르는 죄를 지어서 지옥에 갈 수 있다"고 주장한다.[66]

이 때문에 지옥의 공포에 시달리는 성도들이 많다. 그러나 오해다.

요한 사도가 말한 '사망에 이르는 죄'는 성도의 영이 죄를 지어서 지옥에 가는 것을 뜻하지 않는다. 요한 사도가 요한일서 5장 18절에서 "성도들의 영(하나님께로부터 난 자들)은 절대로 죄를 짓지 않는다"고 말했기 때문이다.

요한 사도가 말한 '사망에 이르는 죄'는 아간(수 7:1-24), 엘리의 아들들(삼상 3:11-14), 아버지의 아내와 동거 생활을 한 성도(고전 5:1-5) 등과 같이 육체가 반드시 죽임을 당해야 할 정도로 큰(많은) 죄를 지은 것을 의미한다.

하지만 요한이 말한 '사망에 이르는 죄'는 영이 지옥에 가는 죄를 의미하지 않고, 아간이나(수 7:1-24) 아버지의 아내와 동거 생활을 한 신자(고전 5:1-5) 등과 같이 육체가 반드시 죽임을 당해야 하는 죄를 의미한다. 요한이 요한일서를 통해 신자의 영이 절대로 죄를 짓지 않는 점을 강조한 것을 기억해도(요일 3:9; 5:18) 사망에 이르는 죄가 기독교인들이 지옥에 가는 죄를 의미하지 않는 것을 알 수 있을 것이다.

개혁파 신학자 R. T. 캔덜 박사는 『한번 구원은 영원하다』에서 '사

---

66) 케네스 해긴 저, 김진호 역, 승리하는 교회, 믿음의 말씀사, pp.182-195

망에 이르는 죄'를 아래와 같이 설명했다.

"사망에 이르는 죄는 성령모독죄와는 다르다. 성령을 모독하는 죄는 육신으로 오신 예수 그리스도의 인격체를 부정하는 것인데 크리스천들은 이 죄를 지을 수 없다. 누구도 성령에 의하지 않고서는 예수님을 주님이라고 말할 수 없다."[67]

'사망에 이르는 죄'는 '육체가 죽임을 당하는 죄'를 의미한다. 그러므로 "중생한 신자도 사망에 이르는 죄를 지어서 지옥에 갈 수 있다"고 주장하면 안 된다.

성경을 상식적으로 생각해 보자. 예수님은 요한복음 10장 28절을 통해 "중생한 신자는 영원히, 절대로, 결코 지옥에 가지 않는다"고 선언하셨다. 만에 하나라도 중생한 신자가 성령훼방죄를 지어서 지옥에 갈 수 있으면 예수님은 거짓말을 하신 것이 분명하다. 예수님이 어떻게 거짓말을 하실 수 있겠는가? 그러므로 중생한 신자는 자신이 성령훼방죄를 지어서 지옥에 가는 것 때문에 걱정할 필요가 전혀 없다.

어떤 목사의 독후감을 소개하겠다.

"저는 울산에서 목회하고 있는 ○○○ 목사입니다. 제가 목사님의 책을 읽고 구원의 기쁨과 구원의 즐거움의 진가를 다시 한번 누리게 되었습니다. 이 책을 높이 평가하고 주변에도 알리고 있습니다. 그리고

---

67) R. T. 캔덜 저, 이중수 역, 한번 구원은 영원하다, 양무리서원, 2001년, p.252

책을 반복해서 읽고 컴퓨터로 서머리(summary)해서 테블릿PC에 담고 다닙니다. 뿐만 아니라 교회에서도 이 책을 가지고 가르치고 있습니다."

지금까지 설명한 것을 아래와 같이 요약할 수 있다.

"중생한 신자는 절대로 성령훼방죄를 짓지 않는다."

7. 어떤 사람이 666표를 받을까?

이번 장의 내용은 나의 책 『이것이 종말이다』에 수록된 것을 요약한 것이다.

많은 성도들이 '대환난 때, 혹시라도 내가 666표를 받아서 지옥에 가는 것은 아닐까'라고 걱정한다.

(계 13:11-18 요약) 내가 보매 또 다른 짐승이 땅에서 올라오니 어린 양 같이 두 뿔이 있고 용처럼 말을 하더라 …… 그가 권세를 받아 그 짐승의 우상에게 생기를 주어 그 짐승의 우상으로 말하게 하고 또 짐승의 우상에게 경배하지 아니하는 자는 몇이든지 다 죽이게 하더라 그가 …… 누구든지 이 표를 가진 자 외에는 매매를 못하게 하니 이 표는 곧 짐승의 이름이나 그 이름의 수라 지혜가 여기 있으니 총명한 자는 그 짐승의 수를 세어 보라 그것은 사람의 수니 그의 수는 육백육십육이니라

(계 14:9-11 요약) 또 다른 천사 곧 셋째가 그 뒤를 따라 큰 음성으로 이르되 만일 누구든지 짐승과 그의 우상에게 경배하고 이마에나 손에 표를 받으면 …… 불과 유황으로 고난을 받으리니 그 고난의 연기가 세세토록 올라가리로다 짐승과 그의 우상에게 경배하고 그의 이름 표를 받는 자는 누구든지 밤낮 쉼을 얻지 못하리라 하더라

어떤 기독교인들은 본문을 근거로 "중생한 신자도 대환난 때 666표를 받아서 지옥에 갈 수 있다", "믿음이 약한 성도들은 대환난 때 666표를 받아서 지옥에 갈 것이라"고 주장한다. 어떤 기독교 저술가는 그의 신앙 소설에 진실하게 예수님을 믿던 성도들이 대환난을 견디지 못하여 666표를 받아서 지옥에 가는 것을 묘사했다. 대환난 때 666표를 받아서 지옥에 가는 성도들을 묘사한 기독교 영화도 많다. 이런 주장들 때문에 많은 성도들이 대환난을 크게 두려워한다. 그러나 그것은 쓸데없는 걱정이다.

1) 성경이 "중생한 신자는 절대로 666표를 받지 않는다"고 가르치기 때문에 성도는 대환난을 두려워할 필요가 없다.

(계 13:8-9) 죽임을 당한 어린 양의 생명책에 창세 이후로 이름이 기록되지 못하고 이 땅에 사는 자들은 다 그 짐승에게 경배하리라 누구든지 귀가 있거든 들을지어다

본문을 보라! 짐승의 우상, 즉 마지막 적그리스도의 우상에게 절하는 사람들은 '어린양의 생명책에 이름이 기록되지 않은 사람들'로 한정돼 있다. 이 말씀은 곧 "어린양의 생명책에 이름이 기록돼 있는

사람들은 절대로 짐승의 우상에게 절하지 않는다"는 뜻이다.

한글개역개정판이 본문을 '창세 이후로'로 번역한 것은 바른 번역이 아니다.

박윤선 박사는 '창세 이후로'를 아래와 같이 해석했다.

> "이 녹명이 '창세 이후로' 돼 있다 함은 무슨 뜻인가? 여기 '창세 이후'란 말은 헬라 원어로 '아포 카타볼레스 코스무'라고 하는데, '세상의 기초를 놓을 때부터'라는 뜻이다. 이것은 택한 백성의 이름이 그때부터 비로소 오르기 시작하였다는 의미가 아니다. 이것은 세상의 기초를 놓기 전에(영원 전에) 벌써 그들의 이름이 기록돼 있었는데, 세상의 기초를 놓을 때부터 변함없이 그대로 내려온 것을 가리킨다."[68]

나는 '세상의 기초를 놓을 때부터'를 '천사를 창조할 때부터'로 해석한다. 하나님의 천사 창조로 세상이 시작되었기 때문이다. 하지만 일반적으로는 세상이 하늘, 땅, 만물, 사람들을 의미한다. 이 때문에 바울 사도가 '세상의 기초를 놓을 때'를 '창세 전'으로 표현한 것이다.

중생한 신자들은 그들의 이름이 창세 전부터 어린양의 생명책에 기록돼 있다. 하나님은 창세 전에 구원받을 사람들을 예정하시고, 선택하셨다(엡 1:3-5). 요한 사도에게 나타난 천사는 "창세 전부터 어린양의 생명책에 이름이 기록돼 있지 않은 사람만 짐승의 우상에게

---

68) 박윤선, 요한계시록, 영음사, 1984년, p.253

절을 하거나 짐승이 주는 666표를 받는다"고 말했다! 이것이 성경의 가르침인데 창세 전부터 어린양의 생명책에 이름이 기록돼 있는 성도가 어떻게 666표를 받아서 지옥에 갈 수 있겠는가? 이것을 볼 때, "중생한 신자도 666표를 받아서 지옥에 갈 수 있다"고 주장하는 사람들이 요한계시록을 거짓말 책으로 만드는 죄를 짓는 것을 알 수 있다. 이런데도 여전히 "중생한 신자도 666표를 받아서 지옥에 갈 수 있다"고 주장할 것인가?

한편, 어떤 성도들은 '대환난 때 적그리스도가 강제로 나에게 666표를 받게 하면 내가 지옥에 가지 않을까'라고 걱정한다. 그러나 이것도 기우(杞憂)다.

만에 하나라도 적그리스도가 강제로 666표를 성도의 몸속에 넣으면 그것은 성도에게 전혀 문제가 되지 않는다. 강제로 당하는 일은 죄를 짓는 것이 아니기 때문이다. 따라서 적그리스도는 절대 강제로 666표를 성도의 몸속에 넣지 않을 것이다.

문제는 사람의 힘으로는 짐승의 우상에게 절을 안 할 수 없고, 짐승이 주는 666표를 안 받을 수 없는 데 있다. 이 때문에 하나님은 창세 전부터 선택한 사람들을 반드시 구원하기 위해 믿음이 강한 성도는 순교하게 해 주실 것이고, 믿음이 약한 성도는 몸을 숨겨서 666표를 받지 않도록 지켜 주실 것이다. 그러므로 중생한 신자는 '대환난 때, 내가 짐승의 표를 받으면 어떻게 할까'라는 고민을 전혀 할 필요가 없다. 중생한 신자는 '순교냐, 도피냐'만 고민하면 된다.

도피하는 사람보다 순교하는 사람이 더 큰 상을 받는다. 이 때문에 예수님이 우리에게 순교를 요구하시는 것이다(계 2:10). 우리 모두 순교를 목표로 신앙생활을 해야 하지 않겠는가?

2) 예수님의 가르침을 볼 때도 성도는 대환난을 두려워할 필요가 없다.

예수님은 "성도는 영원히 절대로 지옥에 가지 않는다"고 가르치셨다. 이 때문에 하나님이 대환난 때 중생한 신자들 중에서 한 사람도 666표를 받지 않도록 지켜 주시는 것이다. 그러므로 성도는 대환난을 두려워할 필요가 없다.

성도가 대환난을 두려워할 진짜 이유가 있다. 그것은 바울 사도가 가졌던 두려움이다. 바울 사도는 고린도교회 성도들에게 "나는 남에게 '하나님께 충성해서 상을 받으라'고 전파한 후에 내가 게으르게 살거나 죄를 지어서 상을 못 받게 되는 것을 두려워한다"고 고백했다(고전 9:27). 우리 또한 상을 못 받을 것을 두려워하며 더욱 신앙생활에 힘써야 한다.

내가 성경을 연구하며 크게 놀라는 것 중의 하나는 성경의 예언이 매우 정확하게 이루어지는 점이다. 666표가 이루어지는 것을 대표로 들 수 있다. 성경에 지금부터 2천여 년 전에 장차 사람의 몸에 666표를 집어넣을 것이 예언돼 있는 것만 보아도 성경의 정확한 예언에 크게 놀라지 않을 수 없다.

예수님은 "모든 민족에게 복음이 전파되면 세상의 끝이 온다"고

하셨다. 선교사들은 "2020년대에 각 민족의 언어로 성경 번역이 완성될 것이라"고 증언한다.

딥 스테이트는 "2050년까지 세계 독재 정부를 세울 것이라"고 주장하고 있다. 따라서 앞으로 20여 년을 전후하여 세계를 지배하는 적그리스도가 등장할지 모르고, 그가 모든 사람들의 몸에 666표를 넣을 것을 강요할지도 모른다. 우리가 사는 시대는 지난 그 어느 때보다도 더욱 예수님의 재림을 대비해야 할 때다.

예수님이 먼 훗날에 오실지라도 성도는 자신이 사는 시대에 예수님이 재림하실 것으로 여겨서 항상 주님을 맞이할 준비를 한 채로 신앙생활을 해야 한다. 이런 성도가 지혜로운 사람이기 때문이다(마 24:44).

어떤 목사는 본서를 읽은 후에 아래와 같이 간증했다.

"목사님, 지난해는 내가 예수 믿고(한 오십여 년 동안) 구원론, 축복론의 새로운 말씀이, 목사님을 통해 감추어진 비밀이 명확히 밝혀지니 참 값진 한 해였습니다."

지금까지 설명한 것을 아래와 같이 요약할 수 있다.

"성도들 중에 666표를 받는 사람은 한 사람도 없다. 666표는 불신자들만 받는다."

8. 예수님이 지옥에 가셔서 복음을 전하셨을까?

베드로전서에 또 다른 구원론 난해 구절이 있다.

(벧전 3:18-22) 그리스도께서도 단번에 죄를 위하여 죽으사 의인으로서 불의한 자를 대신하셨으니 이는 우리를 하나님 앞으로 인도하려 하심이라 육체로는 죽임을 당하시고 영으로는 살리심을 받으셨으니 그가 또한 영으로 가서 옥에 있는 영들에게 선포하시니라 그들은 전에 노아의 날 방주를 준비할 동안 하나님이 오래 참고 기다리실 때에 복종하지 아니하던 자들이라 방주에서 물로 말미암아 구원을 얻은 자가 몇 명뿐이니 겨우 여덟 명이라 물은 예수 그리스도께서 부활하심으로 말미암아 이제 너희를 구원하는 표니 곧 세례라 이는 육체의 더러운 것을 제하여 버림이 아니요 하나님을 향한 선한 양심의 간구니라 그는 하늘에 오르사 하나님 우편에 계시니 천사들과 권세들과 능력들이 그에게 복종하느니라

대부분의 신학자들은 본문의 '옥'을 '지옥'으로 단정하고, '옥에 있는 사람들'을 '노아 홍수 때 죽어서 지옥에 가 있는 불신자들'로 단정한다.

그랜드종합주석은 다수의 지지를 받는 본문 해석 몇 가지를 소개했다.

"'영으로 옥에 있는 영들에게 전파하시니라.' 본 절은 카톨릭에서 주장하는 예수 그리스도의 지옥강하설(地獄降下說)의 근거가 되는 구절이다. …… 그러나 본 절은 결코 예수 그리스도의 지옥강하를 증거하는 구절이 아니다. 한편 본 절의 해석에 있어서는 크게 두 가지 견해로 나뉜다. 즉, (1) 예수께서 성육신하기 이전 영의 모습으로 노아를 통하여 노아 시대의 사람들에게 복음을 전파하신 것을 가리킨다. (2) 예수께서 죽으셨다가 3일 만에 부활하셨을 때 현재의 지옥에 있는 영들, 곧 노아 시대에 노아의 전도를 거부했던 영들에게까지 예수가 참 그리스도요, 주님이심이 알려지게 되었다는 것을 가리킨다. 두 가지 해석이 모두 가능하다."[69]

어떤 개신교 사역자는 아래와 같이 주장한다.

"구약시대에 죽은 사람들은 모두 지하에 있는 '스올'에 갔다. 다만 불신자들이 있는 '스올'과 성도들이 있는 '스올'이 달랐다. 불신자들이 있는 '스올'은 '음부'였고, 성도들이 있는 '스올'은 '낙원'이었다. 예수님은 부활하신 후에 '지하의 낙원'에 있던 구약시대의 성도들을 '하

---

[69] 그랜드종합주석, 베드로전서, 성서교재간행사, 1993년, p.395

늘의 낙원'으로 옮기셨다. 이 때문에 구약시대의 성도들은 더 이상 '지하의 낙원'에 없다."

과연 베드로전서 3장의 '옥'이 지옥을 의미할까?
베드로전서 3장의 '옥에 있는 사람들'이 노아 홍수 때 죽어서 지옥에 가 있는 불신자들일까?
예수님이 부활하신 후에 지옥에 가셔서 복음을 전하신 것일까?
예수님이 부활하신 후에 지하 스올(지하 낙원)에 있는 구약시대의 성도들을 하늘 낙원으로 옮기신 것일까?
결론부터 말하면 전혀 그렇지 않다.

1) 성경 기자들이 '옥'이란 헬라어를 두 가지 용도로 사용했기 때문에 베드로전서 3장의 '옥'을 '지옥'으로 단정하면 안 된다.

디럭스바이블 성경 사전은 본문의 '옥'을 아래와 같이 설명했다.

"휠라케(φυλακη): 수호자, 혹은(구체적으로 보호자의 행위, 인물, 상징적으로) 장소, 조건, 혹은 특히 시간(낮과 밤의 구분으로서), (문자적이거나 상징적으로)감옥, 감금(눅 2:8; 행 5:19), 여명. a guard, those who guard; 1) 보호, 감시, 파수, 보초."

이처럼 성경 기자들은 '휠라케'를 '보호, 보호소, 수호자'의 뜻으로 사용하기도 했고, 정반대로 '감시, 감옥, 감시자'의 뜻으로 사용하기도 했다.

성경에서 '휠라케'는 대부분 '감옥'으로 사용되었다.

(눅 3:20) 그 위에 한 가지 악을 더하여 요한을 옥에 가두니라

(행 8:3) 사울이 교회를 잔멸할새 각 집에 들어가 남녀를 끌어다가 옥에 넘기니라

본문의 '옥'이 '휠라케'다. 이처럼 성경에서 '휠라케'가 대부분 '감옥'으로 사용되었다. 이 때문에 대부분의 신학자들이 베드로전서 3장의 '휠라케'를 '지옥'으로 단정하는 것이다.

하지만 베드로 사도는 '휠라케(φυλακη)'의 동사(動詞)인 '휠랏소(φυλασσω)'를 '보호'의 뜻으로 사용했다.

(벧후 2:5) 옛 세상을 용서하지 아니하시고 오직 의를 전파하는 노아와 그 일곱 식구를 보존하시고 경건하지 아니한 자들의 세상에 홍수를 내리셨으며

본문의 '보존하시고'로 번역된 헬라어가 '휠라케(φυλακη)'의 동사인 '휠랏소(φυλασσω)'다.[70] '휠랏소'는 '감시'의 뜻으로만 사용되는 것이 아니라 '보호'의 뜻으로도 사용된다. 그래서 본문을 '하나님이 의를 전파하는 노아와 그 일곱 식구를 보존(보호)하시고'라고 번역한 것이

---

70) 휠랏소(φυλασσω): 수호하다, 즉 감시하다(문자적이나 상징적으로), 함축적으로 보존하다, 복종하다, 피하다, 조심하다, 지키다(스스로를), 구하다. 5083과 비교 〈행 22:20〉 동. to guard protect; 1) 보호하다, 감시하다, 지키다, 2) 탈출하려고 관찰하다, 피하다, 도피하다, 지키다, 순종하다. 디럭스바이블2005, 헬라어사전, 미션소프트.

다. 본문을 '하나님이 의를 전파하는 노아와 그 일곱 식구를 감옥에 넣으시고'라고 번역하면 되겠는가? 베드로 사도가 베드로후서에서 '휠랏소(φυλασσω)'를 '보호'의 뜻으로 사용한 것을 볼 때, 그가 베드로전서의 '휠라케(φυλακη)'를 '보호'의 뜻으로 사용한 것으로 추정하는 것이 자연스럽지 않겠는가?

예수님의 동생 유다 역시 '휠라케'의 동사인 '휠랏소'를 '보호'의 뜻으로 사용했다.

(유 1:24-25) 능히 너희를 보호하사 거침이 없게 하시고 너희로 그 영광 앞에 흠이 없이 기쁨으로 서게 하실 이 곧 우리 구주 홀로 하나이신 하나님께 우리 주 예수 그리스도로 말미암아 영광과 위엄과 권력과 권세가 영원전부터 이제와 영원토록 있을지어다 아멘

본문의 '보호하사'의 헬라어가 '휠랏소(φυλασσω)'다. 이 단어는 '휠라케(φυλακη)'의 동사형이다. 이 단어를 "하나님이 능히 너희를 지옥에 보내사 거침이 없게 하시고"라고 번역하면 되겠는가? 당연히 "하나님이 능히 너희를 보호하사 거침이 없게 하시고"라고 번역해야 하지 않겠는가?

예수님도 '휠랏소'를 '보호'의 뜻으로 사용하신 적이 있다.

(요 12:25) 자기의 생명을 사랑하는 자는 잃어버릴 것이요 이 세상에서 자기의 생명을 미워하는 자는 영생하도록 보전하리라

본문의 '보전하리라'가 '휠라케'의 동사인 '휠랏소'다. 본문을 '자기의 생명을 미워하는 자는 영생하도록 지옥에 보내리라'고 번역하면 되겠는가?

'휠라케'의 이런 용법들을 볼 때, 베드로전서 3장의 '휠라케'를 '지옥'으로 단정하면 안 되는 것을 알 수 있다.

2) 베드로전서 3장의 '휠라케'를 문맥에 따라서 해석해야 하기 때문에 본문의 '휠라케'를 '지옥'으로 단정하면 안 된다.

'휠라케가 어떤 의미로 사용되었는지'를 결정하는 것은 문맥이다. 그러므로 베드로전서 3장의 '휠라케' 역시 문맥을 살펴서 본뜻을 찾아야 한다. 베드로전서의 문맥은 어떤가?

베드로전서는 환난을 당한 성도들에게 상급의 중요성을 가르쳐서 그들이 환난을 이기게 만들기 위해 기록한 서신이다.

> (벧전 1:5) 너희는 말세에 나타내기로 예비하신 구원을 얻기 위하여 믿음으로 말미암아 하나님의 능력으로 보호하심을 받았느니라

> (벧전 1:6) 그러므로 너희가 이제 여러 가지 시험으로 말미암아 잠깐 근심하게 되지 않을 수 없으나 오히려 크게 기뻐하는도다

> (벧전 1:7) 너희 믿음의 확실함은 불로 연단하여도 없어질 금보다 더 귀하여 예수 그리스도께서 나타나실 때에 칭찬과 영광과 존귀를 얻게 할 것이니라

이처럼 환난을 당한 성도들에게 상급의 중요성을 가르치던 베드로 사도가 밑도 끝도 없이 "예수님이 십자가에서 죽으신 후에 노아 홍수 때 죽어서 지옥에 간 불신자들을 찾아가셔서 그들에게 복음을 전파하셨다"고 말하는 것은 본문의 문맥에 전혀 맞지 않는다. 그러므로 본문의 '휠라케'를 '지옥'으로 단정하면 안 된다.

3) "예수님이 영으로 지옥에 가셔서 지옥에 있는 사람들에게 복음을 전하셨다"는 주장은 다른 성경의 가르침에 위배되기 때문에 오류다.

첫째, 예수님은 성육신하셔서 땅에 계실 때 불택자들(하나님의 선택을 받지 못한 사람들)이 복음을 깨달은 후에 예수님을 믿어서 영혼이 구원받는 것을 허용하지 않기 위하여 불택자들이 알아들을 수 없는 비유로 가르치셨다.

(마 13:10–15) 제자들이 예수께 나아와 이르되 어찌하여 그들에게 비유로 말씀하시나이까 대답하여 이르시되 천국의 비밀을 아는 것이 너희에게는 허락되었으나 그들에게는 아니되었나니 무릇 있는 자는 받아 넉넉하게 되되 없는 자는 그 있는 것도 빼앗기리라 그러므로 내가 그들에게 비유로 말하는 것은 그들이 보아도 보지 못하며 들어도 듣지 못하며 깨닫지 못함이니라 이사야의 예언이 그들에게 이루어졌으니 일렀으되 너희가 듣기는 들어도 깨닫지 못할 것이요 보기는 보아도 알지 못하리라 이 백성들의 마음이 완악하여져서 그 귀는 듣기에 둔하고 눈은 감았으니 이는 눈으로 보고 귀로 듣고 마음으로 깨달아 돌이켜 내게 고침을 받을까 두려워함이라 하였느니라

이처럼 불택자들에게 절대로 복음을 가르쳐 주지 않으신 예수님이

부활하신 후에 영으로 지옥에 가셔서 지옥에 있는 사람들(불택자들)에게 복음을 선포하실 이유가 전혀 없다.

둘째, 노아 홍수 때 죽은 성도들은 그들이 땅에서 살 때 하나님을 믿어서 영생을 얻었기 때문에 예수님이 그들에게 가셔서 복음을 전하실 필요가 전혀 없다. 이것을 볼 때도 '휠라케'를 '지옥'으로 단정하면 안 되는 것을 알 수 있다.

4) 베드로 사도가 베드로후서에서 다른 단어를 사용하여 '지옥'을 표현했기 때문에 베드로전서 3장의 '휠라케'를 '지옥'으로 단정하면 안 된다.

성경에서 '지옥'은 대부분 '게엔나(γεεννα - 지옥)'란 단어와 '아뷔소스(αβυσσος - 무저갱)란 단어가 사용되었다. 그런데 베드로는 '지옥'을 표현할 때 '타르타로사스(ταρταρωσας)'란 단어(동사)를 사용했다.

(벧후 2:4) 하나님이 범죄한 천사들을 용서하지 아니하시고 지옥에 던져 어두운 구덩이에 두어 심판 때까지 지키게 하셨으며

본문의 '지옥'의 헬라어가 '타르타로사스(ταρταρωσας)'다. '타르타로사스(ταρταρωσας)'의 명사는 '타르타로스(ταρταρος)'다. 이것을 볼 때, 베드로 사도가 '예수님이 영으로 지옥에 가셔서 복음을 전하신 것'을 소개한 것이 사실이면 그는 당연히 "예수님이 영으로 '타르타로스(ταρταρος)'에 가셔서 선포하셨다"고 기록했을 것이다. 하지만 그는 "예수님이 영으로 '휠라케'에 가셔서 선포하셨다"고 기록했다. 그러므로 본문의 '휠라케'를 '지옥'으로 단정하면 안 된다.

5) "구약시대의 성도들이 죽은 후에 '지하 낙원'에 갔기 때문에 예수님이 부활하신 후에 '지하 낙원'에 있던 구약시대의 성도들을 '하늘 낙원'으로 옮기셨다"는 주장도 비성경적이다.

(1) 성경에 "예수님이 부활하신 후에 '지하 낙원'에 있던 구약시대의 성도들을 '하늘 낙원'으로 옮기셨다"는 가르침이 전혀 없다.

성경에는 "예수님이 안식처에 가셔서 선포하셨다"는 말씀만 있다. 성경에는 "예수님이 부활하신 후에 '지하 낙원'에 있던 구약시대의 성도들을 '하늘 낙원'으로 옮기셨다"는 가르침이 전혀 없다.

(2) 구약시대에 지하 낙원과 지하 음부가 있었던 것이 아니다.

앞서 언급한 사역자가 "구약시대에는 지하에 낙원과 음부가 있었다"고 주장하는 성경적 근거는 아래와 같다.

> (창 37:35) 그(야곱)의 모든 자녀가 위로하되 그가 그 위로를 받지 아니하여 이르되 내가 슬퍼하며 스올로 내려가 아들에게로 가리라 하고 그의 아버지가 그를 위하여 울었더라

> (시 9:17) 악인들이 스올로 돌아감이여 하나님을 잊어버린 모든 이방 나라들이 그리하리로다

> (왕상 2:6) 네 지혜대로 행하여 그의 백발이 평안히 스올에 내려가지 못하게 하라

(욥 21:13) 그들의 날을 행복하게 지내다가 잠깐 사이에 스올에 내려가느니라

피상적으로 이 말씀을 보면 "구약시대의 사람들은 죽은 후에 지하에 있는 스올에 갔다"는 주장이 옳은 것처럼 보인다. 하지만 구약성경 전체를 살펴보면 이 주장이 오류인 것을 알 수 있다.

첫째, 솔로몬 왕은 "사람이 죽으면 혼이 하늘로 올라간다"고 말했다.

(전 3:21) 인생들의 혼은 위로 올라가고 짐승의 혼은 아래 곧 땅으로 내려가는 줄을 누가 알랴

구약시대에는 '스올(낙원)'이 지하에 있는 것이 사실이면 솔로몬 왕은 "인생들의 혼은 땅 아래로 내려간다"고 말했을 것이다.

둘째, 시편 기자는 "여호와의 보좌는 하늘에 있다"고 말했다.

(시 11:4) 여호와께서는 그의 성전에 계시고 여호와의 보좌는 하늘에 있음이여 그의 눈이 인생을 통촉하시고 그의 안목이 그들을 감찰하시도다

셋째, 엘리야는 산 채로 하늘로 올라갔다.

(왕하 2:11) 두 사람이 길을 가며 말하더니 불수레와 불말들이 두 사람을 갈라놓고 엘리야가 회오리 바람으로 하늘로 올라가더라

이처럼 구약성경에 하나님이 천국에 계신 것과 사람이 죽으면 그의 영혼이 천국에 올라가는 것이 기록돼 있다. 엘리야나 에녹처럼 산 채로 천국에 올라간 사람도 있다. 구약시대에 '스올(낙원)'이 지하에 있는 것이 사실이면 엘리야는 산 채로 땅속에 들어갔을 것이다. 이것을 볼 때도, "구약시대의 사람들은 죽은 후에 지하에 있는 스올에 갔다"는 주장이 오류임을 알 수 있다.

사울 왕 시대에 어떤 무당이 "노인이 땅에서 올라오고 있다"고 말한 것은 어떻게 해석해야 하는가? 단적으로 말하면 그것은 악령이 사무엘로 위장한 것이다. 하늘에 있는 진짜 사무엘이 무당의 부름을 받고 땅에서 올라올 리가 없기 때문이다.

야곱이 "내가 슬퍼하며 '스올'로 내려가서 아들에게로 가리라"고 말한 것은 무슨 뜻인가? 그것은 "내가 슬퍼하며 죽은 후에 아들이 묻힌 땅에 묻힐 것이라"는 뜻이다.

예수님이 가르치신 부자와 나사로의 비유를 보면 구약성경에 기록된 '스올'이 어떤 곳인지를 더욱 잘 알 수 있다.

> (눅 16:22-24) 이에 그 거지가 죽어 천사들에게 받들려 아브라함의 품에 들어가고 부자도 죽어 장사되매 그가 음부에서 고통중에 눈을 들어 멀리 아브라함과 그의 품에 있는 나사로를 보고 불러 이르되 아버지 아브라함이여 나를 긍휼히 여기사 나사로를 보내어 그 손가락 끝에 물을 찍어 내 혀를 서늘하게 하소서 내가 이 불꽃 가운데서 괴로워하나이다

본문에 아브라함이 나오는 것을 볼 때, 본문 내용이 구약시대에

일어난 일을 의미하는 것을 알 수 있다.

예수님은 "구약시대에 살던 어떤 부자가 죽은 후에 '음부(하데스)'의 불속에서 고통을 받고 있다"고 하셨다(눅 16:23). 부자가 있는 음부에 뜨거운 불이 타는 것을 볼 때, 그곳이 지옥의 일부인 것을 알 수 있다. 따라서 구약시대에 죽은 불신자들과 신약시대에 죽은 불신자들이 모두 지옥에 있는 것을 알 수 있다.

예수님은 "그 거지가 죽어서 천사들에게 받들려서 구약시대에 죽은 아브라함의 품에 들어갔다"고 하셨다. 주님이 말씀하신 '아브라함의 품'은 부자가 들어간 음부, 즉 지옥과 정반대의 현상이 일어나는 곳이다. 따라서 그곳이 구약시대의 성도들이 죽어서 들어간 하늘의 낙원인 것을 알 수 있다. 낙원은 천국의 일부다. 이 때문에 예수님이 한편 강도에게 "네가 오늘 나와 함께 낙원이 이르리라"고 하신 것이다(눅 23:43). 이처럼 구약시대의 성도들과 신약시대의 성도들이 동일하게 천국에 있는 낙원에 갔다. 그러므로 "구약시대의 성도들은 죽은 후에 지하에 있는 낙원에 갔다"고 주장하면 안 된다.

한편으로 예수님은 죽은 성도들이 예수님의 재림 때까지 임시로 거주하는 곳과 불신자들이 최후 심판 때까지 임시로 거주하는 곳을 구분하셨다. 죽은 불신자들이 임시로 거주하는 곳을 '하데스(음부)'라 하셨고(눅 16:23), 죽은 성도들이 임시로 거주하는 곳을 '파라데이소스(낙원)'라 하셨다(눅 23:43). 천년왕국 때 성도들은 '성안'에서 살고, 불신자들은 '성 밖'에서 사는 것과 같다.

(계 22:14-15) 자기 두루마기를 빠는 자들은 복이 있으니 이는 그들이 생명나무에 나아가며 문들을 통하여 성에 들어갈 권세를 받으려 함이로다 개들

과 점술가들과 음행하는 자들과 살인자들과 우상 숭배자들과 및 거짓말을 좋아하며 지어내는 자는 다 성 밖에 있으리라

한편, 앞서 소개한 개신교 사역자는 아래의 성경말씀을 근거로 "음부는 지옥이 아니라"고 주장한다.

(계 20:14) 사망과 음부도 불못에 던져지니 이것은 둘째 사망 곧 불못이라

본문의 '음부'는 헬라어가 '하데스'다. 앞서 설명한 것처럼 '하데스'는 죽은 불신자들이 임시로 거주하는 지옥이다.

본문의 "사망과 음부도 불못에 던져졌다"는 것은 "불신자들이 죽은 후에 임시로 거주하던 '음부'가 천년왕국이 끝난 후에 '지옥'에 통합되었다"는 뜻이다. 이와 같이 성도들이 죽은 후에 임시로 거주하던 '낙원'은 천년왕국이 끝난 후에 '천국'에 통합될 것이다. 천년왕국이 끝난 후에 성도들이 영원히 거주할 새 하늘과 새 땅을 만드시기 때문이다(계 21:1).

베드로전서 3장과 누가복음 23장을 비교해 보자.

○ 베드로전서 3장: 예수님은 십자가에서 죽으신 후에 영으로 '휠라케(안식처)'에 가셨다.

○ 누가복음 23장: 예수님은 십자가에서 죽으신 후에 영으로 '파라데이소스(낙원)'에 가셨다.

이것을 볼 때, 예수님이 십자가에서 죽으신 후에 영으로 가신 '휠라케'가 예수님이 한편 강도와 함께 가신 '낙원(파라데이소스)'인 것을

더욱 분명하게 알 수 있다.

"'그리스도께서 영으로 휠라케에 가셔서 노아 홍수로 죽은 영들에게 선포하셨다'는 말씀은 무슨 뜻일까?"

이 의문을 풀기 위하여 한 가지 질문을 하겠다.

"노아 홍수 때 죽은 사람들은 모두 불신자들이었을까? 아니면 그들 중에는 성도들도 있었을까?"

베드로전서 3장 20절 하반절을 분석하여 보면 이에 관한 답을 얻을 수 있다.

(벧전 3:20하) 방주에서 물로 말미암아 구원을 얻은 자가 몇 명뿐이니 겨우 여덟 명이라

노아 가족이 홍수에서 구원받은 것은 두 가지 의미를 가지고 있다.

첫째, 노아 가족이 홍수에서 구원받은 것은 그들 전부가 땅에서 큰 복을 받은 것을 의미한다.

대홍수로 인류가 멸망할 때 목숨이 구조받은 것은 큰 복을 받은 것이다. 이것은 창세기 6-9장에 기록되어 있다.

둘째, 노아 가족이 홍수에서 구원받은 것은 노아가 하늘의 큰 상급을 받은 것을 의미한다.

이것은 히브리서에 기록되어 있다. 히브리서 11장에는 구약시대에 하나님께 크게 충성해서 큰 상을 받은 성도들이 기록되어 있는데,

그들 가운데 한 사람이 노아다.

> (히 11:6-7) 믿음이 없이는 하나님을 기쁘시게 하지 못하나니 하나님께 나아가는 자는 반드시 그가 계신 것과 또한 그가 자기를 찾는 자들에게 상 주시는 이심을 믿어야 할지니라 믿음으로 노아는 아직 보이지 않는 일에 경고하심을 받아 경외함으로 방주를 준비하여 그 집을 구원하였으니 이로 말미암아 세상을 정죄하고 믿음을 따르는 의의 상속자가 되었느니라

이 말씀을 볼 때 베드로전서 3장 20절의 '방주에서 물로 말미암아 구원을 얻은 자가 몇 명뿐이니 겨우 여덟 명이라'는 말씀이 '노아 홍수 때 큰 복과 큰 상을 받은 사람이 겨우 여덟 명이다', '노아 홍수로 죽은 사람들 중에는 나름대로 하나님께 충성해서 작은 복과 작은 상을 받은 성도들이 많이 있다'는 뜻임을 알 수 있다.

노아 홍수 때 죽은 성도들의 영은 어디에 갔을까? 그들의 영은 당연히 천국에 갔을 것이다. 심지어 그때 죄를 많이 지은 성도들의 영도 천국에 갔을 것이다(고전 5:1-5 참조). 그들의 영이 하나님을 믿을 때 영원히 지옥에 가지 않는 영생을 얻었기 때문이다.

이제야 베드로전서 3장의 '휠라케'와 '예수님이 영으로 방문하신 휠라케에 있는 영들'의 정체가 드러났다!

본문의 문맥과 '휠라케'의 용법과 성경 전체를 세밀하게 살펴볼 때, 예수님이 노아 시대 때 큰 믿음이 없어서, 혹은 죄를 많이 지어서 홍수로 죽은 후에 낙원에 가 있는 성도들을 방문하신 것을 알 수 있다. 또한 예수님이 십자가에 달리셔서 죽으실 때 예수님을 믿은 한편 강도의 영을 데리고 '휠라케'로 가신 것도 알 수 있다.

더 나아가서 예수님이 범죄 때문에 십자가에서 죽은 한편 강도의 영이 가는 곳을 '파라다이스(낙원)'라고 하신 것을 알 수 있고, 베드로 사도가 '범죄 때문에(혹은 큰 믿음이 없어서) 홍수로 죽은 성도들의 영이 있는 곳'을 '휠라케(안식처)'라고 한 것을 알 수 있다.

예수님이 왜 노아 홍수 때 죽은 성도들을 찾아가신 것인지, 주님이 그들에게 무슨 말씀을 하신 것인지는 성경이 가르쳐 주지 않는다. 이 때문에 나는 아래와 같이 추측한다.

"예수님이 노아 홍수 때 죽은 성도들을 찾아가신 이유는 노아 홍수로 죽은 성도들이 재난으로 죽은 성도들의 대표가 될 만하기 때문으로 추정한다. 그리고 주님이 '낙원'에 있는 사람들에게 '장차 내가 재림하면 너희가 행한 대로 상을 주리라'고 선포하신 것으로 추정한다."

'휠라케'를 '연옥'으로 해석하는 것은 가능할까? 결론부터 말하면 이것도 불가능하다. '휠라케'에 가서 사는 영들이 예수님을 믿는 순간부터 영원히 죄를 짓지 않은 영이 되었기 때문이다(히 10:14; 요일 5:18). 죄가 없는 영은 죄 때문에 연단을 받을 이유가 전혀 없다. 또한 예수님과 함께 죽은 한편 강도가 낙원에 간 것을 볼 때(눅 23:39-43)도 "죄를 많이 짓고 죽은 신자는 연옥에 간다"는 주장이 성경의 가르침이 아닌 것을 알 수 있다. 그러므로 '휠라케'는 결코 연옥일 수 없다.

베드로전서 3장을 아래와 같이 정리할 수 있다.

"노아처럼 하나님께 크게 충성해서 큰 상을 받으라."

제3부
구원론 난제 해석 3

1. 생명책은 무엇일까?
2. 성도가 죄를 많이 지으면 어떻게 될까?
3. 성도가 회개하지 않으면 어떻게 될까?
4. 성도의 영혼도 죄를 지을까?
5. 두 가지 극단적 주장
6. 중생한 신자도 자살하면 지옥에 갈까?
7. 영혼구원을 받은 증거는 무엇일까?
8. 기독교 구원론의 역사

1. 생명책은 무엇일까?

많은 성도들이 요한계시록 3장 5절 때문에 고민한다.

(계 3:5) 이기는 자는 이와 같이 흰 옷을 입을 것이요 내가 그 이름을 생명책에서 결코 지우지 아니하고 그 이름을 내 아버지 앞과 그의 천사들 앞에서 시인하리라

본문에 '이기는 자는 그 이름을 생명책에서 결코 지우지 아니하리라'는 말씀이 있다. 이 말씀 때문에 많은 성도들이 '내가 아무리 예수님을 믿어도 죄와 싸워서 패하면 생명책에서 이름이 지워져서 지옥에 가는 것은 아닐까'라고 걱정한다. 이런 걱정은 성경의 구원론 난해 구절들의 본뜻과 천국에 여러 종류의 책이 있는 것과 그 책들의 용도가 어떤 것인지를 깨달아야만 해소될 수 있다.

어떤 목회자는 아래와 같이 간증했다.

"내가 입신하여 천국에 갔더니 그곳에 두 권의 책이 있었다. 한 권은 성도들의 행위가 기록돼 있는 책이었고, 다른 한 권은 불신자들의 행위가 기록돼 있는 책이었다."

이 간증을 듣고 '천국에는 두 권의 책이 있을 뿐이라'고 착각하면 안 된다. 성경이 천국에 네 권의 책이 있는 것을 가르치기 때문이다.

1) 천국에는 사람의 육적 생명(목숨)을 관리하는 책이 있다.

(출 32:32-33) 그러나 이제 그들의 죄를 사하시옵소서 그렇지 아니하시오면 원하건대 주께서 기록하신 책에서 내 이름을 지워 버려 주옵소서 여호와께서 모세에게 이르시되 누구든지 내게 범죄하면 내가 내 책에서 그를 지워 버리리라

모세는 "죄를 지은 이스라엘 백성들을 용서하지 않으시려면 주께서 기록하신 책에서 나의 이름을 지워 주옵소서"라고 기도했다. 이 말은 "나를 죽이고 백성들을 살려 달라"는 뜻이다. 하나님은 "누구든지 내게 범죄하면 내 책에서 그를 지워 버리리라"고 대답하셨다. 이 말씀은 "지나치게 죄를 짓는 사람의 육체를 죽이겠다"는 뜻이다. 이것을 볼 때 천국에 사람의 육적 생명을 관리하는 책이 있는 것을 알 수 있다.

구약성경은 사람의 육적 생명을 관리하는 책을 생명책이라고 한다.

(시 69:28) 그들을 생명책에서 지우사 의인들과 함께 기록되지 말게 하소서

개혁파 신학자 라이트훗 목사는 구약성경의 생명책이 신약성경의 생명책과 다른 점을 아래와 같이 설명했다.

"생명책이란 말은 구약시대 때부터 나타난 개념이다. 그러나 구약시대에는 신약시대 때의 개념처럼 종말적 개념은 아니었고, 지상에 있는 신정국가의 시민권을 뜻했다."[71]

하나님은 기본적으로 인간의 행위에 따라서 인간의 육적 생명을 관리하신다. 다시 말해서 하나님은 사람이 행한 대로 사람의 육적 생명을 거두신다. 물론 간혹 하나님은 하나님의 뜻을 이루기 위하여 사람의 행위에 관계없이 사람의 목숨을 거두시는 경우도 있다.

아래와 같은 경우에 육적 생명책에서 일찍 이름이 지워진다.

첫째, 지나치게 죄를 많이 지은 것 때문에 육적 생명책에서 일찍 이름이 지워지는 사람이 있다.

(시 55:23) 하나님이여 주께서 그들로 파멸의 웅덩이에 빠지게 하시리이다 피를 흘리게 하며 속이는 자들은 그들의 날의 반도 살지 못할 것이나 나는 주를 의지하리이다

---

71) 그랜드종합주석, 요한계시록, 성서교재간행사, 1993년, p.722 재인용.

본문에서 보듯이 지나치게 범죄하여 자기의 날을 반도 살지 못하는 사람들이 있다. 여리고 성의 물건을 훔쳐서 사형을 당한 아간과 그의 가족들이 대표적인 사람들이다(수 7:1-26).

죄를 많이 지어서 일찍 죽임을 당하는 것은 불행한 일이다. 불신자가 죄를 많이 지어서 불명예스럽게 죽으면 죽은 후에 많은 형벌을 받고(눅 12:47-48), 신자가 죄를 많이 지어서 불명예스럽게 죽으면 죽은 후에 많은 상급을 잃기 때문이다(고전 3:15).

둘째, 남달리 의롭게 사는 것 때문에 육적 생명책에서 일찍 이름이 지워지는 사람이 있다.

동서고금을 막론하고 남달리 의롭게 사는 사람들이 일찍 죽임을 당한 경우가 허다하다. 순교자 스데반처럼 하나님과 교회와 이웃을 위하여 목숨을 버린 의인들이 대표적인 경우다.

의인의 죽음은 명예스러운 것이다. 성도가 명예스럽게 일찍 죽으면 죽은 후에 많은 상급을 받는다(계 2:10). 불신자가 명예스럽게 일찍 죽으면 죽은 후에 보다 적은 형벌을 받는다.

셋째, 조상의 죄 때문에 육적 생명책에서 일찍 이름이 지워지는 사람이 있다.

사울 왕의 아들 요나단이 젊어서 죽임을 당한 것(삼상 31:2)과 사울 왕의 다른 아들들이 젊어서 죽임을 당한 경우가 조상의 죄 때문에 죽은 실례다(삼하 21:1-14). 이런 사람들 중에서 성도는 죽은 후에 적절한 보상을 받을 것이고, 불신자는 죽은 후에 적절하게 형벌을 감면받을 것이다.

넷째, 다른 사람의 잘못 때문에 육적 생명책에서 일찍 이름이 지워지는 사람이 있다.

하나님께 특별한 죄를 지은 것이 아닌데도 다른 사람이 일으킨 전쟁, 사고, 전염병 등에 의하여 일찍 죽임을 당하는 사람들이 있다. 이런 사람들도 죽은 후에 적절한 보상을 받을 것이다.

다섯째, 자신의 어리석은 선택으로 육적 생명책에서 일찍 이름이 지워지는 사람이 있다.

자살하는 사람들이 이에 해당된다. 자살한 불신자는 죽은 후에 자살죄를 지은만큼 형벌을 받을 것이고, 자살한 성도는 그 죗값만큼 상급을 박탈당할 것이다.

2) 천국에는 사람의 영적 생명(영)을 관리하는 책이 있다.

(계 3:5) 이기는 자는 이와 같이 흰 옷을 입을 것이요 내가 그 이름을 생명책에서 결코 지우지 아니하고 그 이름을 내 아버지 앞과 그의 천사들 앞에서 시인하리라

본문에 '이기는 자'와 '지는 자'가 나온다. '이기는 자'는 천국에서 살고, '지는 자'는 지옥에서 산다. '생명책에서 이름이 지워지지 않는 사람'은 천국에서 살고, '그 책에서 이름이 지워지는 사람'은 지옥에 떨어진다. 이것을 볼 때 본문의 생명책이 모든 사람의 영을 관리하는 역할을 하는 것을 알 수 있다. 다시 말해서 이 책에 성도들의 이름과 함께 불신자의 이름도 기록돼 있는 것을 알 수 있다.

어떤 사람이 영적 생명을 관리하는 생명책에서 이름이 지워질까? 영이 죄와 싸워서 지는 사람의 이름이 그것에서 지워진다.

영이 죄와 싸워서 지는 사람은 불신자를 의미한다. 죽을 때까지 불신자로 사는 사람은 죽을 때 생명책에서 이름이 지워진 후에 지옥에 떨어진다.

반면 영이 죄와 싸워서 이기는 사람은 생명책에서 결코 이름이 지워지지 않는다. 영이 죄와 싸워서 이기는 사람은 예수님을 믿은 성도를 의미한다.

> **(요일 5:5)** 예수께서 하나님의 아들이심을 믿는 자가 아니면 세상을 이기는 자가 누구냐

지금까지 설명한 것처럼 진정으로 예수님을 믿은 성도는 그가 비록 마음으로는 선하게 살기를 소원하지만 육신이 약해서 육신으로 많은 죄를 지어도 영은 절대로 죄를 짓지 않는다(중생한 신자의 영은 항상 이긴다). 성도는 영원히 지옥에 가지 않는 영생을 가지고 있다. 이 때문에 성도가 죽을 때 그의 이름이 영적 생명을 관리하는 생명책에서 절대로 지워지지 않는다.

반면 예수님을 믿지 않는 사람은 절대로 세상을 이기는 자가 될 수 없고, 영생을 가지고 있지 않다. 이 때문에 불신자는 죽을 때 그의 이름이 영적 생명을 관리하는 생명책에서 반드시 지워진다. 그러므로 성도는 '이기는 자는 생명책에서 이름을 지우지 않는다'는 말씀 때문에 지옥의 공포에 시달리면 안 된다.

3) 천국에는 중생한 신자들의 이름만 기록된 어린양의 생명책이 있다.

(계 13:8) 죽임을 당한 어린 양의 생명책에 창세 이후로 이름이 기록되지 못하고 이 땅에 사는 자들은 다 그 짐승에게 경배하리라

(계 21:27) 무엇이든지 속된 것이나 가증한 일 또는 거짓말하는 자는 결코 그리로 들어가지 못하되 오직 어린 양의 생명책에 기록된 자들만 들어가리라

(계 20:15) 누구든지 생명책에 기록되지 못한 자는 불못에 던져지더라

(빌 4:3) 또 참으로 나와 멍에를 같이한 네게 구하노니 복음에 나와 함께 힘쓰던 저 여인들을 돕고 또한 글레멘드와 그 외에 나의 동역자들을 도우라 그 이름들이 생명책에 있느니라

어린양의 생명책에는 예수 그리스도를 구주로 믿은 성도들의 이름만 기록돼 있다. 중생한 신자의 이름은 창세 전부터 어린양의 생명책에 기록돼 있다(엡 1:4; 계 13:8). 반면 불신자들의 이름은 이 책에 없다. 창세 전부터 이 책에 이름이 기록된 성도들은 모두 영의 구원을 받는다. 이 책에 이름이 없는 불신자들은 모두 지옥에 던져진다.

잠시 후에 설명하겠지만 불신자들의 이름만 기록된 생명책에 불신자들의 행위가 기록된 것과 불신자들의 그 책에 기록된 내용에 따라서 형벌 심판을 받는 것을 볼 때, 어린양의 생명책에는 성도들의 행위가 기록돼 있을 것 같다. 성도들은 그 책에 기록된 내용에 따라서 상급

심판을 받을 것 같다.

4) 천국에는 불신자들의 이름과 행위만 기록된 생명책이 있다.

> (계 20:12-14) 또 내가 보니 죽은 자들이 큰 자나 작은 자나 그 보좌 앞에 서 있는데 책들이 펴 있고 또 다른 책이 펴졌으니 곧 생명책이라 죽은 자들이 자기 행위를 따라 책들에 기록된 대로 심판을 받으니…… 사망과 음부도 불못에 던져지니 이것은 둘째 사망 곧 불못이라

본문은 불신자들이 최후의 형벌 심판을 받는 장면을 기록한 말씀이다. 본문에 소개된 생명책에는 불신자들의 이름과 행위가 기록돼 있다. 불신자들은 생명책에 기록된 행위대로 심판을 받은 후에 죄를 지은 만큼 지옥에서 형벌을 받는다.

2. 성도가 죄를 많이 지으면 어떻게 될까?

　행위구원론자들은 "진짜 신자도 죄를 많이 지으면 지옥에 간다"고 주장하거나 "죄를 많이 짓는 사람은 모두 가짜 신자라서 지옥에 간다"고 주장한다. 매우 안타까운 것은 그들이 '어느 정도로 착하게 살아야 천국에 갈 수 있는지'를 제시하지 않은 채로 막연하게 그런 주장을 하는 것이다. 이 때문에 대부분의 성도들은 자신이 천국에 갈 정도로 착하게 사는지를 가늠할 수 없어서 답답해한다. 과연 그들의 주장이 성경의 가르침일까?

　결론부터 말하겠다. "진짜 신자도 죄를 많이 지으면 지옥에 간다"는 주장과 "죄를 많이 짓는 사람은 모두 가짜 신자라서 지옥에 간다"는 주장은 전혀 성경의 가르침이 아니다. 그 증거를 제시하겠다.

1) 예수님과 사도들의 가르침이 "진짜 신자도 죄를 많이 지으면 지옥에 간다"는 주장과 "죄를 많이 짓는 사람은 모두 가짜 신자라서 지옥에 간다"는 주장이 오류임을 증명한다.

예수님은 "중생한 신자의 영은 영원히, 절대로, 결코 지옥에 가지 않는다"고 선포하셨다. 사도들은 "중생한 신자는 육신으로 죄를 많이 지어도 복과 상을 잃을 뿐, 절대로 지옥에 가지 않는다"고 가르쳤다. 그러므로 "진짜 신자도 죄를 많이 지으면 지옥에 간다"는 주장과 "죄를 많이 짓는 사람은 모두 가짜 신자라서 지옥에 간다"는 주장은 성경을 거짓말이 포함된 책으로 취급하는 것이다. 성경에 거짓말이 있으면 성경이 결코 하나님의 말씀일 수 없다. 어떻게 성경에 거짓말이 있을 수 있겠는가?

2) 고린도전서도 "진짜 신자도 죄를 많이 지으면 지옥에 간다"는 주장과 "죄를 많이 짓는 사람은 모두 가짜 신자라서 지옥에 간다"는 주장이 오류임을 증명한다.

(고전 5:1-5) 너희 중에 심지어 음행이 있다 함을 들으니 그런 음행은 이방인 중에서도 없는 것이라 누가 그 아버지의 아내를 취하였다 하는도다 그리하고도 너희가 오히려 교만하여져서 어찌하여 통한히 여기지 아니하고 그 일 행한 자를 너희 중에서 쫓아내지 아니하였느냐 내가 실로 몸으로는 떠나 있으나 영으로는 함께 있어서 거기 있는 것 같이 이런 일 행한 자를 이미 판단하였노라 주 예수의 이름으로 너희가 내 영과 함께 모여서 우리 주 예수의 능력으로 이런 자를 사탄에게 내주었으니 이는 육신은 멸하고 영은 주 예수의 날에 구원을 받게 하려 함이라

본문에 기록된 성도는 이방인들도 좀처럼 짓지 않는 매우 큰 죄(혹은 매우 많은 죄)를 지은 사람이다. 그가 아버지의 아내와 간음죄를 지었기 때문이다.

'아버지의 아내'는 '아버지의 아내'로 번역할 수도 있고, '아버지의 여자'로 번역할 수도 있다. 십중팔구 그녀는 아버지의 후처나 첩이었을 것이다. 하지만 아버지의 후처나 첩도 그의 어머니다. 그러므로 그의 범죄는 천인공노할 범죄다.

그랜드종합주석이 고린도전서 5장 1-5절을 잘 해석했다.

"아무리 이방인 중에서 음행이 성행했다 하더라도 '이런 음행', 즉 아버지의 아내를 범하는 음행은 이방인 중에서도 거의 없는 일이었다. 왜냐하면 이런 음행은 인간의 마지막 도덕적 본성까지도 짓밟는 패륜적 행위였기 때문이다."[72]

더군다나 본문에 기록된 아버지의 아내를 취한 성도는 어쩌다가 한번 실수로 아버지의 아내를 범한 것이 아니다. 그는 아버지의 아내와 동거 생활을 하고 있었다! 이것은 한글개역개정판 성경에 '취하였다(엑케인-εχειν)[73]'로 번역된 단어가 '현재형 동사'인 것이 증명한다. 본문은 '과거에 범한 아버지의 아내를 현재도 범하고(동거 생활을 하고) 있다'는 뜻이다!

---

[72] 그랜드종합주석, 고린도전서, 성서교재간행사, 1993년, p.98
[73] 엑케인(εχειν): 동사, 부정사, 현재, 능동태: 기본동사 에코(εχω): 가지다, 잡다, 소유하다. 디럭스바이블 2005, 헬라어 사전, 미션소프트.

"중생한 신자도 죄를 많이 지으면 지옥에 간다"는 주장이나 "진짜 신자는 절대로 죄를 많이 짓지 않는다"는 주장이 성경의 가르침이면 지속적으로 패륜죄를 범한 그 사람은 반드시 지옥에 갔을 것이다. 그러나 성경은 그들의 주장과 정반대다. 바울 사도는 그 사람을 진짜 신자로 인정해서 그의 영이 구원을 받도록 조치했다!

(고전 5:5) 이런 자를 사탄에게 내주었으니 이는 육신은 멸하고 영은 주 예수의 날에 구원을 받게 하려 함이라

본문의 '이런 자'는 '지속적으로 패륜죄를 범한 성도'를 의미한다.
본문의 '멸하고'의 헬라어는 '올레드로스(ολεθρος)'다. 이 단어는 건물에 사용할 때는 '붕괴시키는 것'을 의미하고, 사람에게 사용할 때는 '죽이는 것'을 뜻한다.

디럭스바이블 헬라어 사전은 '올레드로스'를 아래와 같이 설명했다.

"올레드로스: 붕괴, 폐허, 파괴, 죽음."

헬라어 원문에 의하면 고린도전서 5장 5절을 아래와 같이 번역하는 것이 옳다.

"이런 사람을 그 영이 주의 날에 구원을 얻게 하기 위해 그 육신을 죽이도록 사탄에게 넘겨 주었다."

이처럼 바울 사도는 지속적으로 패륜죄를 짓고 있는 성도의 죄를

짓지 않은 영을 천국에 보내기 위해 죄를 지은 그의 육신만 사탄에게 넘겨서 죽게 만들었다. 그의 육신을 죽여야만 그가 더 이상 그처럼 끔찍한 죄를 짓지 않기 때문에 그렇게 조치한 것이고, 그가 땅에서 죗값을 치르는 것이 하나님의 뜻이기 때문에 그렇게 조치한 것이고, 중생한 신자는 절대로 지옥에 가지 않기 때문에 그렇게 조치한 것이다. 이것을 볼 때, 진짜 신자도 육으로 죄를 많이 지을 수 있는 것을 알 수 있고, 그가 육으로 죄를 많이 지어도 절대로 지옥에 가지 않는 것을 알 수 있다. 이것을 볼 때도 "중생한 신자도 죄를 적게 지어야 천국에 간다"는 주장과 "진짜 신자는 반드시 죄를 적게 지어서 천국에 간다"는 주장이 오류임을 알 수 있다.

박윤선 박사는 고린도전서 5장 5절을 바르게 해석했다.

"이 구절을 보면 교회의 권징은 범과자(犯過者)의 구원을 목적하고 영구(永久)한 유기(遺棄)를 의미하지는 않는다."[74]

바울 사도가 패륜죄를 범한 성도를 사탄에게 맡겨서 비참하게 죽도록 조치한 것은 베드로 사도가 지나치게 죄를 지은 아나니아와 삽비라 부부를 갑자기 죽도록 조치한 것과 같다(행 5:1-11). 성령의 능력이 강하게 나타나는 사람에게는 이런 일이 가능하다.

한편, 어떤 목회자는 고린도전서 6장의 말씀으로 "패륜죄를 범한 신자는 지옥에 갔다"고 주장했다.

---

74) 박윤선 저, 영음사, 고린도전서, 1990년, p.74

(고전 6:9-10) 불의한 자가 하나님의 나라를 유업으로 받지 못할 줄을 알지 못하느냐 미혹을 받지 말라 음행하는 자나 우상 숭배하는 자나 간음하는 자나 탐색하는 자나 남색하는 자나 도적이나 탐욕을 부리는 자나 술 취하는 자나 모욕하는 자나 속여 빼앗는 자들은 하나님의 나라를 유업으로 받지 못하리라

본문에 "간음하는 자는 하나님의 나라를 유업으로 받지 못한다"는 말씀이 있다. 그 목회자는 본문을 근거로 아래와 같이 주장했다.

"'고린도전서 5장에 기록된 아비의 아내를 범한 사람이 천국에 갔다'고 주장하는 사람이 굉장히 많습니다. 그러나 고린도전서 6장에 '음행하는 자는 하나님의 나라를 유업으로 받지 못한다'고 기록돼 있고, 갈라디아서에도 같은 말씀이 있고, 요한계시록에도 같은 말씀이 있습니다. 그렇게 분명하게 가르치는 말씀이 많은데도 사람들이 성경을 잘못 해석해서 '고린도전서 5장에 기록된 아비의 아내를 범한 사람이 천국에 갔다'고 주장합니다."

안타깝게도 그는 두 가지를 생각하지 못해서 비성경적인 주장을 했다.

첫째, 그는 성경 상식을 무시했기 때문에 비성경적 주장을 했다.
성경을 상식적으로 생각해 보라. 바울 사도가 고린도전서 5장에서 "내가 패륜죄를 범한 성도의 영이 구원을 받도록 만들기 위해 그의 육신을 사탄에게 맡겨서 죽게 했다"고 말한 후에 고린도전서 6장에서 "간음죄를 범한 자는 지옥에 간다"고 말한 것이 사실이면 그가 모순을 범한 것이다. 이것이 사실이면 바울 사도는 궤변가일 수밖에 없다.

또한 바울 사도는 에베소서를 통해 "사람은 행함으로 의롭게 되는 것이 절대로 아니라"고 선언했다. 로마서를 통해 "성도의 영은 이미 영화롭게 됐다"고 선포했다. 또한 "아브라함이 행함이 없는 믿음으로 의롭게 된 것처럼 우리도 행함이 없는 믿음으로 의롭게 됐다"고 선포했다. 이어서 그는 "행함이 없는 믿음으로 영혼구원을 받은 성도는 행함이 있는 믿음으로 하나님의 영광을 드러내는 일을 해서 복과 상을 받아야 한다"고 가르쳤다. 이런 그가 "간음죄를 지은 그 성도는 지옥에 갔다"고 말한 것이 사실이면 이것 역시 궤변일 수밖에 없다. 이것을 볼 때, 그 목회자가 성경 상식을 무시하다가 자신도 모르게 바울 사도를 궤변가로 만든 것을 알 수 있다.

둘째, 그 목회자는 한글 성경에 '유업', '기업', '상속'으로 번역된 단어(클레로노미아)를 성경 기자들이 어떤 용도로 사용한 것인지를 연구하지 않아서 비성경적 주장을 했다.

앞서 히브리서를 해석할 때 설명한 것처럼 성경 기자들은 한글 성경에 '유업', '기업', '상속'으로 번역된 단어(클레로노미아)를 세 가지 용도로 사용했다. 첫째는 영혼구원, 둘째는 복을 받는 것, 셋째는 상을 받는 것에 사용했다. '클레로노미아'가 백 퍼센트 하나님의 은혜로 주어진 경우는 영혼구원을 뜻하고, 사람이 하나님께 충성한 만큼 땅에서 받으면 복 받는 것을 의미하고, 사람이 하나님께 충성한 만큼 하늘에서 받으면 상 받는 것을 뜻한다.

바울 사도는 "간음자는 하늘나라를 '유업'으로 받을 수 없다"고 말했다. 이것을 볼 때, 그가 '유업'이란 단어를 하늘의 상을 받는 것에 사용한 것을 알 수 있다. 또한 그가 고린도전서 3장에서 언급한 상을 못 받는 사람이 어떤 사람인지를 고린도전서 5장과 6장을 통해 가르쳐 준 것을 알 수 있다.

> **(고전 3:12-15)** 만일 누구든지 금이나 은이나 보석이나 나무나 풀이나 짚으로 이 터 위에 세우면 각 사람의 공적이 나타날 터인데 그 날이 공적을 밝히리니 이는 불로 나타내고 그 불이 각 사람의 공적이 어떠한 것을 시험할 것임이라 만일 누구든지 그 위에 세운 공적이 그대로 있으면 상을 받고 누구든지 그 공적이 불타면 해를 받으리니 그러나 자신은 구원을 받되 불 가운데서 받은 것 같으리라

> **(고전 5:5)** 이런 자를 사탄에게 내주었으니 이는 육신은 멸하고 영은 주 예수의 날에 구원을 받게 하려 함이라

바울 사도의 가르침을 볼 때, 그가 "간음자는 하늘나라를 '유업'으로 받을 수 없다"고 말한 것이 "간음자는 천국의 상을 받을 수 없다"는 뜻임을 알 수 있다.

만일 "진짜 신자도 죄를 많이 지으면 지옥에 간다"는 주장과 "죄를 많이 짓는 사람은 모두 가짜 신자라서 지옥에 간다"는 주장 중의 하나가 하나님의 가르침이면 고린도전서 5장 1-5절은 거짓말이다. 그러므로 당장 고린도전서를 성경에서 제외시켜야 한다. 하나님의 말씀인 성경에 절대로 거짓말이 있을 수 없기 때문이다.

만일 "진짜 신자도 죄를 많이 지으면 지옥에 간다"는 주장과 "죄를 많이 짓는 사람은 모두 가짜 신자라서 지옥에 간다"는 주장 중의 하나가 하나님의 가르침이면 바울 사도는 고린도전서 5장 5절을 아래와 같이 기록했을 것이다.

"이런 사람을 그 영이 주의 날에 지옥에 가게 만들기 위해 그 육신을 죽이도록 사탄에게 넘겨 주었다."

그러나 헬라어 원문 성경은 "이런 사람을 그 영이 주의 날에 구원을 얻게 하기 위해 그 육신을 죽이도록 사탄에게 넘겨 주었다"고 돼 있다. 그러므로 억지를 쓰지 않는 한 "패륜죄를 범한 신자는 지옥에 갔다"고 주장할 수 없다. 안타깝게도 그 목회자가 "죄를 많이 짓는 사람은 모두 가짜 신자라"는 잘못된 전제를 고수하다가 성경을 자의적으로 해석하는 오류를 범하고 말았다.

3) 다윗의 범죄 사건도 "진짜 신자도 죄를 많이 지으면 지옥에 간다"는 주장과 "죄를 많이 짓는 사람은 모두 가짜 신자라서 지옥에 간다"는 주장이 오류임을 증명한다.

다윗은 매우 많은 죄를 범한 사람이다. 그는 자신을 대신하여 전쟁터에서 싸우고 있는 충성스러운 부하의 아내를 탐내서 그녀의 남편 몰래 그녀와 간음죄를 범했다. 그것을 감추기 위해 그녀의 남편에게 거짓말을 했다. 그것도 모자라서 교활하게 그녀의 남편을 살해하는 죄까지 저질렀다.

다윗은 '살인하지 말라', '간음하지 말라', '도둑질하지 말라', '거짓 증언을 하지 말라', '이웃의 것을 탐내지 말라'는 율법을 모두 범한 사람이다. 이 세상에 다윗보다 더 큰 죄(더 많은 죄)를 지은 기독교인이 몇 명이나 될까? 내가 아는 신자들 중에는 다윗처럼 많은 죄를 지은 사람이 한 사람도 없다!

행위구원론자들이 "진짜 신자도 죄를 많이 지으면 지옥에 간다"고 주장하려면 "다윗은 진짜 신자였지만 간음죄, 살인죄, 도둑질죄, 거짓말죄, 이웃의 것을 탐하는 죄를 지었기 때문에 지옥에 갔다"고 주장해야 한다. 또는 행위구원론자들이 "진짜 신자는 절대로 죄를 많이 짓지 않는다"고 주장하려면 "다윗은 가짜 신자였기 때문에 많은 죄를 지어서 지옥에 갔다"고 주장해야 한다. 하지만 그들은 아무도 이렇게 주장하지 않는다. 그들은 다윗이 천국에 간 것으로 인정한다.

실제로 히브리서 11장을 보면 매우 많은 죄를 지은 다윗이 지옥에 가기는커녕 천국에 가서 큰 상까지 받은 것을 알 수 있다(히 11:32). 그가 비록 매우 많은 죄를 지었지만 하나님께 충성한 것이 죄를 지은 것보다 훨씬 더 많았기 때문이다.

만일 "진짜 신자도 죄를 많이 지으면 지옥에 간다"는 주장과 "죄를 많이 짓는 사람은 모두 가짜 신자라서 지옥에 간다"는 주장이 하나님의 가르침이면 "다윗이 천국에서 큰 상을 받았다"고 기록된 히브리서 11장은 거짓말이다. 이것 때문에라도 당장 히브리서를 성경에서 삭제해야 한다. 하나님의 말씀인 성경에 절대로 거짓말이 있을 수 없기 때문이다.

절대로 말이 안 되는 것이지만 억지로 한번 말을 만들어 보자.
어떤 행위구원론자들의 주장대로 '진짜 신자도 죄를 많이 지으면 지옥에 간다'고 치고, 어떤 행위구원론자들의 주장대로 '진짜 신자는 절대로 죄를 많이 짓지 않는다'고 치자. 그렇다면 성도는 얼마나 죄를 많이 지으면 지옥에 가는 것일까? 전쟁터에서 싸우고 있는 부하의 아내와 불륜을 저지른 것도 모자라서 그 부하를 교활하게 죽인 다윗도 하나님의 무서운 진노를 받았을 뿐, 지옥에 가지 않았다. 아버지의 아내와 동거 생활을 하던 신자도 육신이 하나님의 무서운 진노를 받았을 뿐, 지옥에 가지 않았다. 그렇다면 도대체 얼마나 더 죄를 많이 지어야 지옥에 가는 것일까? 수십 명과 간음죄를 짓고, 수십 명을 죽여야 지옥에 가는 것일까?

다윗과 아버지의 아내와 동거 생활을 한 성도가 천국에 간 것만 봐도 "진짜 신자도 죄를 많이 지으면 지옥에 간다"는 주장과 "죄를 많이 짓는 신자는 모두 가짜 신자라서 지옥에 간다"는 주장이 오류일 수밖에 없지 않은가?

4) 산상설교 역시 "진짜 신자도 죄를 많이 지으면 지옥에 간다"는 주장과 "죄를 많이 짓는 사람은 모두 가짜 신자라서 지옥에 간다"는 주장이 오류임을 증명한다.

예수님은 "죄를 적게 지으면 천국에 가고, 죄를 많이 지으면 지옥에 간다"고 가르치신 적이 없다. 예수님은 산상설교를 통해 "먼지만큼 작은 죄를 지어도 지옥 가기에 충분하다"고 선포하셨다. 따라서 "진짜 신자도 죄를 많이 지으면 지옥에 가고, 죄를 적게 지으면 천국에 간다"는 주장은 "예수님이 '먼지만큼 작은 죄를 지어도 지옥 가기에 충분하다'고 거짓말을 하셨다"고 주장하는 것이다. 이 얼마나 무서운 주장인가? 이런 어이없는 주장을 어떻게 용납할 수 있겠는가?

성경에는 "진짜 신자도 죄를 많이 지으면 지옥에 간다"는 가르침이 없고, "죄를 많이 짓는 신자는 모두 가짜 신자라서 지옥에 간다"는 가르침도 없다. 성경에는 "진짜 신자는 육신이 약해서 죄를 많이 지어도 반드시 천국에 간다"는 가르침만 있다. 이것을 깨달아야만 흔들리지 않는 구원의 확신을 가질 수 있다.

2012년 12월 3일의 일이다. 그날 기억에 남는 전화를 받았다. 전화를 건 사람은 한국의 굴지의 장로교단에 소속한 초대형 교회의 원로목사였다. 그가 영성과 지성을 겸비한 목회자였기 때문에 일찍부터 그를 존경하고 있었다. 그는 "목사님의 책을 읽던 중에 전화를 걸었다"고 하며 "목사님의 책에 전적으로 동의한다"고 했다. 나중에 그는 본서를 그에게 선물한 김명순 전도사에게 전화를 걸어서 사의를 표한 후에 "앞으로 이화영 목사의 구원론을 가르치겠다"고 선언했다!

어떤 일반 기독교인의 간증을 소개하겠다.

"목사님의 책 9권 중, 오늘 1권을 읽은 소감을 보냅니다. '하나님의 자녀 ○○○'이라고 단숨에 기록했습니다. 그동안 모순된 논리로 고민해 온, 5대 모태 신앙이지만 늘 괴로웠는데, 목사님의 책을 접하고 제대로 된 회개의 방향이 정리되고, 제대로 된 신앙을 가지게 되었습니다. 기쁨이 가슴 속에 꽉 차오르고, 바보같이 속에서 웃음이 나옵니다. 감사합니다."

이번 장의 핵심 내용을 아래와 같이 요약할 수 있다.

"진짜 신자는 죄를 지은 만큼 복과 상을 잃을 뿐, 육신이 약해서 죄를 많이 지어도 반드시 천국에 간다."

3. 성도가 회개하지 않으면 어떻게 될까?

내가 진짜 신자들이 많은 죄를 지었는데도 그들이 천국에 간 것이 기록된 성경말씀을 행위구원론자들에게 제시하면 그들은 "진짜 신자도 죄를 많이 지을 수 있지만 회개하지 않으면 지옥에 간다"고 주장하거나 "진짜 신자도 죄를 많이 지을 수 있지만 진짜 신자는 반드시 회개해서 천국에 간다"고 주장한다. 이것을 보면 행위구원론자들이 "진짜 신자도 죄를 많이 지으면 지옥에 간다"고 주장하거나 "진짜 신자는 절대로 죄를 많이 짓지 않는다"고 주장하는 것이 오류임을 알 수 있다.

또 다른 문제가 있다. 그들은 '어느 정도로 회개해야 천국에 갈 수 있는지'를 제시하지 않은 채로 막연하게 "진짜 신자도 회개하지 않으면 지옥에 간다"고 주장하거나 "진짜 신자는 반드시 회개해서 천국에 간다"고 주장한다. 이런 주장들 때문에 마음은 회개하기를 원하지만 육신이 약해서 회개하지 못하는 성도들은 자신이 천국에 갈 정도로 회개하며 사는 것인지를 가늠할 수 없어서 답답해한다. 어떤 성도들은 자신이 충분히 회개하지 못한 것 때문에, 혹은 충분히 회개하지 못할 것 같은 마음이 생기는 것 때문에 지옥의 공포에 시달리고 있다.

과연 회개에 관한 행위구원론자들의 주장들은 성경의 가르침일까? 결론부터 말하면 그 주장들도 오류다. 지금부터 그 주장들이 성경의 가르침이 아닌 것을 성경으로 증명하겠다.

1) 예수님과 사도들의 가르침이 "중생한 신자도 회개하지 않으면 지옥에 간다"는 주장과 "진짜 중생한 신자는 반드시 회개해서 천국에 간다"는 주장이 오류임을 증명한다.

예수님과 사도들은 "중생한 신자는 절대로 지옥에 가지 않는다"고 가르치셨다. 따라서 "중생한 신자도 회개하지 않으면 지옥에 간다"는 주장과 "진짜 중생한 신자는 반드시 회개해서 천국에 간다"는 주장이 절대로 성경의 가르침일 수 없다. 행위구원론자들의 주장이 진리면 성경은 궤변서가 된다. 어떻게 성경에 궤변이 있을 수 있겠는가?

2) 고린도전서 5장도 "진짜 신자도 회개하지 않으면 지옥에 간다"는 주장과 "진짜 신자는 반드시 회개해서 천국에 간다"는 주장이 오류임을 증명한다.

> (고전 5:1-5 요약) 너희 중에 심지어 음행이 있다 함을 들으니 그런 음행은 이방인 중에서도 없는 것이라 누가 그 아버지의 아내를 취하였다 하는도다 …… 이런 자를 사탄에게 내주었으니 이는 육신은 멸하고 영은 주 예수의 날에 구원을 받게 하려 함이라

"진짜 신자는 절대로 죄를 많이 짓지 않는다"고 주장하는 사람들은 본문을 아래와 같이 해석한다.

> "고린도전서 5장 1-5절은 '죄를 회개하지 않으면, 즉 죄를 끊어 버리지 않으면 결코 천국에 들어갈 수 없다'는 것을 보여 주는 것입니다."

결론부터 말하면 이 주장은 성경의 가르침이 아니다.

첫째, 고린도전서의 헬라어 원문에 "그 사람이 고집스럽게 패륜죄를 짓기 때문에 바울 사도가 그의 육신만 사탄에게 맡겨서 죽게 했고, 그의 영은 구원을 받게 했다"고 기록돼 있다. 이것은 그가 회개하지 않은 것을 증명한다. 이것을 볼 때 행위구원론자들의 주장이 오류임을 알 수 있다.

둘째, 히브리서 6장 4-8절에 "중생한 신자가 고집스럽게 큰 죄를 지으면 하나님은 그에게 더 이상 회개할 기회를 주지 않으신다"고 기록돼 있다. 이것을 볼 때 하나님이 패륜죄를 범한 신자에게 더 이상 회개할 기회를 주지 않으신 것을 알 수 있다.

3) 중생한 신자가 자신의 육체로 범한 죄를 완벽하게 회개하는 것이 절대로 불가능한 것도 "진짜 신자는 반드시 회개해서 천국에 간다"는 주장과 "중생한 신자도 죄를 많이 지으면 반드시 회개해야 천국에 갈 수 있다"는 주장이 오류임을 증명한다.

앞서 언급한 것처럼 천국은 먼지만큼의 죄도 용납하지 않는 곳이다. 만에 하나라도 중생한 신자도 회개해야 천국에 가는 것이 사실이면 성도는 육체로 지은 모든 죄를 회개해야 한다.

성경은 "사람이 회개할 수 있는 죄가 있고, 사람이 회개할 수 없는 죄가 있다"고 가르친다.

(계 3:19-20) 무릇 내가 사랑하는 자를 책망하여 징계하노니 그러므로 네가 열심을 내라 회개하라 볼지어다 내가 문 밖에 서서 두드리노니 누구든지 내 음성을 듣고 문을 열면 내가 그에게로 들어가 그와 더불어 먹고 그는 나와 더불어 먹으리라

본문은 "예수님을 주인으로 삼지 않은 죄를 회개한 후에 예수님을 주인으로 삼으라"는 뜻이다. 이처럼 사람이 회개할 수 있는 죄는 회개해야 한다. 이와 달리 사람이 회개할 수 없는 죄도 있다.

(마 18:23-27) 그러므로 천국은 그 종들과 결산하려 하던 어떤 임금과 같으니 결산할 때에 만 달란트 빚진 자 하나를 데려오매 갚을 것이 없는지라 주인이 명하여 그 몸과 아내와 자식들과 모든 소유를 다 팔아 갚게 하라 하니 그 종이 엎드려 절하며 이르되 내게 참으소서 다 갚으리이다 하거늘 그 종의 주인이 불쌍히 여겨 놓아 보내며 그 빚을 탕감하여 주었더니

본문은 사람이 회개할 수 없는 죄가 있는 것을 가르친다.

어떤 사람에게 회개할 수 없는 죄가 있을 경우에 하나님은 그에게

자백을 요구하신다. 그 죄를 자백하면 사랑의 하나님은 즉시 그 죄를 용서해 주신다.

(요일 1:9) 만일 우리가 우리 죄를 자백하면 그는 미쁘시고 의로우사 우리 죄를 사하시며 우리를 모든 불의에서 깨끗하게 하실 것이요

하나님은 공의의 주님이시다. 이 때문에 하나님은 어떤 성도가 회개할 수 없는 큰 죄를 자백하면 죄의 크기에 따른 징계를 하신다. 땅에서는 저주를 내리시고, 하늘에서는 상을 박탈하신다.

(삼하 12:13-14) 다윗이 나단에게 이르되 내가 여호와께 죄를 범하였노라 하매 나단이 다윗에게 말하되 여호와께서도 당신의 죄를 사하셨나니 당신이 죽지 아니하려니와 이 일로 말미암아 여호와의 원수가 크게 비방할 거리를 얻게 하였으니 당신이 낳은 아이가 반드시 죽으리이다 하고

다윗이 자신의 죄를 자백할 때, 하나님은 그의 죄를 즉시 용서해 주셨다. 하지만 주님은 그가 낳은 아들을 죽이신 것을 시작으로 그에게 많은 재앙을 내리셨다.

(고전 3:12-15) 만일 누구든지 금이나 은이나 보석이나 나무나 풀이나 짚으로 이 터 위에 세우면 각 사람의 공적이 나타날 터인데 그 날이 공적을 밝히리니 이는 불로 나타내고 그 불이 각 사람의 공적이 어떠한 것을 시험할 것임이라 만일 누구든지 그 위에 세운 공적이 그대로 있으면 상을 받고 누구든지 그 공적이 불타면 해를 받으리니 그러나 자신은 구원을 받되 불 가운데서 받은 것 같으리라

고린도전서 5장 1-5절에 기록된 패륜죄를 범한 성도는 땅에서 저주를 받는 것에 그치지 않고, 죄를 지은 만큼 하늘의 상을 박탈당했을 것이다.

자백을 회개로 착각하지 않아야 한다. 회개는 손해를 배상하는 것이고, 자백은 손해를 배상하지 않은 채로 죄만 인정하는 것이다. 사람은 자신의 모든 죄를 자백할 수는 있어도 모든 죄를 회개할 수는 없다.

사람이 자신의 모든 죄를 회개할 수 없는 이유가 두 가지다.

첫째, 사람은 결코 큰 죄를 회개할 수 없다.

(출 22:4) 도둑질한 것이 살아 그의 손에 있으면 소나 나귀나 양을 막론하고 갑절을 배상할지니라

남에게 손해를 끼친 죄를 회개하려면 배상을 해야 한다. 살인죄를 지은 사람이 어떻게 상대방에게 배상을 할 수 있겠는가? 간음죄, 거액의 부채 등도 회개가 불가능하다.

둘째, 사람은 결코 모든 죄를 회개할 수 없다.

이웃이 요청한 것을 거절한 죄를 생각해 보자. 거절죄를 회개하려면 자신의 모든 재산을 이웃에게 나눠 줘야 한다. 이 때문에 예수님이 "구하는 자에게 한 번이라도 주지 않고, 꾸고자 하는 자에게 한 번

이라도 거절하면 천국에 갈 수 없다"고 선언하신 것이다.

문제는 사람들의 요구가 셀 수 없이 많은 데 있다. 어떤 사람은 돈을 요구하고, 어떤 사람은 옷을, 어떤 사람은 집을, 어떤 사람은 피를, 어떤 사람은 뼈를, 어떤 사람은 눈을, 어떤 사람은 간을, 어떤 사람은 신장을, 어떤 사람은 피부를 요구하는 등, 사람들이 요구하는 것이 이루 말할 수 없이 많다.

자신의 재산이 하나도 없어야만 이웃들이 요구한 재물을 그들에게 모두 준 것이다. 이뿐만 아니라 두 눈, 두 팔, 두 다리, 두 신장, 하나의 간, 모든 피를 이웃들에게 줘야만 이웃들이 요구한 것을 모두 준 것이다. 여러분은 이웃들이 구하는 것을 모두 주었는가? 이 모든 일들을 실천해서 천국에 갈 자신이 있는가?

자동차의 매연으로 공기를 오염시켜서 이웃에게 해를 끼치는 죄를 회개하는 것을 생각해 보자.

자동차를 생산하는 사람은 그 일에 참여하지 않아야만 진정으로 회개한 것이다. 자동차를 운전하는 사람은 그 일을 그만둬야만 진정으로 회개한 것이다. 자동차를 타는 사람은 그 일을 그만둬야만 진정으로 회개한 것이다. 자동차를 만들거나 그것을 운전하거나 그것을 타면서 "하나님, 제가 공기를 오염시켜서 이웃에게 해를 끼쳤습니다"라고 말하는 것은 진정으로 회개한 것이 아니다.

우리가 비누와 샴푸 등으로 물을 오염시켜서 다른 사람들을 해치는 죄를 어떻게 회개할 수 있겠는가? 우리가 전기와 가스를 사용하여 공기를 오염시켜서 다른 사람들을 해치는 죄를 어떻게 회개할 수 있겠는가? 우리가 각종 공산품을 써서 공기와 물과 땅을 오염시켜서 다른 사람들을 해치는 죄를 어떻게 회개할 수 있겠는가? 죽는 순간까지 그런 죄를 지을 수밖에 없지 않은가? 우리가 어떻게 하나님이 요구하시는 만큼 하나님을 사랑할 수 있겠는가? 우리는 정도의 차이가 있을 뿐, 누구나 다 "마음을 다하고, 뜻을 다하고, 목숨을 다하여 하나님을 사랑하라"는 하나님의 명령을 조금이라도 어기며 살지 않는가? 그런 죄들을 회개하지 못한 것 때문에 우리의 육체가 죗값으로 죽는 것이 아닌가?

회개가 가능한 죄를 지었을 경우에는 최대한 많이 회개해야 하고, 회개가 불가능한 죄를 지었을 경우에는 최대한 빨리 자백해야 한다.

죄의 삯은 사망이다(롬 6:23). 성도의 육체가 죽는 것은 육체로 지은 죄를 모두 회개하지 못한 것을 증명한다. 그런데도 성도는 누구나 다 그의 육체가 죗값으로 죽을 때 그의 영은 천국에 들어간다. 성도의 회개와 성도가 천국에 가는 것은 아무런 상관이 없다. 이것은 성경의 가르침이다. 그런데도 여전히 "진짜 신자도 회개해야 천국에 갈 수 있다"고 주장할 것이며, "진짜 신자는 반드시 회개해서 천국에 간다"고 주장할 것인가?

어떤 구원파는 "하나님은 성도가 미래에 지을 죄까지 모두 용서해 주셨다"고 주장한다. 그러나 성경에는 "하나님은 성도가 회개하는 죄와 자백하는 죄만 용서해 주신다"는 가르침이 있을 뿐이다.

하나님이 미래에 지을 죄까지 모두 용서해 주시면 큰 부작용이 생긴다. 이것을 깨닫게 해 주는 실화를 소개하겠다.

"중세 시대 면죄부 판매 위원장인 요한 테젤(Johann Tetzel)에게 한 귀족이 찾아왔습니다.

'면죄부를 사면 미래에 지을 죄도 용서받을 수 있습니까?'

테젤은 '그렇다'고 답했습니다. 귀족은 큰돈을 냈고, 테젤은 '미래에 지을 죄를 용서하노라'라는 내용의 인장을 면죄부에 찍어 줬습니다. 그런데 귀족은 면죄부를 받자마자 테젤을 마구 때리기 시작했습니다.

독일 작센 주의 게오르그 공작은 귀족을 잡아다가 이유를 묻자 그는 면죄부를 보여 주며 대답했습니다.

'이 면죄부에는 제가 지을 미래의 죄를 용서한다고 적혀 있습니다. 제가 지을 죄가 바로 이 폭행이었습니다.'

성직자를 때렸다는 이유로 크게 화를 냈던 공작은 면죄부를 보고는 죄를 묻지 않고 그냥 풀어 줬습니다.

마틴 루터는 테젤의 면죄부 판매와 연옥에 대한 설교에 강력하게 반발했고, 이 논쟁이 종교개혁의 불씨를 일으켰습니다(《김장환 목사와 함께 경건생활 365일》, 나침반출판사)."

4) 성경에 기록된 믿음의 사람들이 일부 죄를 회개하지 못하고 천국에 간 것도 "진짜 신자는 반드시 회개해서 천국에 간다"는 주장과 "중생한 신자도 회개해야 천국에 갈 수 있다"는 주장이 오류임을 증명한다.

성도가 모든 죄를 회개해서 천국에 가려면 "이웃을 네 자신처럼 사랑하라"는 계명을 지키지 못한 죄를 회개해야 한다. 그 죄를 회개하려면 자신의 모든 재산을 가난한 이웃에게 나눠 줘야 한다. 과연 성경에 기록돼 있는 천국에 간 사람들이 자신의 모든 재산을 가난한 이웃에게 나눠 주었는가? 전혀 그렇지 않다.

성경에는 부자로 살다가 죽을 때 자신의 재산을 자녀들에게 상속한 사람이 많이 기록돼 있다. 아브라함과 다윗이 대표적이다. 성경을 보면 그들이 부자로 살다가 자신의 많은 재산을 자녀에게 물려준 것을 알 수 있다. 이것은 그들이 "이웃을 네 몸처럼 사랑하라"는 율법을 어긴 것을 뜻하고, 율법을 어긴 죄를 회개하지 않은 것을 의미한다. 또한 그들이 범죄한 눈을 빼지 않고, 범죄한 손발을 자르지 않은 것도 그들이 그들의 이웃을 끝까지 사랑하지 못한 죄를 회개하지 않은 것을 뜻한다.

기드온은 죽을 때까지 이스라엘 백성들이 우상숭배(에봇 숭배)를 하는 것을 허용하는 죄를 지은 것 때문에 하나님의 진노를 받아서 패가망신을 당했다. 그런데도 히브리서 11장에는 아브라함과 다윗과 기드온이 천국에 간 것은 물론 하늘의 상까지 받은 것이 기록돼 있다.

> **(히 11:17)** 아브라함은 시험을 받을 때에 믿음으로 이삭을 드렸으니 그는 약속들을 받은 자로되 그 외아들을 드렸느니라

> **(히 11:32)** 내가 무슨 말을 더 하리요 기드온, 바락, 삼손, 입다, 다윗 및 사무엘과 선지자들의 일을 말하려면 내게 시간이 부족하리로다

아브라함과 다윗과 기드온이 비록 죄를 지었지만 의를 행한 것이 훨씬 더 많았다. 이 때문에 그들이 천국에 간 것은 물론 큰 상까지 받은 것이다.

지금까지 설명한 것을 볼 때, "중생한 신자도 회개해야 천국에 갈 수 있다"고 주장하거나 "진짜 중생한 신자는 반드시 회개해서 천국에 간다"고 주장하는 사람들이 성경이 가르치는 율법과 죄와 회개가 무엇인지를 모르는 것을 알 수 있다. 율법과 죄와 회개가 무엇인지를 아는 사람은 아무리 열심히 회개해도 자신이 흉악한 죄인임을 고백할 수밖에 없다.

바울 사도는 순교할 날이 얼마 남지 않았을 때, "죄인들 중에 내가 괴수라"고 고백했다. 헌신적으로 미국의 인디언들에게 복음을 전하다가 29세에 세상을 떠난 데이비드 브레이너드 선교사는 "나는 하나님이 원하시는 만큼 하나님을 사랑하지 못하기 때문에 날마다 지옥에 떨어져야 마땅할 녀석이라"고 고백했다. 한국 최초로 성경 66권을 주석한 박윤선 박사는 말년에 "나는 80년 묵은 죄인이라"고 고백했다.

행위구원론자들이 "성령님이 중생한 신자를 도와주시기 때문에 중생한 신자는 얼마든지 회개해서 천국에 갈 수 있다"고 주장하는 것도 오류다.

중생한 신자는 자신이 범죄한 것을 깨달았을 경우에 다윗처럼 가능한 한 빨리 회개하는 것이 좋고, 할 수 있는 한 철저하게 회개하는 것이 현명하다. 그렇게 할 때 하나님의 저주를 덜 받기 때문이고, 하늘의 상급을 덜 박탈당하기 때문이다.

대부분의 중생한 신자들은 자신이 육체로 범죄했을 경우에 다윗처럼 회개하기를 힘쓴다. 그러나 패륜죄를 범한 고린도교회의 신자처럼 마음으로는 회개하고 싶지만 육신이 약해서 큰 죄를 지으면서도, 그리고 그 죄 때문에 하나님의 무서운 진노를 받으면서도 회개하지 못하는 신자들도 있다. 뿐만 아니라 지나치게 타락한 성도에게는 하나님이 더 이상 회개할 기회를 주지 않으시는 경우도 있다.

성령님이 중생한 신자가 회개하도록 도와주시는 것이 사실이다. 하지만 성령님이 중생한 신자가 육체로 지은 모든 죄를 회개하도록 완벽하게 도와주지 않으시는 것도 사실이다. 고린도교회의 어떤 성도가 패륜죄를 범한 것을 회개하지 못해서 그의 육체가 사탄에게 맡겨져서 비참하게 죽은 것이 증거다.

성령님은 중생한 신자가 범죄하면 그가 회개하도록 책망하시거나 매로 때리신다. 그가 회개하지 않으면 머리부터 발끝까지 성한 곳이 없을 정도로 매로 때리신다. 그래도 그가 회개하지 않으면 그를 사탄에게 맡겨서 비참하게 죽게 하시고, 그에게 줄 하늘의 상급을 모두 박탈하신다. 성령님이 중생한 신자가 육체로 지은 모든 죄를 모두 강제로 회개시키는 법은 절대로 없다.

한편, 대부분의 기독교인들은 "자살하면 회개할 기회가 없기 때문에 자살하는 사람은 지옥에 간다"고 주장한다. 그러나 이것도 성경의 가르침이 아니다. 성도는 시험에 들어서 살인을 해도 그의 육신만 살인죄를 짓는 것처럼 시험에 들어서 자살을 해도 그의 육신만 자살죄를 짓는 것이기 때문이다. 육신의 죄는 육신의 죽음으로 모두 청산된다.

다만 성도는 하나님의 영광을 드러내기 위해 육신으로 지은 죄를 최대한 열심히 회개해야 한다. 하나님은 성도가 회개한 만큼 복과 상을 주신다. 성도의 회개는 그가 천국에 가는 것과 전혀 상관이 없다. 이것을 깨닫지 못해서 많은 성도들이 "중생한 신자도 회개해야 천국에 갈 수 있다"고 잘못 주장하거나 "진짜 신자는 반드시 회개해서 천국에 간다"고 잘못 주장한다. 이런 비성경적인 주장들 때문에 자살한 가족을 둔 성도들이 큰 고통을 받고, 육신이 약해서 회개하지 못하는 성도들이 자신의 구원에 완전히 절망해서 큰 시험에 든다. 참으로 안타까운 일이다.

지금부터 행위구원론자들이 "중생한 신자도 회개하지 않으면 지옥에 간다"고 주장할 때 인용하는 성경 구절들을 검증하겠다.

1) 행위구원론자들은 마태복음 3장을 근거로 "중생한 신자도 회개하지 않으면 지옥에 간다"고 주장하거나 "진짜 신자는 반드시 회개해서 천국에 간다"고 주장한다.

(마 3:1-2) 그 때에 세례 요한이 이르러 유대 광야에서 전파하여 말하되 회개하라 천국이 가까이 왔느니라 하였으니

(마 3:7-10) 요한이 많은 바리새인들과 사두개인들이 세례 베푸는 데로 오는 것을 보고 이르되 독사의 자식들아 누가 너희를 가르쳐 임박한 진노를 피하라 하더냐 그러므로 회개에 합당한 열매를 맺고 속으로 아브라함이 우리 조상이라고 생각하지 말라 내가 너희에게 이르노니 하나님이 능히 이 돌들로도 아브라함의 자손이 되게 하시리라 이미 도끼가 나무 뿌리에 놓였으니 좋은 열매를 맺지 아니하는 나무마다 찍혀 불에 던져지리라

마태복음 3장의 문맥을 보면 이때가 예수님이 공생애 사역을 시작

하시기 직전인 것을 알 수 있다. 앞서 설명한 것처럼 예수님은 공생애 사역 후반기까지 가능한 한 일반인들에게 자신이 그리스도임을 감추셨다. 이것을 볼 때 세례 요한이 예수님을 믿지 않는 유대인들에게 "회개하라"고 외친 것을 알 수 있다. 그러므로 본문을 근거로 "중생한 신자도 회개해야 천국에 갈 수 있다"고 주장하면 안 된다.

2) 행위구원론자들은 마태복음 4장을 근거로 "중생한 신자도 회개하지 않으면 지옥에 간다"고 주장하거나 "진짜 신자는 반드시 회개해서 천국에 간다"고 주장한다.

(마 4:17) 이 때부터 예수께서 비로소 전파하여 이르시되 회개하라 천국이 가까이 왔느니라 하시더라

본문은 예수님이 공생애 사역 초기에 예수님을 믿지 않는 유대인들에게 하신 말씀이다. 그러므로 본문을 중생한 신자들에게 적용하는 것은 본문을 잘못 해석하는 것이다. 본문은 "불신자는 회개한 후에 예수님을 믿어야 천국에 갈 수 있다"는 뜻이다.

3) 행위구원론자들은 요한계시록 21장을 근거로 "중생한 신자도 회개하지 않으면 지옥에 간다"고 주장하거나 "진짜 신자는 반드시 회개해서 천국에 간다"고 주장한다.

(계 21:8) 그러나 두려워하는 자들과 믿지 아니하는 자들과 흉악한 자들과 살인자들과 음행하는 자들과 점술가들과 우상 숭배자들과 거짓말하는 모든 자들은 불과 유황으로 타는 못에 던져지리니 이것이 둘째 사망이라

본문은 '그러나'란 단어로 시작됐다. '그러나'는 앞에서 설명한 내용과 반대되는 내용을 말할 때 사용하는 단어다. 요한계시록 21장 8절에 기록된 '두려워하는 자들과 믿지 아니하는 자들과 흉악한 자들과 살인자들과 음행하는 자들과 점술가들과 우상 숭배자들과 거짓말하는 모든 자들'이 누군지 알려면 요한계시록 21장 8절 이전의 말씀을 봐야 한다. 본문의 문맥을 보면 본문 바로 앞에 중생한 신자들이 천국에서 영생을 누리는 내용이 있는 것을 알 수 있다.

(계 21:6-8) 이루었도다 나는 알파와 오메가요 처음과 마지막이라 내가 생명수 샘물을 목마른 자에게 값없이 주리니 이기는 자는 이것들을 상속으로 받으리라 나는 그의 하나님이 되고 그는 내 아들이 되리라 그러나 두려워하는 자들과 믿지 아니하는 자들과 흉악한 자들과 살인자들과 음행하는 자들과 점술가들과 우상 숭배자들과 거짓말하는 모든 자들은 불과 유황으로 타는 못에 던져지리니 이것이 둘째 사망이라

본문은 "예수님을 믿은 것 때문에 천국에서 영생을 누리는 성도들이 있다"고 기록한 후에 '그러나 두려워하는 자들과 믿지 아니하는 자들은 불과 유황으로 타는 못에 던져지리라'고 기록돼 있다. 본문의 이런 문맥을 볼 때 본문이 불신자들에 관한 말씀인 것을 알 수 있다. 다시 말해서 본문이 '그러나 예수님을 믿지 않은 상태에서 두려워하는 자들과 믿지 아니하는 자들은 불과 유황으로 타는 못에 던져지리라'는 뜻임을 알 수 있다. 그러므로 본문을 중생한 신자들에게 적용하면 안 된다.

4) 행위구원론자들은 요한계시록 22장을 근거로 "중생한 신자도 회개하지 않으면 지옥에 간다"고 주장하거나 "진짜 신자는 반드시 회개해서 천국에 간다"고 주장한다.

> (계 22:15) 개들과 점술가들과 음행하는 자들과 살인자들과 우상 숭배자들과 및 거짓말을 좋아하며 지어내는 자는 다 성 밖에 있으리라

많은 이들이 본문을 천년왕국이 끝난 후에 시작되는 천국에서 일어날 일들을 기록한 것으로 오해한다. 그러나 본문의 문맥을 보면 본문이 천년왕국 때 일어날 일들을 기록한 것을 알 수 있다.

> (계 22:12-15) 보라 내가 속히 오리니 내가 줄 상이 내게 있어 각 사람에게 그가 행한 대로 갚아 주리라 나는 알파와 오메가요 처음과 마지막이요 시작과 마침이라 자기 두루마기를 빠는 자들은 복이 있으니 이는 그들이 생명나무에 나아가며 문들을 통하여 성에 들어갈 권세를 받으려 함이로다 개들과 점술가들과 음행하는 자들과 살인자들과 우상 숭배자들과 및 거짓말을 좋아하며 지어내는 자는 다 성 밖에 있으리라

예수님은 "내가 속히 오리니 내가 줄 상이 내게 있어서 각 사람에게 그가 행한 대로 갚아 주리라"라고 선언하셨다. 예수님이 오셔서 각 사람에게 그가 행한 대로 상을 주실 때가 언제인가? 천년왕국이 시작될 때다. 그때가 되면 부활체를 가진 성도들은 각자 하나님께 충성한 만큼 상을 받은 후에 1천 년 동안 성 안에 살며 생명나무 열매를 먹는다. 반면에 부활하지 못한 불신자들(개들과 점술가들과 음행하는 자들과 살인자들과 우상 숭배자들과 및 거짓말을 좋아하며 지어내는

자들 등등)은 1천 년 동안 성 밖에 거주한다.

1천 년이 끝나면 무저갱에서 풀려난 사탄이 성 밖에 사는 불신자들을 충동해서 성도들이 사는 성을 공격한다.

(계 20:7-9) 천 년이 차매 사탄이 그 옥에서 놓여 나와서 땅의 사방 백성 곧 곡과 마곡을 미혹하고 모아 싸움을 붙이리니 그 수가 바다의 모래 같으리라 그들이 지면에 널리 퍼져 성도들의 진과 사랑하시는 성을 두르매 하늘에서 불이 내려와 그들을 태워버리고

이처럼 요한계시록 22장 15절은 천년왕국 때 불신자들에게 일어날 일을 기록한 것이다. 본문은 '천년왕국 때 부활하지 못한 불신자들(개들과 점술가들과 음행하는 자들과 살인자들과 우상 숭배자들과 및 거짓말을 좋아하며 지어내는 자들)은 1천 년 동안 성 밖에 거주한다'는 뜻이다. 그러므로 요한계시록 22장 15절을 중생한 신자들에게 적용하면 안 된다.

5) 행위구원론자들은 성경의 구원론 난해 구절들을 자의적으로 해석해서 "중생한 신자도 회개하지 않으면 지옥에 간다"고 주장하거나 "진짜 신자는 반드시 회개해서 천국에 간다"고 주장한다.

"중생한 신자도 회개하지 않으면 지옥에 간다"고 주장하는 사람들과 "진짜 신자는 반드시 회개해서 천국에 간다"고 주장하는 사람들이 제시하는 성경말씀을 보라. 그러면 그들이 "한 번 빛을 받고 타락한 사람은 다시 회개할 수 없다", "하나님의 뜻대로 행하는 자라야 천국에 들어

가리라" 등의 말씀을 근거로 그런 주장을 하는 것을 알 수 있을 것이다. 앞서 설명한 것처럼 그 구절들은 "중생한 신자는 죄를 지은 만큼 땅의 복이나 하늘의 상을 받을 수 없다"는 뜻이거나 율법을 지켜서 천국에 갈 수 없는 것을 반어법으로 강조한 것이다. 그러므로 성경의 구원론 난해 구절들을 중생한 신자의 영혼구원에 적용하면 안 된다.

한편, 어떤 기독교 지도자들은 "성도가 구원의 확신을 얻으면 타락할 수 있고, 삶이 힘들면 자살할 수도 있으므로 성도에게 구원의 확신을 주면 안 된다"고 주장한다. 물론 성도가 영혼구원을 삶의 최대 목적으로 삼으면 구원의 확신을 얻은 후에 타락할 수 있을 것이고, 삶이 힘들면 자살할 수도 있을 것이다. 그러나 성경은 "성도는 영혼구원을 삶의 목적으로 삼으면 안 된다"고 가르친다. 또한 성경은 "성도는 하나님의 은혜로 예수님을 믿을 때 영원히 안전한 영혼구원을 받았다"고 가르친다. 더 나아가서 성경은 "성도는 시험에 들어서 불신자보다 더 악한 죄를 지어도 반드시 천국에 간다"고 가르친다. 이어서 성경은 "성도에게는 삶의 최대 목적이 따로 있다"고 가르친다.

(고전 10:31) 그런즉 너희가 먹든지 마시든지 무엇을 하든지 다 하나님의 영광을 위하여 하라

(롬 14:8) 우리가 살아도 주를 위하여 살고 죽어도 주를 위하여 죽나니 그러므로 사나 죽으나 우리가 주의 것이로다

성도가 하나님의 영광을 드러내려면 하나님께 충성해야 한다. 하나님은 성도가 하나님께 충성한 만큼 영광을 받으신다. 성도가 하나

님께 죽도록 충성하면 하나님이 가장 큰 영광을 받으신다. 그러므로 성도는 영혼구원을 삶의 목적으로 삼지 말고, 하나님께 죽도록 충성하는 것, 즉 순교를 삶의 최대 목적으로 삼아야 한다.

그러나 구원의 확신을 얻은 성도가 여기까지만 깨달으면 삶이 매우 힘들 때, 순교는커녕 스스로 삶을 포기할 가능성이 크다. 다시 말해서 확신을 얻은 성도가 하나님께 죽도록 충성하는 것이 삶의 최대 목적인 것까지만 깨달으면 삶이 매우 힘들 때, '하나님께 많이 죄송하지만 내가 스스로 삶을 포기해도 천국에는 갈 수 있으니까 이제 그만 지옥 같은 삶을 끝내자'는 유혹을 이기기 힘들다.

게다가 대부분의 목회자들은 성경의 구원론 난해 구절들을 근거로 성경이 가르치지 않는 행위구원을 가르친다. 그들은 성경의 구원론 난해 구절들을 근거로 "중생한 신자도 지옥에 갈 수 있다"고 주장하거나 "진짜로 중생한 신자는 반드시 선하게 살게 되어 있다", "선하게 살지 않는 신자는 모두 가짜 신자라"고 주장한다. 그들 중에는 "대부분의 성도들은 지옥에 갈 것이라"고 주장하는 이들이 많다. 심지어 어떤 이들은 "내가 환상 중에 지옥에 갔는데, 지옥에 수많은 목사들과 장로들이 있었다", "사람들이 훌륭하게 여기는 유명한 목사들과 장로들이 지옥에 있는 것을 봤다"고 주장한다. 이 때문에 대부분의 성도들은 '훌륭한 목사들과 장로들도 지옥에 갔는데 내가 어떻게 천국에 갈 수 있겠느냐'고 생각한다. 그 결과 수많은 성도들이 자신의 구원에 완전히 절망해서 타락하거나 자살을 감행한다. 예수님이 "중생한 신자는 영원히, 절대로 지옥에 가지 않는다"고 선포하셨는데도 수많은 기독교 지도자들이 "중생한 신자도 지옥에 갈 수 있다"고 주장하거나 대부분의 성도를 가짜 신자로 취급하니 답답하기 이를 데 없다.

이 때문에 하나님은 성도에게 또 다른 삶의 목적을 제시하신 후에 충성을 요구하신다.

하나님이 성도에게 제시하시는 삶의 목적들 중의 하나는 땅의 복이다. 이것은 구약성경에 많이 기록돼 있다. 하나님이 애굽에 사는 이스라엘 백성들에게 "너희에게 젖과 꿀이 흐르는 가나안 땅을 주겠다"고 약속하셔서 그들을 출애굽 시키신 것이 대표적인 경우다.

문제는 땅의 복이 효과가 강력하지 못한 데 있다. 이 때문에 출애굽한 이스라엘 백성들 대부분이 가나안의 복을 거부하며 "애굽으로 돌아가겠다"고 주장한 것이다. 또한 땅의 복을 많이 받으면 그것을 누리는 유혹에 쉽게 빠지는 것도 문제다. 이스라엘 백성들 대부분이 가나안에 들어가서 잘살게 된 후에 타락한 것이 대표적인 경우다. 이런 단점을 보완하기 위해 하나님이 마련하신 것이 하늘의 상이다.

(계 22:12) 보라 내가 속히 오리니 내가 줄 상이 내게 있어 각 사람에게 그가 행한 대로 갚아 주리라

하늘의 상은 올림픽 금메달과 비교할 수 없을 정도로 좋다. 올림픽 금메달은 땅에 살 때만 영광을 누리지만 하늘의 상은 영원히 누릴 수 있기 때문이다. 그러므로 하늘의 상의 중요성을 확실히 깨달은 성도는 삶이 아무리 힘들어도 어지간해서는 타락하지 않고, 스스로 삶을 포기하지도 않는다. 하늘의 상의 중요성을 확실히 깨달은 성도들 대부분은 바울 사도처럼 어떤 형편에서든지 항상 기뻐하며 헌신과 순교를 갈망한다.

성경의 구원론 난해 구절들의 본뜻을 깨달으면 많은 기독교인들이 헛수고를 하거나 쓸데없는 걱정을 하는 것도 알 수 있다. 캔델 목사의 글을 소개하겠다.

"어떤 교인들은 나중에 천국에 가서 자기들이 예수님을 믿은 순간부터 영원히 번복될 수 없는 구원을 받았음에도 평생을 자신의 구원 여부를 놓고 마귀와 대화를 나누며 살았다는 것을 알면 퍽 안타까울 것이다. 많은 사람이 천국에서 그런 불안과 염려가 불필요했음을 알게 될 것이다."[75]

하나님의 은혜로 성경의 구원론 난해 구절들의 본뜻이 드러났기 때문에 시급하게 두 가지 일을 해야 한다. 첫째, 성경을 새로 번역해야 한다. 둘째, 성경 주석을 새로 써야 한다. 누가 이 일에 헌신할 것인가?

아래의 글은 경상대학교 영어교육학과 교수를 정년퇴임한 이○○ 박사가 보내온 것이다.

"40대 초에 부친께서 별세하신 일을 계기로 어머님의 주도로 가족 전체가 천주교에 입교하여 40년 가까이 천주교인 행세를 해 왔다. 실제로 나의 내면에서는 기독교 교리에 대한 진위를 가리려는 치열한 노력이 계속되었다.

특히 대학에서 영문학을 강의하면서 기독교 사상을 주제로 한 작

---

75) R. T. 캔델 저, 이중수 역, 한번 구원은 영원하다, 양무리서원, 2001년, p.78

품을 집중적으로 다루던 중, 학생들과 치열한 논쟁을 벌이면서 학생들에게 은근히 기독교 복음 전달자 역할을 하기도 했다. 나는 '필요 조건인 믿음을 통한 구원을 받을 자격을 갖추지 못했다'는 자탄을 늘 해 왔다.

80대에 들어서부터 동년배들이 늦가을 낙엽 떨어지듯이 하나씩 저 세상으로 가는 것을 보며 죽음을 어떻게 맞을 것인가를 심각하게 생각하게 되었다. 착실한 종교 생활을 해 온 기독교 신자들 중에도 인생 말년에 허무주의에 빠지는 예를 흔히 볼 수 있었다. '명색이 기독교인으로 반평생을 살아온 내가 과연 기독교적 구원을 받을 수 있을까'에 대한 고민이 나날이 깊어 갔다. 그러던 중 유튜브에서 정치 논평을 하는 이화영 목사의 저술 『지옥에 가는 크리스천들?』 시리즈에 대한 소식을 접하고 귀가 솔깃하여 즉각 구입하여 타는 목마름으로 열독했다.

그 책은 저자가 목회자로서 자기도 엇길로 들어 헤맨 쓰디쓴 경험을 실토하며 수많은 기독교 신자들이 성경 해석 잘못으로 구원을 받지 못할 수 있다는 것을 깨우쳐 주는 양서였다. 그 책을 통해 기독교적 구원은 불교처럼 선행을 행하는 것만으로는 불가능하다는 것을 알게 되었다. 현세의 적선 행위보다 더 중요한 것이 성령에 대한 믿음이라는 것을 깨닫게 되었다."

지금까지 설명한 것을 아래와 같이 요약할 수 있다.

"중생한 신자는 큰 죄를 회개하지 못해도 반드시 천국에 간다. 중생한 신자의 회개는 하나님의 영광을 드러내서 복과 상을 받는 것에만 영향을 준다."

4. 성도의 영혼도 죄를 지을까?

　천국은 죄를 먼지만큼도 용납하지 않는 곳이다. 천국에 들어가려면 죄가 하나도 없어야 한다. 이 때문에 예수님이 산상설교를 통해 "조금만 죄를 지어도 지옥 불에 들어가리라"고 선언하신 후에 "천국에 가려면 모든 도덕법을 완벽하게 지켜라", "지옥에 가지 않으려면 범죄한 눈을 뽑고, 범죄한 손을 자르라"고 명령하신 것이다.
　사람은 영이 천국에 가면 육은 죗값으로 죽은 후에 예수님의 재림 때 자동적으로 부활체를 입고 천국에 간다. 그러므로 어떤 사람이 지옥에 가지 않으려면 그가 예수님을 믿은 후부터 그의 영이 절대로 죄를 짓지 않아야 한다. 우리도 마찬가지다. 과연 성경은 성도의 영이 절대로 죄를 짓지 않는 것을 가르칠까?
　결론부터 말하겠다. 성경은 중생한 신자의 영이 절대로 죄를 짓지 않는 것을 여러 곳에서 매우 분명하게 가르친다. 그러나 매우 불행하게도 오랜 세월동안 대부분의 기독교인들은 성경의 구원론 난해구절들이 중생한 신자의 영도 죄를 짓는 것을 가르치는 것으로 오해했다. 이런 오해 때문에 네 가지 구원론이 만들어졌다.

첫째, 천주교인들은 은혜구원을 가르치는 성경말씀을 "사람은 하나님의 은혜로 예수님을 믿을 때, 영이 구원을 얻기 시작했다"고 해석했다. 그 후에 구원론 난해 구절들을 근거로 "중생한 신자도 매우 착하게 살아야 천국에 직행하고, 죄를 적게 지으면 연옥에 가고, 죄를 많이 지으면 지옥에 간다"고 주장했다.

둘째, 마르틴 루터 신부를 시작으로 루터주의 구원론을 따르는 기독교인들은 구원론 난해 구절들을 외면한 채로 "무조건 하나님의 은혜로 천국에 간다"고 주장했다.

셋째, 존 칼빈 목사를 시작으로 칼빈주의 구원론을 따르는 기독교인들은 은혜구원을 가르치는 성경말씀대로 "중생한 신자는 이미 하나님의 은혜로 구원을 받았다"고 주장했다. 그 후에 그들은 구원론 난해 구절들을 근거로 "중생한 신자는 아직 구원을 받지 않았다"고 주장했다. 더 나아가서 그들은 진짜 신자는 절대로 죄를 많이 짓지 않는다"고 주장한 후에 "죄를 많이 짓는 신자는 모두 가짜 신자라"고 주장했다.

넷째, 야코부스 아르미니우스 목사를 시작으로 알미니안주의 구원론을 따르는 기독교인들은 은혜구원을 가르치는 성경말씀을 "사람은 하나님의 은혜로 예수님을 믿을 때, 영이 구원을 얻기 시작했다"고 해석했다. 그 후에 구원론 난해 구절들을 근거로 "중생한 신자도 죄를 많이 지으면 지옥에 가고, 죄를 적게 지어야 천국에 간다"고 주장했다.

이처럼 기독교의 구원론이 중구난방이다. 게다가 기독교의 4대 구원론이 행위구원론이거나 궤변적 구원론이거나 우격다짐 식 은혜 구원론이다. 그럼에도 불구하고 성도들은 울며 겨자 먹기 식으로 네 가지 구원론 중의 하나를 수용할 수밖에 없었다. 다른 구원론들은 모두 황당무계한 이단 사상이었기 때문이다. 그 결과 수많은 성도들이 구원의 확신을 얻을 수 없어서 고민했다.

지금부터 중생한 신자의 영이 예수님을 믿는 순간부터 절대로 죄를 짓지 않는 것을 가르치는 성경 구절들을 소개하겠다.

1) 요한 사도는 요한일서를 통해 중생한 신자의 영이 절대로 죄를 짓지 않는 것을 가르쳤다.

> (요일 5:18) 하나님께로부터 난 자는 다 범죄하지 아니하는 줄을 우리가 아노라 하나님께로부터 나신 자가 그를 지키시매 악한 자가 그를 만지지도 못하느니라

지금부터 20여 년 전 어느 날, 내가 전광훈 목사의 말씀학교에 참석했을 때, 전 목사는 요한일서 5장 18절을 근거로 "중생한 신자의 영은 죄를 짓지 않는다"고 주장했다. 그런 주장을 처음 들었기 때문에 크게 놀랐다. 내가 소속한 교단의 신학 교수들은 "중생한 신자의 영도 죄를 짓는다"고 주장했기 때문이고, 나도 그렇게 믿고 있었기 때문이다. 그러나 본서를 쓰는 동안에 하나님의 은혜로 전 목사의 주장이

옳은 것을 확인하게 됐다.

한글개역개정성경의 요한일서 5장 18절의 '하나님께로부터 난 자'의 '자'로 번역된 단어는 헬라어가 정관사 '호(ὁ)'다.

"호(ὁ). 정관사: 그, 이, 저, 것, 그이, 그녀, 그것 등. (마 9:8; 눅 22:19) 관사. the: 1) 이것, 저것, 이것들."

과연 '하나님께로부터 난 자'는 무엇을 의미할까? 이것은 요한복음 3장을 보아야 알 수 있다. 예수님은 요한복음 3장 6절을 통해 "영으로 난 것은 영이라"고 선포하셨다. 주님의 말씀은 '성령으로 중생하는 것은 사람의 영이라'는 뜻이다. 사람이 중생할 때, 육은 중생하지 않는다. 따라서 '하나님께로부터 난 자'가 성령으로 영이 거듭난 성도를 뜻하는 것을 알 수 있다.

요한일서 5장 18절의 '아니하는'과 '못하느니라'의 헬라어가 절대부정 부사 '우'다. 이 단어는 다른 경우가 절대로 일어날 수 없는 경우에 사용된다.

헬라어 성경의 이런 용법을 볼 때, 요한일서 5장 18절의 '하나님께로부터 난 자는 다 범죄하지 않는다'는 말씀이 '모든 중생한 신자의 영은 절대로 죄를 짓지 않는다'는 뜻임을 알 수 있다!

요한 사도가 말한 '하나님께로부터 나신 자'는 '성령님'을 의미한다. 성령님은 사람의 영을 중생시키신 후에 그때부터 영원히 그 영과 함께 사신다. 또한 그때부터 사탄이 중생한 신자의 영을 만지지도 못하도록 영원히 완벽하게 지켜 주신다. 이 때문에 중생한 신자의 영이 절대로 죄를 짓지 않는 것이다. 성령님이 영원히 완벽하게 지켜 주셔서 영으로는 절대로 죄를 짓지 않는 중생한 신자가 어떻게 지옥에 갈 수 있겠는가?

2) 바울 사도 역시 중생한 신자의 영이 절대로 죄를 짓지 않는 것을 가르쳤다.

> (롬 8:30) 또 미리 정하신 그들을 또한 부르시고 부르신 그들을 또한 의롭다 하시고 의롭다 하신 그들을 또한 영화롭게 하셨느니라
>
> (롬 8:33-34) 누가 능히 하나님께서 택하신 자들을 고발하리요 의롭다 하신 이는 하나님이시니 누가 정죄하리요
>
> (롬 8:38-39) 내가 확신하노니 사망이나 생명이나 천사들이나 권세자들이나 현재 일이나 장래 일이나 능력이나 높음이나 깊음이나 다른 어떤 피조물이라도 우리를 우리 주 그리스도 예수 안에 있는 하나님의 사랑에서 끊을 수 없으리라

바울 사도는 "하나님은 성도들을 이미 영화롭게 하셨다"고 선언했다. 이 말은 "하나님이 성도들의 영을 이미 영화롭게 하셨다"는 뜻이다. 이 때문에 그가 "아무도 성도들을 고발하거나 정죄할 수 없다"고 선포한 것이고, "아무도 하나님의 사랑에서 성도들을 끊을 수 없다"고 선언한 것이다.

로마서에는 바울 사도가 중생한 신자의 영이 절대로 죄를 짓지 않는 것을 가르친 말씀이 또 있다.

(롬 7:22-25) 내 속사람으로는 하나님의 법을 즐거워하되 내 지체 속에서 한 다른 법이 내 마음의 법과 싸워 내 지체 속에 있는 죄의 법으로 나를 사로잡는 것을 보는도다 오호라 나는 곤고한 사람이로다 이 사망의 몸에서 누가 나를 건져내랴 우리 주 예수 그리스도로 말미암아 하나님께 감사하리로다 그런즉 내 자신이 마음으로는 하나님의 법을 육신으로는 죄의 법을 섬기노라

바울 사도는 로마서 7장 22절에서 "나의 속사람은 하나님의 법을 즐거워한다"고 말했다. 그는 로마서 7장 25절에서 "나의 마음은 하나님의 법을 섬긴다"고 말했다. 이것을 볼 때, 바울 사도가 '속사람'이란 단어와 '마음'이란 단어를 같은 뜻으로 사용한 것을 알 수 있다.

바울 사도가 말한 '속사람'은 '영'을 의미하고, '지체'는 '육'을 뜻한다.

성도의 영과 육은 따로 움직이는 경우가 많다. 시편 기자가 자신의 영과 육이 제각각 움직이는 것을 토로한 경우를 보자.

(시 42:5) 내 영혼아 네가 어찌하여 낙심하며 어찌하여 내 속에서 불안해 하는가 너는 하나님께 소망을 두라 그가 나타나 도우심으로 말미암아 내가 여전히 찬송하리로다

본문의 '영혼'으로 번역된 단어의 히브리어가 '네페쉬(נפשׁ)'다. 디럭스바이블 히브리어 사전을 보면 이 단어의 본래의 뜻이 '호흡하는 생물'을 뜻하는 것을 알 수 있다.

앞서 설명한 것처럼 성도의 영은 예수님과 하나가 되었기 때문에 조금도 근심, 걱정이 없다.

본문을 기록한 성도는 자신의 '네페쉬'가 걱정하는 것을 책망했다. 따라서 '네페쉬를 책망하는 존재'가 '영'을 의미하는 것을 알 수 있고, '네페쉬'가 '혼'을 뜻함을 알 수 있다.

성도의 영은 자신의 혼(몸)을 지배할 수도 있고, 못 할 수도 있다. 성도의 영이 성령으로 충만하면 자신의 혼을 지배할 수 있지만 성령을 소멸하면 자신의 혼을 지배할 수 없다. 이 때문에 왕이 된 다윗이 게으르게 살다가 성령을 소멸해서 간음죄와 살인죄를 지은 것이다. 이처럼 성도의 영과 혼이 따로 행동하는 경우가 있기 때문에 성령님이 성도의 영이 절대로 죄를 짓지 않게 보호해 주시는 것이다.

지금까지 설명한 것처럼 성도의 영은 절대로 죄를 짓지 않고, 몸(육, 혼)만 죄를 짓는다. 이 때문에 하나님은 범죄한 성도의 몸에만 벌을 내리신다.

> (고전 6:19-20) 너희 몸은 너희가 하나님께로부터 받은 바 너희 가운데 계신 성령의 전인 줄을 알지 못하느냐 너희는 너희 자신의 것이 아니라 값으로 산 것이 되었으니 그런즉 너희 몸으로 하나님께 영광을 돌리라

> (고전 3:16-17) 너희는 너희가 하나님의 성전인 것과 하나님의 성령이 너희 안에 계시는 것을 알지 못하느냐 누구든지 하나님의 성전을 더럽히면 하나님이 그 사람을 멸하시리라 하나님의 성전은 거룩하니 너희도 그러하니라

구약시대의 성전에 하나님이 임재해 계셨던 것처럼 지금은 중생한

신자의 몸속에 성령님이 임재해 계신다. 구약시대의 사람들이 지나치게 성전을 더럽히면 하나님이 그 성전을 파괴하신 것처럼 중생한 신자가 몸으로 지나치게 죄를 지으면 하나님이 그 몸을 멸하신다. 또한 그 몸으로 죄를 지은 만큼 하늘의 상을 박탈하신다. 그러나 그 영은 반드시 천국에 데려가신다. 이것을 증명하는 사람이 고린도전서 5장 1-5절에 기록된 패륜죄를 범한 사람이다.

(고전 5:1) 너희 중에 심지어 음행이 있다 함을 들으니 그런 음행은 이방인 중에서도 없는 것이라 누가 그 아버지의 아내를 취하였다 하는도다

(고전 5:5) 이런 자를 사탄에게 내주었으니 이는 육신은 멸하고 영은 주 예수의 날에 구원을 받게 하려 함이라

그가 천인공노할 죄를 계속 짓고 있는데도 하나님은 그의 육신만 사탄에게 맡겨서 죽게 하시고, 그의 영은 구원해 주셨다. 하나님이 왜 그렇게 하셨는가? 그가 예수님을 믿을 때, 영원히 절대로 지옥에 가지 않는 영생을 얻었기 때문에 그렇게 하신 것이고, 그가 예수님을 믿은 후부터 그의 영이 절대로 죄를 짓지 않았기 때문에 그렇게 하신 것이다.

만일 그의 영이 그의 육신과 함께 패륜죄를 지었으면 하나님은 그의 육신만 죽이는 것으로 끝내지 않으시고, 반드시 그의 영을 지옥에 보내셨을 것이다. 예수님이 "음욕을 품기만 해도 지옥불에 들어가리라", "지옥에 가지 않으려면 범죄한 눈을 빼고, 범죄한 손을 잘라라", "형제에게 화를 내고, 형제에게 욕을 하고, 형제를 보고 미련한 놈이라 하는 자는 지옥불에 들어가리라"고 선포하셨기 때문이다. 이것을

볼 때도 중생한 신자의 영이 절대로 죄를 짓지 않는 것을 알 수 있다.

예수님은 중생한 신자의 영이 육신에 의해 어쩔 수 없이 죄에 동참하는 것을 아래와 같이 설명하셨다.

(마 26:41) 시험에 들지 않게 깨어 기도하라 마음에는 원이로되 육신이 약하도다 하시고

예수님이 말씀하신 '마음'은 '중생한 신자의 영'을 의미한다. 이처럼 중생한 신자의 육체가 죄를 지을 때, 그의 영은 절대로 죄를 짓지 않는다.
어떤 이들은 아래의 성경말씀을 근거로 "중생한 신자의 영도 죄를 짓는다"고 주장한다.

(고후 7:1) 그런즉 사랑하는 자들아 이 약속을 가진 우리는 하나님을 두려워하는 가운데서 거룩함을 온전히 이루어 육과 영의 온갖 더러운 것에서 자신을 깨끗하게 하자

성도의 몸속에 영이 있기 때문에 몸이 죄를 지을 때, 몸과 영이 함께 더러워진다. 그러나 더러운 것이 죄인 경우도 있고, 죄가 아닌 경우도 있다. 강도의 손에 피가 묻어 있으면 죄지만 수술한 의사의 손에 피가 묻어 있으면 죄가 아니다.

성도는 자신의 육체가 죄를 지은 것 때문에 자신의 영이 더러워졌을 경우에 어떻게 해야 하는가? 당연히 육체가 지은 죄를 회개한 후에

예수님의 보혈로 육체와 영을 씻어야 한다. 백 퍼센트 상대방의 잘못으로 사고가 난 자동차를 수리해야 하는 것과 같다.

3) 바울 사도는 에베소서를 통해서도 중생한 신자의 영이 절대로 죄를 짓지 않는 것을 가르쳤다.

(엡 2:4-6) 긍휼이 풍성하신 하나님이 우리를 사랑하신 그 큰 사랑을 인하여 허물로 죽은 우리를 그리스도와 함께 살리셨고(너희는 은혜로 구원을 받은 것이라) 또 함께 일으키사 그리스도 예수 안에서 함께 하늘에 앉히시니

본문의 '우리'는 바울 사도와 예수님을 구주로 믿어서 영이 중생한 (영생을 얻은) 에베소교회 신자들을 의미한다.

바울 사도는 "우리는 그리스도와 함께 죽었고, 그와 함께 부활했고 (그의 은혜로 구원을 받았고), 그와 함께 승천했고, 그와 함께 하늘 보좌에 앉았다"고 선포했다. 헬라어 성경을 보면 본문의 헬라어 동사가 모두 과거완료형인 것을 알 수 있다.

본문을 볼 때, 바울 사도와 에베소교회의 중생한 신자들이 과거에 예수님을 믿을 때, 그들의 영이 예수님과 한 몸이 된 후부터 천국에서 예수님과 함께 살고 있는 것을 알 수 있다.

(엡 1:23) 교회는 그의 몸이니 만물 안에서 만물을 충만하게 하시는 이의 충만함이니라

예수님은 천국에 계신다. 따라서 주님과 한 몸이 된 중생한 신자의 영도 천국에 있다. 이 때문에 바울 사도가 에베소교회의 중생한 신자

들에게 "우리가 현재 예수님과 함께 천국에 있다"고 선언한 것이다.

성경주석학자 마이어 목사는 에베소서 2장 4-6절을 아래와 같이 해석했다.

"또, 그리스도의 역사(일)하심이 끝난 것을 말하는 과거의 시제(tense)에 주의하자(5, 6). 하나님의 뜻에 의해 우리들은 죄의 무덤에서 부활하여 하나님께 받아들여져 승리의 보좌에 부활하신 주와 함께 앉아 있는 것이다. …… 다만 유감스러운 것은 우리들이 이것을 믿지 않고, 그러한 자로서 행동하지 않는 것이다."[76]

마이어 목사는 "우리는 그리스도와 한 몸이기 때문에 이미 하늘에 앉아 있다(과거시제)"고 선언한 후에 "우리가 이것을 믿지 않는 것이 유감스럽다"고 개탄했다.

중생한 신자의 영이 현재 예수님과 함께 천국에 있으면 중생한 신자의 몸속에는 영이 없는 것인가? 아니다. 중생한 신자의 몸속에도 영이 있다. 천국에 시간과 공간이 없기 때문에 중생한 신자의 영이 천국과 성도의 몸속에 동시에 있을 수 있다. 이것은 중생한 성도의 영과 한 몸이신 예수님이 천국과 성도의 몸속에 동시에 계신 것이 증명한다.

예수님을 믿을 때, 예수님과 한 몸이 돼서 천국에 들어가 있는 중생한 신자의 영이 어떻게 죄를 지을 수 있겠으며, 어떻게 지옥에 갈 수 있겠는가?

---

76) 디럭스바이블 2005, 마이어 주석, 에베소서, 미션소프트.

4) 히브리서 기자도 중생한 신자의 영이 절대로 죄를 짓지 않는 것을 가르쳤다.

> (히 10:14) 그가 거룩하게 된 자들을 한 번의 제사로 영원히 온전하게 하셨 느니라

본문의 '그'는 '예수님'을 의미한다. 본문의 '거룩하게 된 자들'은 성도들을 뜻한다. 본문의 '한 번의 제사'는 '예수님의 십자가 죽음'을 의미하고, '영원히'는 '끝없는 것'을 뜻한다.

본문의 "온전하게 하셨느니라"의 동사가 '과거완료형'이다. 따라서 본문은 '영원히 온전하게 하셨다'는 뜻이다. 과연 예수님이 성도의 무엇을 거룩하게 하신 것일까? 주님이 성도의 무엇을 영원히 온전하게 하신 것일까? 이것은 다른 성경을 살펴야 알 수 있다.

사람은 예수님을 믿을 때 영만 구원을 받는다. 이 때문에 예수님이 "육으로 난 것은 육이요 영으로 난 것은 영이라"고 선언하신 것이다 (요 3:6).

사람의 영은 예수님을 믿는 순간에(거듭나는 순간에) 영원히 완전해진다. 다시 말해서 사람의 영은 중생하는 순간에 영원히 죄를 짓지 않는 상태가 된다. 따라서 히브리서 10장 14절이 '예수님이 성도의 영을 영원히 온전하게 하셨다', '예수님이 성도의 영을 영원히 거룩하게 하셨다'는 뜻임을 알 수 있다. 이것은 사람의 영이 중생할 때, 완전 성화, 혹은 완전 영화가 된 것을 뜻한다.

5) 예수님은 중생한 신자의 영이 절대로 죄를 짓지 않는 것을 가장 분명하게 선포하셨다.

(요 6:47) 믿는 자는 영생을 가졌나니

(요 10:28) 내가 그들에게 영생을 주었노니 그들은 영원히, 절대로, 결코 멸망하지 아니할 것이요

영생은 영원히 천국에서 사는 생명이다. 천국은 절대로 죄를 짓지 못하는 곳이다. 천국에 계신 삼위일체 하나님과 천사들과 이미 천국에 들어간 성도들이 절대로 죄를 짓지 않는 것이 증거다. 중생한 신자의 영은 예수님과 함께 천국에 있다. 그러므로 중생한 신자의 영은 절대로 죄를 지을 수 없다. 이런 성도가 어떻게 지옥에 갈 수 있겠는가?

행위구원론자들의 주장처럼 중생한 신자의 영도 죄를 짓는 것이면 두 가지 중대한 문제가 발생한다.

첫째, 중생한 신자의 영이 죄를 지으면 중생한 신자의 영과 한 몸이 된 예수님도 죄를 지을 수밖에 없다. 손과 발이 죄를 짓는데 "손과 발이 죄를 지어도 몸은 죄를 짓지 않는다"고 주장하는 것이 억지일 수밖에 없기 때문이다. 그러므로 중생한 신자의 영이 죄를 지으면 예수님은 구세주의 자격을 잃게 된다. 이렇게 되면 기독교가 즉시 붕괴된다. 이 얼마나 심각한 일인가?

둘째, 행위구원론자들의 주장처럼 중생한 신자의 영도 죄를 짓는

것이면 중생한 신자의 영이 절대로 죄를 짓지 않는 것을 가르치는 요한복음, 히브리서, 바울서신, 요한일서 등을 모두 폐기해야 한다. 그 책들에 거짓말이 있는데 어떻게 그 책들을 성경으로 인정할 수 있겠는가? 그 책들을 폐기하면 기독교는 그날부터 걷잡을 수 없이 무너질 것이다. 이처럼 심각한 문제가 발생하는데도 "중생한 신자의 영도 죄를 짓는다"고 주장할 것인가?

구원론을 시계로 비유하면 아래의 성경말씀은 영국의 그리니치 천문대에 있는 표준시계와 같다.

(요 3:6) 육으로 난 것은 육이요 영으로 난 것은 영이니

(요 6:47) 믿는 자는 영생을 가졌나니

(요 10:28 헬라어 원문) 내가 그들에게 영생을 주었노니 그들은 영원히, 절대로, 결코 멸망하지 아니할 것이요

(엡 2:8-9) 너희는 그 은혜에 의하여 믿음으로 말미암아 구원을 받았으니 이것은 너희에게서 난 것이 아니요 하나님의 선물이라

(엡 2:4-6) 긍휼이 풍성하신 하나님이 우리를 사랑하신 그 큰 사랑을 인하여 허물로 죽은 우리를 그리스도와 함께 살리셨고 (너희는 은혜로 구원을 받은 것이라) 또 함께 일으키사 그리스도 예수 안에서 함께 하늘에 앉히시니

(히 10:14) 그가 거룩하게 된 자들을 한 번의 제사로 영원히 온전하게 하셨

느니라

(요일 5:18) 하나님께로부터 난 자는 다 범죄하지 아니하는 줄을 우리가 아노라 하나님께로부터 나신 자가 그를 지키시매 악한 자가 그를 만지지도 못하느니라

(고전 5:1, 5) 너희 중에 심지어 음행이 있다 함을 들으니 그런 음행은 이방인 중에서도 없는 것이라 누가 그 아버지의 아내를 취하였다 하는도다 이런 자를 사탄에게 내주었으니 이는 육신은 멸하고 영은 주 예수의 날에 구원을 받게 하려 함이라

이 말씀은 표준구원론이다. 표준구원론을 아래와 같이 요약할 수 있다.

"사람은 예수님을 믿을 때, 영만 구원을 받는다. 사람은 백 퍼센트 하나님의 은혜로 영혼구원을 받는다. 사람은 성령님의 도움으로 예수님을 믿는 순간에 영혼구원을 받는다. 예수님은 중생한 신자의 영에게 영원히, 절대로, 결코 지옥에 가지 않는 영생을 주셨다. 중생한 신자의 영은 이미 천국에 들어가 있다. 천국은 절대로 죄를 짓지 않는 곳이다. 성령님은 중생한 신자의 영이 절대로 죄를 짓지 못하도록 완벽하게 그 영을 보호해 주신다. 중생한 신자는 육신이 약해서 육신으로 죄를 많이 지어도 절대로 영혼구원이 취소되지 않는다. 중생한 신자들 중에 지옥에 가는 사람은 한 사람도 없다. 한 번 구원은 영원한 구원이다."

세계의 모든 시계를 표준시계에 맞춰야 하듯이 세계의 모든 구원론은 표준구원론으로 검증을 받아야 한다. 표준구원론으로 아래의 주장들을 검증해 보자.

"중생한 신자는 영혼구원을 얻기 시작했다. 중생한 신자는 아직 영혼구원을 받지 못했다. 중생한 신자는 앞으로 지을 죄까지 모두 용서받았다. 중생한 신자도 산상수훈을 지켜야 천국에 갈 수 있다. 진짜 중생한 신자는 반드시 산상수훈을 지켜서 천국에 간다. 중생한 신자도 지옥에 가거나 연옥에 갈 수 있다. 중생한 신자의 영도 죄를 짓는다. 중생한 신자는 죄를 많이 지으면 지옥에 가고, 죄를 적게 지으면 천국에 간다. 중생한 신자는 매우 착하게 살면 천국에 가고, 죄를 적게 지으면 연옥에 가고, 죄를 매우 많이 지으면 지옥에 간다."

성경은 하나님의 말씀이다. 하나님은 절대로 모순을 범하시지 않는 분이다. 그러므로 하나님이 표준구원론과 반대되는 말씀을 성경에 기록하셨을 리가 절대로 없다. 따라서 성경의 행위구원을 가르치는 듯이 보이는 성경 구절들은 지금까지 알려진 것과 전혀 다른 뜻일 수밖에 없다.

어떤 독자의 간증을 소개하겠다.

"저의 죄성으로 인하여, 지옥에 갈 수밖에 없던 두려움으로 인하여 자살만을 기도하던 저였는데, 매일 매일이 살아 있다는 느낌입니다. 목사님이 계셨기에, 바른 말씀을 알려 주셨기에 희망을 알게 되었고, 성경의 복음이 왜 복음인지 알게 되었습니다. 올바른 하나님의 말씀을 전하는 목사님의 작은 목소리 하나가 수많은 생명이 아닐지라도 몇몇 사람들의 생명을 구하고 있다는 것을 알아 주셨으면 좋겠어요."

어떤 대학생 기독교인이 보내온 문자를 소개하겠다.

"목사님이 아니었으면 전 이 세상에 없었을 겁니다. 바른 내용의 성경을 알려 주셔서 정말, 정말 고맙습니다."

지금까지 설명한 내용을 아래와 같이 요약할 수 있다.

"중생한 신자의 영은 성령님이 완벽하게 보호해 주시기 때문에 절대로 죄를 짓지 않는다. 오직 중생한 신자의 육체만 죄를 짓는다. 사람은 영이 천국에 가면 육체는 예수님의 재림 때, 자동적으로 부활해서 천국에 간다. 그러므로 중생한 신자는 절대로 지옥에 가지 않는다. 한 번 구원은 영원한 구원이다."

5. 두 가지 극단적 주장

현재 한국교회에 두 가지 극단적 주장이 널리 퍼져 있다.

1) 어떤 이들은 "성도는 절대로 죄를 짓지 않고 살 수 있다"고 주장한다.

지금부터 약 20여 년 전에 몇몇 기독교신문에 아래와 같은 광고가 자주 나왔었다.

  '절대로 죄를 짓지 않는 비결 무료세미나'
  장소: 광주광역시 ○○교회
  강사: ○○○ 담임목사

그 목사는 아래와 같이 주장했다.

"예수님을 믿은 후에 3-4년이 지난 후부터는 절대로 죄를 짓지 않아야 합니다. 나는 절대로 죄를 짓지 않습니다."

그 목사인지, 다른 목사인지는 몰라도 최근까지 어떤 목사가 대대적으로 세미나를 열어서 아래와 같이 주장했다.

"나는 오랜 방황 끝에 로마서 8장 2절의 '생명의 성령의 법이 죄와 사망의 법에서 너를 해방했다'는 말씀을 통하여 새로운 복음을 깨달았습니다. 로마서 8장 2절의 '생명의 성령의 법'은 '천국복음'입니다. '생명의 성령의 법이 죄와 사망의 법에서 너를 해방했다'는 것은 '천국복음을 깨달은 만큼 성령님의 도움을 받아서 죄를 짓지 않는다'는 뜻입니다. 실제로 나는 천국복음을 깨달은 후부터 성령님의 도움을 받아서 죄를 짓지 않고 살게 되었습니다. 예전에는 가끔씩 오 마담 생각이 났는데 천국복음을 깨달은 후부터는 오 마담 생각이 나지 않습니다.
사람은 예수님을 믿은 후에 10년 정도 지나면 죄를 하나도 짓지 않을 수 있습니다. 나는 죄를 하나도 짓지 않고 삽니다."

성도가 천국복음을 깨달아서 조금도 죄를 짓지 않고 살 수 있으면 얼마나 좋겠는가? 실제로 그런 일이 가능할까? 바울 사도가 쓴 로마서를 볼 때, "그런 일이 불가능하다"고 결론을 내릴 수밖에 없다.

(롬 7:19) 내가 원하는 바 선은 행하지 아니하고 도리어 원하지 아니하는 바 악을 행하는도다

본문의 헬라어 원문은 "내가 예전에 그랬던 것처럼 사도로 사역하는 지금도 악을 행하며 산다"는 뜻이다.

바울 사도가 천국복음을 깨닫지 못해서 죄를 지으며 사도의 사역을 했을까? 전혀 아니다. 바울 사도만큼 천국복음을 확실하게 깨달은 사람이 거의 없기 때문이고, 그가 예수님이 가르치신 천국복음을 가장 확실하게 설명했기 때문이다.

그 목사의 주장에 의하면 그 목사가 바울 사도보다 더 천국복음을 확실하게 깨달았다. 이 때문에 바울 사도는 죄를 지으며 사역을 했지만 그 목사는 조금도 죄를 짓지 않으며 사역을 하고 있다. 이것이 사실이면 그 목사의 글을 바울 서신보다 더 위대하게 여겨야 한다. 언뜻 생각해도 뭔가 이상하지 않은가?

어느 날 어떤 목사가 그 목사와 아래와 같은 대화를 나눴다.

"목사님, 나는 5년 동안 목사님의 집회에 참석해서 천국복음을 배웠습니다. 그런데 어째서 나는 목사님처럼 죄를 하나도 안 짓고 살지 못하는 겁니까?"

"아직도 천국복음을 깨닫지 못해서 그런 겁니다."

목사가 5년 동안 열심히 그 목사의 세미나에 참석해서 배워도 깨닫지 못하는 복음이 정말로 성경이 가르치는 복음일까? 상식적으로도 너무 이상하지 않은가? 대체 그의 오류가 뭘까?

결론부터 말하면 그 목사는 다섯 가지를 오해해서 비성경적인 복음을 전파하고 있다.

첫째, 로마서 8장 1-2절을 오해했다. 둘째, 성도의 육신을 오해했다. 셋째, 죄를 오해했다. 넷째, 율법을 오해했다. 다섯째, 성령님의 역할을 오해했다.

로마서 8장을 보자.

(롬 8:1-2 헬라어 원문) 그러므로 이제 그리스도 예수 안에 있는 자들에게는 결코 정죄함이 없나니 이는 그리스도 예수 안에 있는 생명의 성령의 법이 죄와 사망의 법에서 너를 해방하였음이라

바울 사도는 로마서 7장에서 "나의 속사람(영)은 하나님의 법을 따르는데 나의 몸이 자꾸 죄를 지어서 고민이라"고 말했다. 이것을 볼 때, 결코 정죄함이 없는 것이 성도의 영인 것을 알 수 있다. 더 나아가서 '생명의 성령의 법이 죄와 사망의 법에서 너를 해방했다'가 '생명의 성령의 법이 죄와 사망의 법에서 너의 영을 해방했다'는 뜻인 것도 알 수 있다. 따라서 절대로 죄를 짓지 않는 것이 성도의 영임을 알 수 있다.

사람은 예수님을 믿어서 영이 구원받은 후에도 육신이 매우 연약하다. 반면에 죄의 힘은 어마어마하게 강하고, 율법의 수준은 무시무시하게 높다. 예수님은 산상설교를 통해 율법의 수준이 무시무시하게 높고, 죄의 힘이 어마어마하게 강한 것을 분명하게 가르쳐 주셨다. 주님은 "율법들을 완벽하게 지켜야 천국에 갈 수 있다", "먼지만큼

율법을 범해도 지옥 불에 들어가리라"고 선언하셨다. 게다가 성령님은 성도의 육(몸)을 완벽하게 보호해 주지 않으신다. 이 때문에 정도의 차이가 있을 뿐, 모든 성도는 몸으로 죄를 짓고 살다가 몸이 죗값으로 죽는다. 따라서 그 목사가 두 가지의 오류를 범한 것을 알 수 있다.

첫째, 그 목사가 옛날의 바리새인들처럼 자기 맘대로 죄와 율법의 수준을 대폭 낮췄기 때문에 그런 오류를 범한 것을 알 수 있다.

죄와 율법의 수준을 정확하게 깨달은 바울 사도는 "나는 사도로 사역하는 지금도 나의 몸으로 죄의 법을 섬긴다"고 고백했다(롬 7:14-25).

둘째, 그 목사가 성도의 영이 온전하게 구원받은 것을 가르치는 성경 구절들을 성도의 육(몸)이 온전하게 구원받은 것을 가르치는 것으로 오해했기 때문에 그런 오류를 범한 것을 알 수 있다.

그가 오해한 성경 구절은 로마서 8장 1-2절, 예레미야 31장 31-34절, 에스겔 36장 26-27절 등이다.

2) 어떤 이들은 "성도는 죄를 지어도 괜찮다"고 주장한다.

한 번 구원은 영원한 구원인 것을 믿는 사람들 중에는 죄를 짓는 것을 대수롭지 않게 여기는 이들이 있다.

R. T. 캔들 목사의 증언을 소개하겠다.

"우리가 켄터키에 있는 지역 침례교회로 갈 때 믹이 한 말을 생생히 기억한다.

'이 침례식이 끝나면 난 기쁠 거야. 난 정말이지 일주일 동안 좀 거룩해지려고 노력했었지. 욕을 한 마디도 안 했다구. 그렇지만 오늘 저녁부터는 신경 쓸 필요가 없지. 침례만 받고 나면 그때부터는 내 맘대로 사는 거야. 나는 옛날로 다시 돌아가도 구원을 받아 둔 셈이니까.'

내가 기억하는 한 이것은 믹이 말한 그대로다."[77]

유병언 구원파의 초창기에 9년 동안 그 파의 핵심 인물로 활동했던 정동섭 목사는 아래와 같이 증언했다.

"구원파에 있으면 죄책감을 느낄 필요도 없다. …… 구원파에선 일단 죄 사함을 받으면 육신적으로 어떻게 생활하든 상관없다. …… 정통 교회는 회개를 통한 생활의 변화를 촉구한다. 회개란 죄로부터 하나님께 돌이켜 그분을 섬기기로 작정하는 삶을 말한다. 이것이 기독교의 본질이다. 따라서 '일단 죄사함을 받으면 회개할 필요가 없다'는 구원파는 기독교가 아니다."[78]

"구원파는 '일단 구원을 받은 후에는 회개할 필요가 없고, 기도할 필요가 없고, 예배를 드릴 필요가 없다'고 주장한다.

나는 영국에 출장을 갔다가 영국 교회 성도들이 주일날 예배를 드

---

77) R. T. 캔들 저, 이중수 역, 한번 구원은 영원하다, 양무리서원, 2001년, p.13
78) 정동섭, http://news.kukinews.com/article/view.asp?page=1&gCode=kmi&arcid=0008265932&cp=nv

리고, 기도하는 데 충격을 받았다. 그 후에 귀국하여 구원파 신도들에게 '영국 교회 성도들은 주일날 예배를 드리고, 기도하더라. 우리도 그렇게 하자'고 했다가 그들이 '계속 그런 주장하면 죽이겠다'고 협박해서 구원파를 탈출했다."[79]

"구원파는 '유병언 사장의 기업에서 일하는 것이 예배하는 것이고, 기도하는 것이고, 교제하는 것이라'고 주장한다. 이 때문에 그들이 예배와 기도를 드리지 않는 것이고, 자기들의 재산을 구원파에 바치는 것이고, 구원파의 사업에 충성하는 것이다."[80]

몇 년 전에 유병언 구원파에 속한 어떤 이가 나에게 전화를 걸어서 "우리들은 그렇게 가르치지 않는다"고 주장했다. 정말 그렇다면 만시지탄이지만 천만다행이다.

하나님은 범죄한 성도를 반드시 징계하신다. 죄를 범해도 하나님의 징계가 없는 사람은 하나님의 자녀가 아니다.

(히 12:8) 징계는 다 받는 것이거늘 너희에게 없으면 사생자요 친아들이 아니니라

하나님은 여러 가지 방법을 사용하셔서 성도가 하나님께 충성하게

---

[79] 정동섭, http://news.kukinews.com/article/view.asp?page=1&gCode=kmi&arcid=0008265932&cp=nv

[80] 정동섭, http://news.kukinews.com/article/view.asp?page=1&gCode=kmi&arcid=0008265932&cp=nv

만드신다. 구약시대의 이스라엘 백성들에게는 주로 축복과 저주를 이용하셔서 그들이 하나님께 충성하게 만드셨다. 초대교회의 성도들에게는 주로 상급 수여와 상급 박탈을 이용하셔서 그들이 하나님께 충성하게 만드셨다.

범죄한 성도에 대한 하나님의 징계 방법은 아래와 같다.

성도가 작은 죄를 지으면 책망하신다(계 3:19).
큰 죄를 지으면 매로 때리신다(히 12:8).
매로 때려도 말을 듣지 않으면 머리부터 발끝까지 성한 곳이 없을 정도로 매로 때리신다(사 1:5-6).
아무리 매를 때려도 고집스럽게 큰 죄를 지으면 사탄에게 맡겨서 비참하게 죽게 만드신다(고전 5:1-5).
범죄한 만큼 하늘의 상을 박탈하신다(고전 3:12-15).

성경 해석의 7가지 원칙을 참고하면 성경을 해석하는 데 도움이 될 것이다.

첫째, 성경으로 성경을 해석한다.
둘째, 성경의 문맥을 살펴서 해석한다.
셋째, 성경의 원문을 살펴서 해석한다.
넷째, 성경을 기록할 당시의 정치, 사회, 문화적 배경을 살펴서 해석한다.
다섯째, 뜻이 분명한 성경 구절로 뜻이 분명하지 않은 성경 구절을 해석한다.

여섯째, 많이 가르치는 성경 구절로 적게 가르치는 성경 구절을 해석한다.

일곱째, 뜻이 분명한 성경 구절이나 많이 가르치는 성경 구절과 모순된 것처럼 보이는 성경 구절은 그 구절의 본뜻이 알려질 때까지 해석하지 않는다.

성경을 150번 이상 통독한 어떤 신학박사는 본서의 초판과 『이것이 성령세례다』의 초판을 읽은 후에 나를 만난 자리에서 농담 반 진담 반으로 아래와 같이 말했다.

"나는 목사님의 책을 읽은 후에 하나님께 '왜 나에게는 이화영 목사가 깨달은 것과 같은 말씀을 깨닫게 해 주지 않으십니까'라고 항의했습니다."

어떤 집사의 간증도 소개하겠다.

"『지옥에 가는 크리스천들?』. 잘 받아서 읽고 있습니다. 성경책 다음으로 최고의 책입니다. 저는 42년간 예수님을 믿고 있는 장로교 ○○교단 집사입니다."

지금까지 설명한 것을 아래와 같이 요약할 수 있다.

"중생한 신자는 천국에 가기 위해 하나님께 충성하지 말고, 복과 상(특히 상)을 받아서 하나님께 영광을 돌리기 위해 하나님께 충성해야 한다."

6. 중생한 신자도 자살하면 지옥에 갈까?

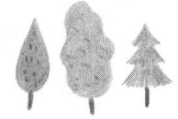

　알미니안주의 구원론을 믿는 목회자들은 "중생한 신자도 자살하면 지옥에 간다"고 주장하고, 칼빈주의 구원론을 믿는 목회자들은 "진짜 중생한 신자는 절대로 자살하지 않는다"고 주장한다. 이 때문에 대부분의 성도들은 자살하면 반드시 지옥에 갈 것을 믿는다. 과연 그럴까?
　결론부터 말하면 "중생한 신자도 자살하면 지옥에 간다"는 주장과 "진짜 중생한 신자는 절대로 자살하지 않는다"는 주장은 성경의 가르침이 아니다. 사람들이 두 가지를 오해해서 그런 주장을 하는 것일 뿐이다.

　첫째, 사람들이 "행함이 없는 믿음으로는 구원받을 수 없다", "두렵고 떨림으로 너희 구원을 이루라"는 등의 말씀의 '구원'을 '영혼구원'으로 오해해서 "중생한 신자도 자살하면 지옥에 간다"고 주장하거나 "진짜 중생한 신자는 절대로 자살하지 않는다"고 주장하는 것이다.

둘째, 사람들이 "좁은 문으로 들어가라", "하나님의 뜻대로 행하는 자라야 천국에 들어가리라"는 등의 말씀을 직설법 교훈으로 오해해서 "중생한 신자도 자살하면 지옥에 간다"고 주장하거나 "진짜 중생한 신자는 절대로 자살하지 않는다"고 주장하는 것이다.

먼저 "중생한 신자도 자살하면 지옥에 간다"는 주장부터 성경으로 검증하겠다.

1) 성경이 중생한 신자의 영이 영생을 얻은 것을 가르치므로 "중생한 신자도 자살하면 지옥에 간다"는 주장은 성경의 가르침이 아니다.

> (요 5:24) 내가 진실로 진실로 너희에게 이르노니 내 말을 듣고 또 나 보내신 이를 믿는 자는 영생을 얻었고 심판에 이르지 아니하나니 사망에서 생명으로 옮겼느니라

> (요 10:28 헬라어 원문) 내가 그들에게 영생을 주었노니 그들은 영원히, 절대로, 결코 멸망하지 아니할 것이요

중생한 신자가 자살하면 지옥에 가는 것이 사실이면 예수님이 중생한 신자에게 지옥에 갈 수도 있는 임시 생명을 주신 후 "내가 너에게 영원히 절대로 지옥에 가지 않는 영생을 주었다"고 사기를 치신 것일 수밖에 없다. 그러므로 "중생한 신자도 자살하면 지옥에 간다"고 주장하는 사람들이 예수님을 사기꾼으로 취급하는 죄를 짓는 것일 수밖에 없다.

중생한 신자도 자살하면 지옥에 가는 것이 사실이면 예수님은 최소한 궤변가가 되실 수밖에 없다. '영생을 얻은 사람은 영원히, 절대로 지옥에 가지 않는다'는 말과 '영생을 얻은 사람도 지옥에 갈 수 있다'는 말은 모순이고, 모순은 궤변이기 때문이다. 이것만으로도 중생한 신자는 육신이 약해서, 혹은 사탄의 시험에 들어서 자살해도 절대로 지옥에 가지 않는 것을 알 수 있다.

2) 중생한 신자의 영이 절대로 죄를 짓지 않으므로 성도는 육신이 약해서 자살해도 절대로 지옥에 가지 않는다.

> (요일 5:18) 하나님께로부터 난 자는 다 범죄하지 아니하는 줄을 우리가 아노라 하나님께로부터 나신 자가 그를 지키시매 악한 자가 그를 만지지도 못하느니라

> (롬 7:14-25 요약) 우리가 율법은 신령한 줄 알거니와 나는 육신에 속하여 죄 아래에 팔렸도다 내가 행하는 것을 내가 알지 못하노니 곧 내가 원하는 것은 행하지 아니하고 도리어 미워하는 것을 행함이라 …… 내 속 곧 내 육신에 선한 것이 거하지 아니하는 줄을 아노니 원함은 내게 있으나 선을 행하는 것은 없노라 내가 원하는 바 선은 행하지 아니하고 도리어 원하지 아니하는 바 악을 행하는도다 …… 내 속사람으로는 하나님의 법을 즐거워하되 내 지체 속에서 한 다른 법이 내 마음의 법과 싸워 내 지체 속에 있는 죄의 법으로 나를 사로잡는 것을 보는도다 오호라 나는 곤고한 사람이로다 이 사망의 몸에서 누가 나를 건져내랴 우리 주 예수 그리스도로 말미암아 하나님께 감사하리로다 그런즉 내 자신이 마음으로는 하나님의 법을 육신으로는 죄의 법을 섬기노라

(롬 7:21-23) 그러므로 내가 한 법을 깨달았노니 곧 선을 행하기 원하는 나에게 악이 함께 있는 것이로다 내 속사람으로는 하나님의 법을 즐거워하되 내 지체 속에서 한 다른 법이 내 마음의 법과 싸워 내 지체 속에 있는 죄의 법으로 나를 사로잡는 것을 보는도다

(히 10:14) 그가 거룩하게 된 자들을 한 번의 제사로 영원히 온전하게 하셨느니라

중생한 신자의 영은 영원히 죄를 짓지 않는 존재가 되었지만 중생한 신자의 육은 여전히 연약하기 때문에 성도는 육으로 죄를 지을 수밖에 없다. 다시 말해서 성도의 육은 시험에 들어서 사기죄, 간음죄, 살인죄를 지을 수 있고, 자살죄도 지을 수 있다.

너무나 감사하게도 하나님은 성도의 영이 절대로 죄를 짓지 않게 하여 주셨다. 또한 하나님은 성도의 영을 영원히 온전하게 만들어 주셨다. 그러므로 성도는 그의 육체가 우울증에 걸려서 자살죄를 지어도 그것은 육신만 자살죄를 짓는 것이기 때문에 그의 영이 절대로 지옥에 가지 않을 수밖에 없다.

3) 중생한 신자의 영이 천국에 있으므로 성도는 육신이 약해서 자살해도 절대로 지옥에 가지 않는다.

(엡 2:4-6) 긍휼이 풍성하신 하나님이 우리를 사랑하신 그 큰 사랑을 인하여 허물로 죽은 우리를 그리스도와 함께 살리셨고 (너희는 은혜로 구원을 받은 것이라) 또 함께 일으키사 그리스도 예수 안에서 함께 하늘에 앉히시니

성도의 영이 자살죄를 지어서 지옥에 갈 수 있으면 천국도 죄를 짓는 곳이 된다. 이렇게 되면 성경이 엉망이 되고 만다. 더 나아가서 우리가 천국에 간 후에도 안심할 수 없게 된다. 천국에 간 후에 다시 죄를 지으면 지옥에 떨어질 수밖에 없기 때문이다. 다시 강조하거니와 성도는 자살해도 육신만 자살죄를 짓는다. 그러므로 성도는 육신으로 자살해도 그의 영은 절대로 지옥에 가지 않는다.

천주교의 연옥 교리는 성도의 영이 절대로 죄를 짓지 않는 것과 성도의 영이 예수님과 한 몸이 되어서 천국에 있는 것을 깨닫지 못해서 만들어 낸 그릇된 교리다.

한편, 천주교인들 대부분은 "나는 최소한 연옥에는 갈 수 있을 것이라"고 믿는다. 이 때문에 천주교인들은 개신교인들에 비해 자살하는 이들이 적다. 일종의 위약 효과를 보는 셈이다.

반면에 개신교의 목회자들 대부분은 아무런 대책도 없이 막무가내로 "중생한 신자도 자살하면 지옥에 간다"고 주장하거나 "자살하는 신자는 모두 가짜 신자라"고 주장한다. 더 나아가서 많은 목회자들이 "십일조를 제대로 안 드려도 지옥에 간다", "주일성수를 제대로 안 해도 지옥에 간다", "대부분의 성도들이 지옥에 갈 것이라"고 주장한다. 이 때문에 육신이 약해서 죄를 많이 짓는 성도들과 지은 죄를 회개하지 못해서 쩔쩔매는 성도들이 자기의 구원에 완전히 절망한다. 그런 성도들 중에서 "이왕 갈 지옥이니 지옥 같은 세상에 더 이상 미련을 두지 말고 빨리 지옥에 가자"는 유혹을 이기지 못해서 자살하는 이들이 나온다. 시험에 들어서 자살한 성도가 있는 가족들은 극심한 부끄러움에 시달린다. 매우 딱한 일이 아닐 수 없다. 목회자들이 성도의 영이 절대로 죄를 짓지 않는 것과 성도는 절대로 지옥에 가지 않는 것과 천국의 상의 중요성을 성도들에게 가르치면 성도들이 연옥 교리에 현혹되지 않을 것이고, 자기의 구원에 완전히 절망해서 자살하지 않을 것이고, 자살한 성도를 지옥에 간 사람으로 취급하는 죄를 짓지 않을 것이다.

4) 중생한 신자의 영이 죄를 지으면 예수님도 죄인이 되므로 "중생한 신자도 자살하면 지옥에 간다"는 주장이 오류일 수밖에 없다.

성도의 영은 예수님과 한 몸이 되었다. 바울 사도는 이것을 "예수님은 성도의 머리시고, 성도는 예수님의 지체라"고 했다. 지체가 죄를 지으면 머리는 자동적으로 죄를 짓게 된다. 그러므로 성도의 영이 자살죄를 지어서 지옥에 가면 성도의 머리이신 예수님이 죄를 지으신 것이 되어서 주님도 지옥에 가실 수밖에 없다. 어떻게 이런 일이 일어날 수 있겠는가? 이것을 볼 때도 "자살죄를 지은 성도는 지옥에 간다"는 주장이 오류임을 알 수 있다.

5) 중생한 신자의 영이 죄와 싸워서 항상 이기므로 성도는 육신이 약해서 자살해도 절대로 지옥에 가지 않는다.

(고후 2:14) 항상 우리를 그리스도 안에서 이기게 하시고 우리로 말미암아 각처에서 그리스도를 아는 냄새를 나타내시는 하나님께 감사하노라

(롬 8:37) 그러나 이 모든 일에 우리를 사랑하시는 이로 말미암아 우리가 넉넉히 이기느니라

6) 하나님이 자살한 성도를 지옥에 보내시면 주님이 불공평한 신(神)이 되시므로 "중생한 신자도 자살하면 지옥에 간다"는 주장이 오류일 수밖에 없다.

우상숭배를 조장하는 죄를 회개하지 않은 기드온의 죄와 정신 질환에 걸려서 자살한 성도의 죄 중에서 어떤 죄가 더 클까? 아버지의 아내와 동거 생활을 하는 죄를 회개하지 않은 성도의 죄와 삶이 힘들어서 자살한 성도의 죄 중에서 어떤 죄가 더 클까? 당연히 우상숭배를 조장한 기드온의 죄와 아버지의 아내와 동거 생활을 한 성도의 죄가 더 크다. 그런데도 하나님은 기드온과 아버지의 아내와 동거 생활을 한 성도의 영혼을 천국에 데려가셨다(히 11:32; 고전 5:1-5). 그러므로 우상숭배를 조장한 기드온과 아버지의 아내와 동거 생활을 한 성도를 천국에 보내신 하나님이 우울증과 악령의 미혹 때문에 자살한 성도를 지옥에 보내시면 주님은 불공평한 신이 되실 수밖에 없다. 이것을 볼 때도 "중생한 신자도 자살하면 지옥에 간다"는 주장이 오류일 수밖에 없다.

7) "중생한 신자도 자살하면 지옥에 간다"는 주장은 하나님을 사람만도 못한 신(神)으로 취급하는 것이므로 그 주장이 오류일 수밖에 없다.

상식적으로 생각해 보라. 양식(良識)이 있는 부모는 자녀가 큰 죄(혹은 많은 죄)를 지어도 절대로 그를 버리지 않는다. 자녀가 흉악한 살인범이 되어도 그를 버리지 않는다. 어떻게 양식이 있는 부모가 삶이 힘들거나 정신 질환에 걸려서 자살한 자녀를 버리겠는가? 절대로 그럴 리가 없지 않겠는가? 하물며 무한히 사랑이 많은 하나님이 사는 것이 너무 힘들거나 정신 질환에 걸려서 자살한 성도를 지옥에 보내시겠는가? 절대로 그러실 리가 없지 않겠는가? 하나님이 호세아 선지자가 창녀 고멜을 끝까지 사랑하게 하신 것을 보면 주님의 사랑이 무한한 것을 알 수 있지 않은가? 이것을 볼 때도 "중생한 신자도 자살하면 지옥에 간다"는 주장이 오류임을 알 수 있다.

이번에는 칼빈주의자들의 "진짜로 중생한 신자는 절대로 자살하지 않는다"는 주장을 성경으로 검증하겠다.

대부분의 칼빈주의자들은 '중생한 신자는 절대로 큰 죄를 짓지 않는다'고 믿는다. 또한 그들은 '자살은 큰 죄'라고 믿는다. 이 때문에 그들은 "진짜로 중생한 신자는 절대로 자살하지 않는다"고 주장한다. 과연 그럴까?

칼빈주의자들의 주장이 바른지, 그른지를 알려면 진짜 신자가 살인죄를 지을 수 있는지를 알아보면 될 것이다. 살인죄가 자살죄보다 훨씬 더 큰 죄기 때문이다.

자기의 물건을 망가뜨리는 것보다 남의 물건을 망가뜨리는 것이 훨씬 더 큰 죄다. 이것을 볼 때 자기의 목숨을 빼앗는 것보다 남의 목숨을 빼앗는 것이 훨씬 더 큰 죄인 것을 알 수 있다. 그러므로 진짜 신자도 살인죄를 지을 수 있으면 진짜 신자도 자살죄를 지을 수 있을 것이고, 진짜 신자는 절대로 살인죄를 짓지 않으면 진짜 신자는 절대로 자살죄를 짓지 않을 것이다.

"진짜 신자는 절대로 살인죄를 짓지 않는가?"

이 질문에 대한 해답은 성경에서 쉽게 찾을 수 있다. 성경에 진짜 신자가 살인죄를 지은 경우가 기록되어 있기 때문이다. 다윗이 대표적인 경우다. 다윗은 하나님이 "내 마음에 합한 사람"이라고 평가하실 정도로 대단한 믿음을 가진 사람이었다(행 13:22-23). 그는 진짜 신자였다(히 11:32). 그런데도 그는 시험에 들어서 간음죄를 짓는 것은 물론 살인죄까지 저질렀다. 그는 매우 충성스러운 부하를 매우 교활한 방법으로 죽였다(삼하 11:14-17). 하나님은 다윗의 살인죄를 막지 않으셨다. 이것만 보아도 진짜 신자가 살인죄를 지을 수 있는 것을 알 수 있다.

성경에는 진짜 신자가 큰 죄를 지은 실례가 많이 기록되어 있다. 기드온이 우상숭배를 조장하는 죄를 짓다가 회개하지 않은 채로 죽은 것, 솔로몬이 말년에 우상숭배를 조장하다가 회개하지 않고 죽은 것, 고린도교회의 어떤 신자가 아버지의 아내와 동거 생활을 하는 죄를 회개하지 않다가 그의 육신이 사탄에게 맡겨져서 죽임을 당한 것 등을 들 수 있다. 이처럼 진짜 신자도 시험에 들어서 큰 죄를 지을 수 있다. 이것을 볼 때 진짜 신자도 시험에 들어서 자살을 할 수 있는 것을 알 수 있다. 그러므로 칼빈주의자들의 "진짜 신자는 절대로 자살하지 않는다"는 주장은 성경의 가르침이 아니다.

사람이 자살하는 이유는 마음에 상처가 있고, 사는 것이 너무 힘든 것 때문에 정신 질환(우울증)에 걸린 상태에서 죽음의 영의 미혹을 이기지 못하기 때문이다.

마음에 큰 상처가 있는 사람은 우울증이 심해지면 불면증에 시달리고, 일할 의욕을 잃고, 다른 사람들을 괴롭힌다. 이런 사람은 원망,

불평, 미움, 분쟁, 게으름 등의 죄를 짓는다. 그리고 이런 사람은 사람들의 미움을 받게 마련이다. 악령은 이런 사람이 심한 살인 충동과 자살 충동에 시달리게 만든다. 악령의 미혹을 이기지 못하는 사람은 다른 사람을 살해하거나 자살을 감행한다. 이런 일은 불신자들에게만 일어나는 것이 아니다. 성도들에게도 일어난다.

나는 25년 정도 목회하는 동안에 어린 시절에 받은 마음의 상처와 힘든 목회 생활을 틈타서 악령이 내 몸속에서 역사하는 것을 깨닫지 못해서 여러 번 자살 충동을 느꼈다. 양촌힐링센터에서 전인치유를 받은 후에야 마음의 상처와 내 몸속에 있는 악령(죽음의 영)이 자살 충동의 원인인 것을 알 수 있었다. 그때 전인치유를 통해 마음의 상처를 치유 받은 후에 죽음의 영을 쫓아냈다. 그 후부터는 아무리 힘들어도 자살 충동이 생기지 않았다. 지금도 마찬가지다.

우울증은 정신 질환이다. 일반인들은 정신 질환에 걸려서 짓는 죄를 큰 죄로 여기지 않는다. 이 때문에 정부가 정신 질환에 걸린 사람이 살인죄를 지으면 그를 일반 감옥에 보내서 처벌하지 않고, 치료감호소에 보내서 치료해 주는 것이다. 그런데도 대부분의 기독교인들은 우울증 때문에 자살한 사람을 큰 죄인으로 취급한다. 이것은 명백한 오류다. 그러므로 우리는 자살한 성도를 중죄인으로 취급해서 그의 가족들을 더욱 비참하게 만드는 오류를 반드시 시정해야 한다.

이번에는 "자살하면 회개할 기회가 없기 때문에 지옥에 간다"는 주장을 성경으로 검증하겠다.

앞서 자세히 설명한 것처럼 하나님이 인정하시는 회개는 죄를 완전히 끊어 버리는 것이다.

살인죄를 회개하는 것을 예로 들어 보자. 살인죄를 회개하려면 살인하지 않아야 한다. 살인이 무엇인가? 다른 사람을 죽이는 것은 물론 자신을 죽이는 것도 살인이다. 그리고 직접적으로 죽이는 것은 물론 간접적으로 죽이는 것도 살인이다. 다시 말해서 직접 사람을 살해하는 것은 물론 이웃을 미워하고, 욕하고, 무시하여 간접적으로 살인하는 것과 매연을 뿜고, 세제로 물을 오염시키고, 화학제품으로 땅을 오염시켜서 간접적으로 사람을 죽이는 것이 모두 살인죄에 해당한다.

중생한 신자가 '살인하지 말라'는 계명을 지켜서 천국에 가거나 살인죄를 회개해서 천국에 가려면 이웃을 미워하는 것과 매연을 뿜어서 대기를 오염시키고, 화학 세제를 사용하여 물을 오염시키고, 화학제품을 사용하여 땅을 오염시켜서 간접적으로 사람을 죽이는 일을 영원히 중단해야 한다. 예수님이 "아주 작은 죄를 지어도 지옥 불에 들어가리라"고 선언하셨기 때문이다(마 5:22-48). 이것이 절대로 불가능하기 때문에 중생한 신자가 '살인하지 말라'는 계명을 지켜서 천국에 갈 수 없고, 살인죄를 회개해서 천국에 갈 수도 없는 것이다. 그래서 하나님이 중생한 신자의 영이 절대로 죄를 짓지 않도록 보호해 주시는 것이고(요일 5:18), 성도는 오직 육체로만 죄를 짓는 것이다(롬 7:25). 이 때문에 성도가 살인죄를 회개하지 못해도 반드시 천국에 가는 것이다. 이것을 볼 때 성도가 시험에 들어서 자살죄를 짓거나 그 죄를 회개하지 못해도 반드시 천국에 가는 것을 알 수 있다.

이번에는 칼빈주의자들의 "하나님이 중생한 신자를 자살하지 않도록 보호해 주시기 때문에 자살하는 신자들은 모두 가짜 신자일 수밖에 없다"는 주장을 성경으로 검증하겠다.

물론 하나님은 어떤 사람들이 죄를 짓는 것을 강제로 막으시기도 한다. 어떤 사람은 어리석음을 깨닫게 해서 막으시고, 어떤 사람은 병이 들게 해서 막으시고, 어떤 사람은 목숨을 거둬서 막으신다. 그럼에도 불구하고 하나님은 죄를 짓는 모든 사람을 강제로 통제하여 죄를 짓지 못하게 하지는 않으신다.

하나님이 간음죄와 살인죄를 짓는 다윗을 끝까지 막으셨는가? 전혀 아니다. 하나님은 솔로몬의 우상숭배를 강제로 막지도 않으셨고, 아버지의 아내와 동거 생활을 하는 신자의 죄도 강제로 막지 않으셨다.

중생한 신자가 자살하는 것도 마찬가지다. 하나님은 어떤 성도가 자살하려고 할 때 자살하지 않도록 감동을 주기도 하시고, 어떤 사람은 강제로 자살을 막기도 하신다. 하지만 하나님은 모든 자살하는 성도를 강제로 막지는 않으신다. 이 때문에 진짜 신자도 육신이 약해서 자살할 수 있는 것이다. 그러므로 자살하는 신자를 모두 가짜 신자로 취급하면 안 된다. 자살하는 신자들 중에는 진짜 신자도 있을 수 있다. 따라서 "하나님은 진짜 신자가 자살하지 못하도록 반드시 막아 주신다"는 주장이 오류일 수밖에 없다.

한편, 어떤 이들은 "'중생한 신자는 자살해도 천국에 간다'고 가르치면 수많은 성도들이 타락하거나 자살할 것이라"고 주장한다. 안타깝게도 이것은 하나님의 자살 방지 대책 및 타락 방지 대책을 몰라서 하는 소리다. 하나님이 마련하신 자살 방지 대책, 혹은 타락 방지 대책을 성도들에게 충분히 가르치면 "중생한 신자는 자살해도 반드시 천국에 간다"고 가르쳐도 성도들은 쉽게 자살하거나 타락하지 않는다.

하나님의 자살 방지 및 타락 방지 대책은 여러 가지가 있다. 그 중에서 중요한 것을 몇 가지만 소개하겠다.

1) 하나님의 첫 번째 자살 방지 및 타락 방지 대책은 성도에게 구원의 확신을 주시는 것이다.

'부모는 나를 절대로 버리지 않는다'고 믿는 자녀보다 '부모가 나를 버렸다'고 믿는 자녀가 타락할 가능성이 훨씬 더 크다. 이처럼 '하나님이 나를 절대로 지옥에 보내지 않는다'고 믿는 성도보다 '하나님이 나를 지옥에 보낸다'고 믿는 성도가 타락할 가능성이 훨씬 더 크다. 이 때문에 구원의 확신이 없는 성도들이 많이 타락하는 것이고, 자신의 구원에 대한 절망이 지나친 성도들이 많이 자살을 감행하는 것이다.

2) 하나님의 두 번째 자살 방지 및 타락 방지 대책은 성도가 의롭게 생활한 만큼 땅의 복을 주시는 것이다.

> (신 28:2-6) 네가 네 하나님 여호와의 말씀을 청종하면 이 모든 복이 네게 임하며 네게 이르리니 성읍에서도 복을 받고 들에서도 복을 받을 것이며 네 몸의 자녀와 네 토지의 소산과 네 짐승의 새끼와 소와 양의 새끼가 복을 받을 것이며 네 광주리와 떡 반죽 그릇이 복을 받을 것이며 네가 들어와도 복을 받고 나가도 복을 받을 것이니라

어떤 가난한 올림픽 대표 선수가 백 퍼센트 금메달을 획득할 수준의 경기력을 가지고 있으면 그는 아무리 힘들어도 훈련과 경기를 포기하지 않을 것이다. 지옥 훈련도 마다하지 않을 것이고, 경기에 임하면 죽을힘을 다하여 경기할 것이다. 이런 선수가 자살할 가능성은 거의

없다. 물론 이런 선수도 심한 우울증에 걸리면 자살할 수 있다.

땅의 복도 이와 비슷하다. 가난한 성도는 하나님께 충성한 만큼 땅의 복을 받을 수 있는 것을 확신하면 열심히 하나님께 충성하게 되어 있다. 이런 성도가 자살할 가능성은 거의 없다. 물론 이런 신자도 심한 우울증에 걸리면 자살할 수 있다.

성도가 하나님께 충성하지 않는 원인 중의 하나는 땅의 복을 확신하지 못하는 데 있다. 출애굽한 이스라엘 백성들 대부분이 가나안을 정탐한 후에 "애굽으로 돌아가자"고 난동을 부린 것은 가나안에 들어갈 확신이 없었기 때문이다. 이처럼 땅의 복을 확신하지 못하는 성도는 지나치게 힘들고 어려운 일을 만나면 타락하거나 자살할 가능성이 매우 높다.

문제는 많은 성도들이 땅의 복을 어느 정도 받으면 더 이상 받고 싶어 하지 않는 데 있다. 그들은 받은 복을 누리고 싶어 한다. 이 때문에 하나님이 다른 자살 방지 대책 및 타락 방지 대책을 마련하여 주셨다.

3) 하나님의 세 번째 자살 방지 및 타락 방지 대책은 성도가 의롭게 생활한 만큼 하늘의 상을 주시는 것이다.

(계 22:12) 보라 내가 속히 오리니 내가 줄 상이 내게 있어 각 사람에게 그가 행한 대로 갚아 주리라

대부분의 올림픽 대표 선수들은 아무리 노력해도 올림픽 메달을 딸 수 없다. 메달을 주는 대상이 3명으로 제한되어 있기 때문이다. 이 때문에 메달 따기를 포기하는 선수들이 많은 것이고, 어떤 선수들은

절망하여 타락하기도 하는 것이고, 어떤 선수들은 완전히 절망하여 자살을 감행하기도 하는 것이다.

올림픽 대표 선수가 되지 못한 선수들은 삶이 힘들고 어려우면 더욱 더 쉽게 타락하거나, 자살을 감행한다.

반면에 메달을 획득할 것이 확실한 선수들은 삶이 아무리 힘들어도 자살하지 않는다. 물론 이런 선수들도 심한 우울증에 걸리면 자살할 수 있다.

올림픽의 메달과 달리 하늘의 상은 각자 노력한 만큼 얻을 수 있다. 하나님은 성도에게 상을 주실 때 어린이에게 냉수 한 그릇을 준 것까지도 상을 주시기 때문이다(마 10:42). 그러므로 구원의 확신을 가진 성도들은 하늘의 상을 확신하기만 하면 아무리 힘들어도 자살하지 않는다. 자신의 구원과 상급을 확신하는 성도들은 자살은커녕 모진 박해와 순교도 불사한다.

히브리서 기자는 "하늘의 상을 확신하는 성도는 세상이 감당하지 못하는 사람이 된다"고 선언했다.

> (히 11:36-38) 또 어떤 이들은 조롱과 채찍질뿐 아니라 결박과 옥에 갇히는 시련도 받았으며 돌로 치는 것과 톱으로 켜는 것과 시험과 칼로 죽임을 당하고 양과 염소의 가죽을 입고 유리하여 궁핍과 환난과 학대를 받았으니 (이런 사람은 세상이 감당하지 못하느니라) 그들이 광야와 산과 동굴과 토굴에 유리하였느니라

자신의 구원과 상급을 확신하는 성도들은 좀처럼 우울증에 걸리지 않는다. 천국과 상급이 상상하기만 해도 큰 기쁨을 주기 때문이고,

날마다 기쁘게 사는 사람은 삶이 힘들고 어려워도 우울증에 걸리지 않기 때문이다.

성도들이 타락하는 가장 큰 원인은 목회자들이 성도들에게 지옥의 공포와 땅의 복만 열심히 가르치는 데 있다. 이런 교육을 받은 성도들은 구원의 확신을 얻을 수 없고, 하늘의 상급을 확신할 수 없다. 자신의 구원을 확신하지 못하는 성도에게는 하늘의 상급이 그림의 떡일 수밖에 없다. 그러므로 자신의 구원을 확신하지 못하는 성도는 땅의 복을 받는데 치중할 수밖에 없고, 복을 받으면 그 복을 하늘에 쌓지 않고 땅에서 누리기를 힘쓴다. 하나님은 이런 삶을 '타락'으로 취급하신다.

(암 6:3-6) 너희는 흉한 날이 멀다 하여 포악한 자리로 가까워지게 하고 상아 상에 누우며 침상에서 기지개 켜며 양 떼에서 어린 양과 우리에서 송아지를 잡아서 먹고 비파 소리에 맞추어 노래를 지절거리며 다윗처럼 자기를 위하여 악기를 제조하며 대접으로 포도주를 마시며 귀한 기름을 몸에 바르면서 요셉의 환난에 대하여는 근심하지 아니하는 자로다

이 말씀을 아래와 같이 바꿀 수 있다.

"너희는 '천국에 갈 수 없고, 상급을 받을 수 없다' 하여 포악한 짓을 저지르고, 고급 침대에 누우며, 침대에서 기지개 켜며, 고급 한우만 먹고, 오디오 소리에 맞추어 노래를 지절거리며, 다윗처럼 자기를 위하여 악기를 제조하며, 대접으로 포도주를 마시며, 귀한 향수를 몸에 바르면서 자신의 상급이 박탈당하는 것으로는 근심하지 아니하는 자들이로다."

불행하게도 성도들 대부분은 구원의 확신이 없다. 땅의 복은 아무리 많이 받아도 그것이 진정한 만족을 주지 못한다. 이 때문에 많은 성도들이 부유해지면 타락하는 것이고, 타락하면 천국에 갈 희망이 사라지는 것이다. 그래서 자살을 감행하는 것이다. 이런 폐단은 구원의 확실성과 하늘의 상급을 충분히 깨달아야만 극복될 수 있다.

4) 하나님의 네 번째 자살 방지 및 타락 방지 대책은 성도가 범죄한 만큼 징계하시는 것이다.

(히 12:8) 징계는 다 받는 것이거늘 너희에게 없으면 사생자요 친아들이 아니니라

출애굽한 이스라엘 백성들이 범죄할 때마다 하나님은 그들을 징계하셨다. 그들이 지나치게 범죄했을 때, 하나님은 그들 중의 60만 명을 광야에서 죽이셨다. 이것만 봐도 징계의 무서움을 어느 정도 알 수 있다.

하나님은 징계해도 회개하지 않는 성도들을 몇 배로 징벌하신다.

(레 26:14-18) 그러나 너희가 내게 청종하지 아니하여 이 모든 명령을 준행하지 아니하며 내 규례를 멸시하며 마음에 내 법도를 싫어하여 내 모든 계명을 준행하지 아니하며 내 언약을 배반할진대 내가 이같이 너희에게 행하리니 곧 내가 너희에게 놀라운 재앙을 내려 폐병과 열병으로 눈이 어둡고 생명이 쇠약하게 할 것이요 너희가 파종한 것은 헛되리니 너희의 대적이 그것을 먹을 것임이며 내가 너희를 치리니 너희가 너희의 대적에게 패할

것이요 너희를 미워하는 자가 너희를 다스릴 것이며 너희는 쫓는 자가 없어도 도망하리라 또 만일 너희가 그렇게까지 되어도 내게 청종하지 아니하면 너희의 죄로 말미암아 내가 너희를 일곱 배나 더 징벌하리라

하나님은 징계해도 계속 죄를 짓는 성도는 비참하게 죽임을 당하게 하신다.

(삼상 2:31-34) 보라 내가 네 팔과 네 조상의 집 팔을 끊어 네 집에 노인이 하나도 없게 하는 날이 이를지라 이스라엘에게 모든 복을 내리는 중에 너는 내 처소의 환난을 볼 것이요 네 집에 영원토록 노인이 없을 것이며 내 제단에서 내가 끊어 버리지 아니할 네 사람이 네 눈을 쇠잔하게 하고 네 마음을 슬프게 할 것이요 네 집에서 출산되는 모든 자가 젊어서 죽으리라 네 두 아들 홉니와 비느하스가 한 날에 죽으리니 그 둘이 당할 그 일이 네게 표징이 되리라

본문은 지나치게 죄를 많이 지은 엘리 제사장 집에 내리실 하나님의 징벌을 기록한 것이다. 징계의 무서움을 깨달은 성도는 힘들어도 쉽게 타락하지 않는다.

5) 하나님의 다섯 번째 자살 방지 및 타락 방지 대책은 성도가 범죄한 만큼 상을 박탈하시는 것이다.

(고전 3:14-15) 만일 누구든지 그 위에 세운 공적이 그대로 있으면 상을 받고 누구든지 그 공적이 불타면 해를 받으리니 그러나 자신은 구원을 받되 불 가운데서 받은 것 같으리라

본문의 '불 가운데서 구원을 받는 것'은 '상을 받지 못한 채로 영혼 구원만 받는 것'을 의미한다. 이처럼 지나치게 죄를 많이 지은 성도는 상을 전혀 받지 못한 채로 영원히 천국에서 살아야 한다.

성도들은 상을 받은 성도가 천국에서 면류관을 쓰는 것(계 4:4)과 상을 받은 성도가 면류관을 벗어서 하나님께 드리면서 찬송을 부르는 (계 4:10-11) 반면, 상을 받지 못한 성도는 영원히 맨손으로 하나님을 찬양하는 것을 잊지 말아야 할 것이다. 이것을 깨달은 성도는 아무리 힘들어도 자살하지 않을 것이다.

6) 하나님의 여섯 번째 자살 방지 및 타락 방지 대책은 성도에게 성경 말씀을 가르치시는 것이다.

(딤후 3:16-17) 모든 성경은 하나님의 감동으로 된 것으로 교훈과 책망과 바르게 함과 의로 교육하기에 유익하니 이는 하나님의 사람으로 온전하게 하며 모든 선한 일을 행할 능력을 갖추게 하려 함이라

(시 1:1-3) 복 있는 사람은 악인들의 꾀를 따르지 아니하며 죄인들의 길에 서지 아니하며 오만한 자들의 자리에 앉지 아니하고 오직 여호와의 율법을 즐거워하여 그의 율법을 주야로 묵상하는도다 그는 시냇가에 심은 나무가 철을 따라 열매를 맺으며 그 잎사귀가 마르지 아니함 같으니 그가 하는 모든 일이 다 형통하리로다

하나님이 성도를 온전하게 만들기 위하여 성도에게 성경말씀을 주셨기 때문에 열심히 성경을 공부하는 성도들은 은혜를 받을 가능성이 많고, 거룩하게 살 가능성이 크다. 하지만 성경 공부가 만능은 아니다.

7) 하나님의 일곱 번째 자살 방지 및 타락 방지 대책은 성도에게 성령세례를 주시는 것이다.

> (행 1:8) 오직 성령이 너희에게 임하시면 너희가 권능을 받고 예루살렘과 온 유대와 사마리아와 땅 끝까지 이르러 내 증인이 되리라 하시니라

성령세례를 받기 전의 사도들은 겁쟁이였다. 하지만 그들은 성령세례를 받은 후에 죽음을 불사하는 사람이 되었다. 이 때문에 성령세례를 받은 사도들은 성령세례를 받지 못한 성도들이 있으면 서둘러서 그들이 성령세례를 받도록 도와주었다.

> (행 8:14-17) 예루살렘에 있는 사도들이 사마리아도 하나님의 말씀을 받았다 함을 듣고 베드로와 요한을 보내매 그들이 내려가서 그들을 위하여 성령 받기를 기도하니 이는 아직 한 사람에게도 성령 내리신 일이 없고 오직 주 예수의 이름으로 세례만 받을 뿐이더라 이에 두 사도가 그들에게 안수하매 성령을 받는지라

하지만 성령세례가 만능은 아니다. 이것은 고린도교회 성도들이 성령세례를 받은 후에 타락한 것이 증명한다.

8) 하나님의 여덟 번째 자살 방지 및 타락 방지 대책은 성도에게 성령 충만을 주시는 것이다.

> (행 4:31) 빌기를 다하매 모인 곳이 진동하더니 무리가 다 성령이 충만하여 담대히 하나님의 말씀을 전하니라

본문은 열흘 동안 기도를 힘써서 오순절에 성령세례를 받은 사도들과 성도들이 성령의 능력이 약화되었을 때에 통성기도를 해서 성령 충만을 받은 후에 담대히 하나님의 말씀을 전한 기록이다.

오늘날의 성도들도 성령세례를 받은 후에 주님의 일을 하다가 성령의 권능이 약화되면 다시 성령 충만을 받아야 한다.

성령 충만을 받는 방법은 기도가 보편적인 방법이지만 어떤 성도들은 찬송을 부를 때 성령 충만을 받고, 어떤 성도들은 설교를 들을 때 성령 충만을 받기 때문에 기도만 고집할 필요는 없다.

9) 하나님의 아홉 번째 자살 방지 및 타락 방지 대책은 성도가 전인치유를 받게 해 주시는 것이다.

성경이 기록될 기간에 전인치유가 활성화되지 않아서 성경에는 전인치유에 관한 기록이 없다. 성경이 기록된 기간에 지동설과 수술 치료법이 발견되지 않아서 성경에 지동설과 수술 치료법이 없는 것과 같다.

마음의 상처와 조상들이 물려준 나쁜 영향력 때문에 악령에게 시달림을 받는 성도는 전인치유를 받으면 삶이 획기적으로 달라진다. 이것은 양촌힐링센터와 같은 전인치유센터에서 충분히 증명한 바 있다.

성도는 사탄의 가장 큰 계략이 무엇인지를 반드시 깨달아야 한다.

사탄은 성도를 결코 지옥으로 끌고 갈 수 없는 것을 아주 잘 알고 있다. 또한 그놈은 성도가 하늘의 상급을 받지 못하게 훼방할 수 있는 것도 매우 잘 알고 있다. 그러므로 사탄은 성도를 지옥으로 끌고 가려는 시도를 결코 하지 않는다. 다만 그놈은 어떻게 해서든지 성도가 범죄하여 땅에서 저주받고 하늘의 상을 받지 못하도록 발버둥을 친다. 물질에 약한 성도에게는 물질을 주어서 타락시키려 하고, 이성에 약한 성도에게는 매혹적인 이성을 보내서 타락시키려 하고, 명예에 약한 성도는 명예를 주어서 타락시키려 하고, 고통에 약한 성도는 박해와 다른 어려움으로 고생을 시켜서 타락시키려 한다.

사탄이 욥을 타락시키기 위하여 사용한 방법은 그에게 고난을 주는 것이었다. 부자는 고난을 견디기 힘들어하기 때문에 사탄이 부자인 욥에게 고난이 임하도록 획책한 것이다. 중생한 신자가 사탄의 계략에 속으면 자살을 해서 하늘의 상급을 잃어버리게 되고, 사탄이 박수를 치게 된다.

요즘 한국에 많은 사람들이 자살을 미화해서 자살을 조장하는 풍조가 만연돼 있다. 사탄이 그들의 배후에서 역사하기 때문에 이런 현상이 일어나는 것이다. 성도는 이것을 반드시 깨달아야 한다.

한편, 사탄은 죄를 짓는 성도의 몸속에 죽음의 영을 침투시킨다. 죽음의 영은 성도의 몸속에서 특히 두 가지 일을 획책한다.

첫째, 죽음의 영은 성도가 다른 사람을 죽이도록 충동질한다. 다른 사람을 죽이는 것이 가장 큰 죄를 짓는 것이기 때문이고, 성도가 살인죄를 지으면 가장 많은 상을 잃기 때문이다. 그러므로 성도는 사탄의 살인 충동에 속지 말아야 한다.

둘째, 죽음의 영은 성도가 자살하도록 충동질한다. 자살 역시 큰 죄인 것을 알기 때문이고, 성도가 자살하면 많은 상을 잃는 것을 알기 때문이다. 그러므로 성도는 사탄의 자살 충동에 속지 않아야 한다. 자살할 용기가 있으면 그 용기로 살아서 사탄과 싸워야 하고, 하나님께 충성하여 하늘의 상을 받아야 한다.

어떤 사람이 살인죄를 지을 때 그의 몸속에 있는 죽음의 영이 역사하는 것처럼 어떤 사람이 자살죄를 지을 때도 그의 몸속에 있는 죽음의 영이 역사한다. 그러므로 성도가 자살하지 않으려면 자신의 몸속에서 암약하는 죽음의 영을 추방해야 한다.

혹시 독자가 자살 충동에 시달리면 하루 속히 마음의 상처를 치유하고, 악령들을 추방하기 바란다. 스스로 이 일을 수행하기 어려우면 전인치유 사역자의 도움을 받아서 전인치유를 받기 바란다. 전인치유에 관한 자세한 설명은 나의 책 『이것이 전인치유다』를 참고하기 바란다. 전인치유를 받기 원하는 이는 양촌힐링센터에 연락하기 바란다.

자살 충동을 느끼는 사람은 하나님의 평가 방법을 깨닫는 것이 필요할 것이다.

흔히들 하나님이 상대평가법을 사용하여 성도들을 평가하시는 것으로 오해한다. 상대평가법이란 사람의 능력에 관계없이 각 사람을 비교하여 평가하는 것이다. 쉬운 예로 학년을 구분하지 않고 국어 시험을 잘 친 학생을 1등으로 인정하는 것을 들 수 있다. 이 평가법을 사용하면 은사를 많이 받은 사람이 언제나 1등을 할 수밖에 없다.

하지만 하나님은 절대평가법을 사용하셔서 성도들을 평가하신다. 다시 말해서 하나님은 각 사람에게 주신 은사에 맞는 평가를 하신다. 이것이 달란트 비유와 므나 비유에 잘 나타나 있다.

달란트 비유는 '다섯 달란트 받은 사람과 두 달란트 받은 사람이 똑같은 상을 받았다'고 되어 있다. 이것은 하나님이 각 사람의 재능에 맞게 평가하시는 것을 의미한다.

므나 비유는 '한 므나로 열 므나를 남긴 사람에게는 열 고을을 다스릴 권세를 준 반면 한 므나로 다섯 므나를 남긴 사람에게는 다섯 고을을 다스릴 권세를 주었다'고 되어 있다. 이것은 남들과 똑같은 은사를 받은 사람이 더 많이 충성하면 더 많은 상을 주시는 것을 의미한다. 이 때문에 성도는 자신이 처한 환경에서 자신의 은사를 최대한 발휘하도록 힘써야 하는 것이다.

자살 충동에 사로잡힌 성도는 일하기는커녕 살아 있기조차 힘든 환경에서 살고 있다. 반면에 자살 충동이 없는 성도는 일하기 좋은 환경에서 살고 있다. 이 때문에 자살 충동이 없는 성도는 열심히 일을 해야 상을 받을 수 있고, 자살 충동에 사로잡힌 성도는 자살하지 않고 살아 있는 것만으로도 상을 받을 수 있다. 그러므로 자살 충동에 시달리는 성도는 할 수 있는 한 자살하지 않고 버텨야 한다. 조금이라도 더 오래 버티면 그만큼 상이 커지기 때문이다.

한 가지만 덧붙이겠다. 나는 '중생한 신자도 자살하면 지옥에 간다'고 믿는 성도가 자살한 경우를 많이 들었다. 반면에 '중생한 신자는 자살해도 지옥에 가지 않는다'고 믿는 성도가 자살한 경우를 들어 본 적이 없다. 내가 아는 것이 사실이면 모든 성도는 하루 속히 성경이 한 번 구원은 영원한 구원임을 가르치는 것을 깨달아야 할 것이고, 본서를 널리 알려야 할 것이다.

7. 영혼구원을 받은 증거는 무엇일까?

중생한 신자가 영혼구원을 받은 증거가 무엇일까? 성경에 의하면 중생한 신자에게는 몇 가지의 영혼구원을 받은 증거가 나타난다. 이런 증거가 나타나면 진짜 중생한 것이고, 이런 증거가 나타나지 않으면 중생하지 못한 것이다.

1) 예수님을 믿지 않은 죄를 회개한 후에 예수님을 믿은 적이 있으면 진짜 신자다.

사람의 가장 큰 죄는 예수님(구약시대에는 하나님)을 구주로 믿지 않은 것이다. 하나님은 어떤 사람이 예수님을 믿지 않은 죄를 회개한 후에 예수님을 믿을 때 진정으로 회개한 것으로 인정하여 주신다.

(막 1:14-15) 요한이 잡힌 후 예수께서 갈릴리에 오셔서 하나님의 복음을

전파하여 이르시되 때가 찼고 하나님의 나라가 가까이 왔으니 회개하고 복음을 믿으라 하시더라

본문의 '회개하고 복음을 믿으라'는 말씀은 '예수님을 구주로 믿지 않던 태도를 바꿔서 예수님을 구주로 믿으라'는 뜻이다. 어떤 사람이 과거에 이런 회개를 했으면 그는 중생한 신자다. 반면에 말로는 예수님을 믿지만 마음으로는 예수님을 믿지 않는 사람은 가짜 신자다.

단, 너무 어릴 때 예수님을 믿어서 예수님을 믿지 않은 죄를 회개한 것을 기억하지 못하는 경우가 있을 수 있다. 이런 사람은 현재 자신이 진심으로 예수님을 믿고 있으면 진짜 중생한 것이다.

2) 마음으로 예수님을 구주로 믿고, 입으로 예수님을 구주로 시인하면 진짜 신자다.

(롬 10:9-10) 네가 만일 네 입으로 예수를 주로 시인하며 또 하나님께서 그를 죽은 자 가운데서 살리신 것을 네 마음에 믿으면 구원을 받으리라 사람이 마음으로 믿어 의에 이르고 입으로 시인하여 구원에 이르느니라

진짜 신자는 마음으로 예수님이 자신의 죄를 위해 돌아가신 것을 믿고, 입으로 예수님을 구주로 시인한다. 말을 못하는 환자들이나 장애인들은 행동으로 예수님을 구주로 시인한다. 물론 사탄이 사람들에게 의심을 넣어 주기 때문에 진짜 신자도 가끔씩, 어떤 때는 자주 예수님의 구주 되심을 의심할 수 있다. 그렇다고 해서 그가 구원받지 못한 것이 아니고, 그의 구원이 취소되는 것도 아니다.

한편, 어떤 구원파가 "예수님을 믿은 날짜를 알아야 구원을 받는다"고 주장하는 것은 전혀 성경의 가르침이 아니다. 어릴 때 예수님을 믿은 성도와 교회에 다니다가 자신도 모르게 예수님을 믿은 성도는 자신이 언제 예수님을 믿은 것인지 전혀 모를 수 있다. 자기의 생일을 몰라도 부모의 자녀인 것처럼 자신이 구원받은 날짜를 몰라도 하나님의 자녀인 것이다.

3) 예수님을 믿은 후에 마음이 변화를 받은 경험이 있으면 진짜 신자다.

(마 27:44) 함께 십자가에 못 박힌 강도들도 이와 같이 욕하더라

(눅 23:39-43) 달린 행악자 중 하나는 비방하여 이르되 네가 그리스도가 아니냐 너와 우리를 구원하라 하되 하나는 그 사람을 꾸짖어 이르되 네가 동일한 정죄를 받고서도 하나님을 두려워하지 아니하느냐 우리는 우리가 행한 일에 상당한 보응을 받는 것이니 이에 당연하거니와 이 사람이 행한 것은 옳지 않은 것이 없느니라 하고 이르되 예수여 당신의 나라에 임하실 때에 나를 기억하소서 하니 예수께서 이르시되 내가 진실로 네게 이르노니 오늘 네가 나와 함께 낙원에 있으리라 하시니라

예수님이 십자가에서 죽으실 때, 극적으로 예수님을 믿어서 천국에 간 한편 강도는 십자가에 달렸을 때만 해도 예수님을 욕하던 사람이었다. 하지만 그는 십자가에 달려서 고통을 당하던 중에 마음이 변해서 예수님을 구주로 믿었다. 그의 마음에 극적인 변화가 일어난 것이다. 그는 예수님과 함께 천국에 갔다. 이처럼 진짜 신자는 반드시 예수님을 믿지 않던 마음이 예수님을 믿는 마음으로 변하고, 정도의

차이는 있지만 악한 마음이 선한 마음으로 변한다.

사람이 예수님을 구주로 믿는 것은 사탄의 종에서 하나님의 자녀로 신분이 변화하는 것이고(요 1:12), 사망의 나라에서 생명의 나라로 이사하는 것이고(요 5:24), 죄의 종에서 의의 종으로 직분이 바뀌는 것이다(롬 6:17-18). 그러므로 진정으로 예수님을 믿은 사람은 자신이 충분히 자각할 수 있는 마음의 변화를 반드시 체험하게 돼 있다. 이런 변화를 체험했으면 틀림없는 하나님의 자녀다.

단, 너무 어릴 때 예수님을 믿어서 자신의 변화한 경험을 기억하지 못하는 경우가 있을 수 있다. 이럴 경우에는 자신이 현재 진심으로 예수님을 사랑하고, 예수님을 위해 살기를 원하는지를 점검하면 자신이 진짜 신자인 것을 알 수 있다. 진짜 신자는 베드로처럼 육신이 약해서 육신으로 예수님을 부인할 수 있고, 패륜죄를 범한 성도처럼 지은 죄를 회개하지 못할 수 있어도 마음으로 예수님을 부인하는 법은 절대로 없다.

4) 예수님이 마음에 계신 것을 알면 진짜 신자다.

(고후 13:5) 너희는 믿음 안에 있는가 너희 자신을 시험하고 너희 자신을 확증하라 예수 그리스도께서 너희 안에 계신 줄을 너희가 스스로 알지 못하느냐 그렇지 않으면 너희는 버림 받은 자니라

중생한 신자가 예수님이 자신의 마음에 계신 것을 어떻게 알 수 있는가? 자신이 마음으로 예수님을 사랑하는 것을 보면 그것을 알 수 있다.

(벧전 1:8) 예수를 너희가 보지 못하였으나 사랑하는도다 이제도 보지 못하나 믿고 말할 수 없는 영광스러운 즐거움으로 기뻐하니

자신이 많든 적든, 크든 작든, 자주, 혹은 가끔씩 예수님을 구주로 사랑하면 예수님이 마음속에 계신 것이다. 사탄이 마음속에 있는 사람은 절대로 예수님을 구주로 사랑할 수 없다. 이런 사람은 예수님을 좋아해도 훌륭한 인간으로만 좋아한다.

예수님이 마음속에 있는 사람은 육신이 약해서 공개적으로 예수님을 구주로 사랑하는 것을 나타내지 못할 때도 자신이 진심으로 예수님을 구주로 사랑하는 것을 안다. 마치 어떤 사람을 사랑하게 된 사람이 곤란한 환경 때문에 그에 대한 사랑을 표현하지 못해도 마음속으로 그를 사랑하는 것을 아는 것과 같다.

베드로 사도는 성령세례를 받기 전에 유대인들이 두려워서 "나는 예수님을 모른다"고 부인했다(마 26:69-75). 하지만 그것은 그의 진심이 아니었다. 베드로 사도를 볼 때, 중생한 신자의 말과 마음이 전혀 다를 수 있는 것을 알 수 있다.

5) 진심으로 거룩하게 살기를 힘쓰면 진짜 신자다.

진짜 신자는 성령님이 마음에 계신 사람이다. 성령님은 거룩한 분이시다. 이 때문에 성령님이 마음에 계신 사람은 반드시 거룩하게 살기를 힘쓰게 돼 있다(갈 5:17). 성화를 이룬 만큼 복과 상을 받는 것을 아는 사람은 더욱 성화를 힘쓴다.

하지만 진짜 신자가 반드시(항상) 거룩하게 사는 것으로 오해하

거나 큰 죄(혹은 많은 죄)를 짓지 않는 것으로 오해하거나 큰 죄(혹은 많은 죄)를 지으면 반드시 회개하는 것으로 오해하지 않도록 조심해야 한다.

진짜 신자들 중에는 육신이 약해서 성령님을 소멸하므로 큰 죄를 짓는 사람이 있을 수 있다. 심하면 솔로몬과 기드온과 아버지의 아내와 동거 생활을 한 사람처럼 죽을 때까지 회개를 못 하는 경우도 있다. 이런 사람들도 진심으로 거룩하게 살기를 원한다. 다만 그들은 몸이 말을 듣지 않아서 선행을 실천하지 못할 뿐이다. 예수님은 이런 사람들을 아래와 같이 평가하셨다.

> (마 26:40-41) 제자들에게 오사 그 자는 것을 보시고 베드로에게 말씀하시되 너희가 나와 함께 한 시간도 이렇게 깨어 있을 수 없더냐 시험에 들지 않게 깨어 기도하라 마음에는 원이로되 육신이 약하도다 하시고

물론 죄를 많이 짓는 기독교인들 중에는 가짜 신자가 많을 것이다. 그럼에도 불구하고 죄를 많이 짓는 기독교인들 중에는 진짜 신자가 있을 수 있다. 그러므로 큰 죄(많은 죄)를 짓는 사람을 무조건 가짜 신자로 취급하거나 그런 사람을 덮어놓고 지옥에 갈 사람으로 여기면 안 된다.

6) 죄를 지을 때, 하나님의 징계를 받으면 진짜 신자다.

> (히 12:8) 징계는 다 받는 것이거늘 너희에게 없으면 사생자요 친아들이 아니니라

어떤 기독교인이 죄를 지을 때, 하나님의 징계를 받으면 그는 하나님의 자녀다. 부모가 자녀를 징계하듯이 하나님도 반드시 신자를 징계하시기 때문이다.

어떤 사람들은 한국의 6-70년대에 많은 이적을 일으키던 중에 타락한 문 모 목사와 박 모 장로를 근거로[그들은 "내가 예수님(혹은 내가 하나님)"이라고 주장했다] "중생한 신자도 그들처럼 타락하여 지옥에 갈 수 있다"고 주장하기도 한다. 하지만 이것은 그릇된 주장이다. 문 모 목사와 박 모 장로는 진짜 신자가 아니었기 때문이다. 이것은 그들이 극심하게 타락한 후에도 하나님의 준엄한 징계를 받지 않은 것이 증명한다. 그들은 타락한 이후에도 오랜 세월 동안 편안하게 장수하다가 죽었다.

7) 율법(도덕법)을 지키지 못하는 것 때문에 마음의 고통을 받으면 진짜 신자다.

> (롬 7:22-25) 내 속사람으로는 하나님의 법을 즐거워하되 내 지체 속에서 한 다른 법이 내 마음의 법과 싸워 내 지체 속에 있는 죄의 법으로 나를 사로잡는 것을 보는도다 오호라 나는 곤고한 사람이로다 이 사망의 몸에서 누가 나를 건져내랴 우리 주 예수 그리스도로 말미암아 하나님께 감사하리로다 그런즉 내 자신이 마음으로는 하나님의 법을 육신으로는 죄의 법을 섬기노라

본문은 바울 사도의 고백이다. 그는 마음(영)이 하나님의 법을 섬기는데 반하여 육신이 죄의 법을 섬기는 것 때문에 고통을 받았다.

다시 말해서 영혼이 죄를 짓지 않는 것과 반대로 육신이 죄를 짓는 것 때문에 고통을 받았다. 이것은 그가 중생한 신자인 것을 증명한다.

불신자들도 죄를 짓는 것 때문에 심적 고통을 받는다. 하지만 그들은 하나님이 정하신 도덕법을 지키지 못하는 것 때문에 심적 고통을 받지 않는다. 어떤 기독교인이 하나님의 도덕법대로 살지 못하는 것 때문에 심적 고통을 받으면 그는 틀림없는 하나님의 자녀다. 다시 말해서 그가 어떤 죄를 지으며 '하나님의 자녀인 내가 이런 짓을 하면 안 되는데'라는 생각 때문에 심적 고통을 받으면 그는 하나님의 자녀가 틀림없다.

루터파, 칼빈파, 구원파, 이화영 목사의 구원론의 공통점과 차이점을 알아보자.

○ **4자의 공통점**: 성경이 가르치는 대로 한 번 구원은 영원한 구원임을 전파한다.

○ **4자의 차이점**:

☆ **루터파**: 한편으로는 성경의 구원론 난해 구절들을 무시한 채로 성경이 가르치는 대로 은혜구원론을 전파하고, 다른 한편으로는 성경이 가르치는 대로 육신의 성화를 강조한다. 루터파의 가장 큰 문제점은 우격다짐 식 은혜구원론을 전파하는 것이다.

☆ **칼빈파**: 한편으로는 성경이 가르치는 대로 은혜구원론을 전파

하고, 다른 한편으로는 성경의 구원론 난해 구절들을 잘못 해석해서 성경이 가르치지 않는 행위구원론을 전파하고, 또 다른 한편으로는 성경적 가르침대로 육신의 성화를 강조한다. 칼빈파의 또 다른 오류는 육신이 약해서 죄를 많이 짓는 성도들과 지은 죄를 회개하지 못해서 쩔쩔매는 성도들을 모두 가짜 성도로 취급하는 것이다.

☆ **구원파**: 한편으로는 성경의 구원론 난해 구절들을 무시한 채로 성경이 가르치는 대로 은혜구원론을 전파하고, 다른 한편으로는 "구원받은 날짜를 알아야 구원을 받는다"고 비성경적인 주장을 하고, 또 다른 한편으로는 성경의 가르침과 달리 육신의 성화를 무시한다. 구원파의 가장 큰 오류는 자기 파에만 구원이 있는 것처럼 선전하는 것이다.

☆ **이화영 목사**: 한편으로는 성경의 구원론 난해 구절들을 바르게 해석해서 성경이 가르치는 은혜구원론을 전파하고, 다른 한편으로는 성경이 가르치는 대로 육신의 성화를 강조한다.

8. 기독교 구원론의 역사

구약시대에는 하나님께서 이방인들은 물론 이스라엘 백성들에게 조차도 영의 구원을 받는 도리를 자세히 설명해 주지 않으셨다. 주님은 이스라엘 백성들에게 주로 땅의 복을 가르치셨다.

구약성경에는 영의 구원을 받는 도리가 은유적, 상징적으로 나타나 있다. 그 실례는 하나님이 "장차 여자의 후손이 뱀의 머리를 상하게 할 것이라"고 선포하신 것, 아담과 하와에게 가죽옷을 지어 주신 것, 이스라엘 백성들이 홍해를 건너게 하신 것, 반석에서 물을 내신 것, 성막과 성전을 만드신 것, 제사 제도를 만드신 것, 절기 제도를 만드신 것, 선지자들이 은유적 예언을 하게 하신 것 등을 들 수 있다. 이 때문에 구약시대에는 이방인들은 물론 이스라엘 백성들조차도 영의 구원을 받는 도리에 많은 궁금증을 가졌을 것이다.

영의 구원을 받는 도리에 관한 자세한 설명은 세례 요한 때부터 본격적으로 계시됐다.

(마 3:1-2) 그 때에 세례 요한이 이르러 유대 광야에서 전파하여 말하되 회개하라 천국이 가까이 왔느니라 하였으니

(마 4:17) 이 때부터 예수께서 비로소 전파하여 이르시되 회개하라 천국이 가까이 왔느니라 하시더라

예수님은 오직 믿음으로(오직 하나님의 은혜로) 영의 구원을 받는 진리를 분명하게 가르치셨다.

(요 3:16) 하나님이 세상을 이처럼 사랑하사 독생자를 주셨으니 이는 그를 믿는 자마다 멸망하지 않고 영생을 얻게 하려 하심이라

(요 6:47) 진실로 진실로 너희에게 이르노니 믿는 자는 영생을 가졌나니

(요 10:28) 내가 그들에게 영생을 주었노니 그들은 영원히, 절대로, 결코 멸망하지 아니할 것이요

사도들 역시 시종일관 은혜구원론을 전파했다.

(행 15:10-11) 그런데 지금 너희가 어찌하여 하나님을 시험하여 우리 조상과 우리도 능히 메지 못하던 멍에를 제자들의 목에 두려느냐 그러나 우리는 그들이 우리와 동일하게 주 예수의 은혜로 구원 받는 줄을 믿노라 하니라

(엡 2:8) 너희는 그 은혜에 의하여 믿음으로 말미암아 구원을 받았으니 이것은 너희에게서 난 것이 아니요 하나님의 선물이라

문제는 사도 시대의 성도들에게 행위구원론의 뿌리가 매우 깊은 데 있었다. 이것은 갈라디아교회 성도들이 바울 사도가 떠난 지 얼마 되지 않아서 다시 행위구원론으로 돌아간 사건이 증명한다.

(갈 1:6) 그리스도의 은혜로 너희를 부르신 이를 이같이 속히 떠나 다른 복음을 따르는 것을 내가 이상하게 여기노라

로마제국의 무자비한 기독교 박해로 대부분의 사도들과 그의 직계 제자들(속사도들) 대부분은 일찍 순교를 당했다. 로마제국은 대부분의 성경을 압수하여 폐기했다. 게다가 성경이 매우 방대한 책으로 되어 있었다. 이 때문에 대부분의 성도들은 성경을 전혀 읽을 수 없었다. 따라서 성경의 구원론 난해 구절들의 본뜻이 성도들에게 제대로 전파될 수 없었다. 대부분의 성도들은 행위구원론을 믿을 수밖에 없었다. 이에 관한 실제적 증거가 있다.

주후 161년부터 180년까지 로마제국을 통치한 마르쿠스 아우렐리우스 황제가 혹독하게 기독교를 박해한 것은 널리 알려진 일이다. 그의 통치 기간인 주후 165년에 요한 사도의 제자 폴리갑 속사도가 순교했다. 그 해에 많은 성도들도 순교했다. 그들 중에 유스티누스가 있다.

유스티누스는 직접 여러 그리스철학 학파를 찾아서 그들과 토론

하며 그리스철학을 연구한 사람이다. 그는 예수님을 믿은 후에 매우 열성적으로 기독교를 변증하다가 당당하게 순교한 것 때문에 더욱 유명하다. 그의 저서들 중의 하나인 『변증서』는 최초의 기독교 변증서로 유명하다.

로마의 수도장관(집정관) 루스티쿠스가 유스티누스를 심문할 때, 두 사람이 나눈 대화를 보면 유스티누스가 어떤 구원론을 믿었는지를 알 수 있다.

"로마의 신들을 믿고, 그 믿음으로 통합돼 있는 로마 제국 안에서 그 믿음을 거부하는 기독교도는 로마법에 따르면 반 국가 행위를 저지른 죄인이다. 하지만 기독교를 믿는 사람도 종교를 버리면 무죄 방면된다. 반대로 배교를 거부한 자는 채찍질을 한 뒤 참수형에 처하도록 규정돼 있다. 너는 채찍질을 당하고 목이 잘려 죽은 뒤에 하늘로 올라갈 수 있다고 믿느냐?"

"제 믿음이 끝까지 강하고 확고하다면 하늘로 올라갈 수 있을 것입니다. 하지만 그 은총은 기독교의 정의에 따른 생활을 한 사람에게만 주어집니다."

"그렇다면 너도 하늘로 올라갈 수 있다고 확신하느냐?"

"아닙니다. 그것을 바라기는 하지만 반드시 그렇게 된다는 확신까지는 가질 수 없습니다."

"나는 너에게 '종교를 버리라'고 권하겠다. 이를 거부하면 너를 기다리는 건 사형뿐이라는 사실을 알고 있겠지?"

"알고 있습니다. 하지만 종교를 버리지 않고 죽으면 반드시 구원이 기다리고 있다는 것도 알고 있습니다."

유스티누스를 회유하는 데 실패한 루스티쿠스는 아래와 같은 판결을 내렸다.

"우리 로마인의 신들에게 제물 바치기를 거부한 자를 로마법(트라야누스 법)에 따라 채찍질을 한 뒤 참수형에 처한다."

끝까지 믿음을 지킨 다섯 사람은 참수되었다.[81]

순교자 유스티누스의 발언 일부를 다시 보자.

"제 믿음이 끝까지 강하고 확고하다면 하늘로 올라갈 수 있을 것입니다."
"천국에 갈 것을 바라기는 하지만 반드시 그렇게 된다는 확신까지는 가질 수 없습니다."
"천국에 가는 은총은 기독교의 정의에 따른 생활을 한 사람에게만 주어집니다."

---

81) 시오노 나나미 저, 김석희 역, 로마인 이야기 Ⅱ, 한길사, 2003년, p.145

다섯 명의 순교자 중의 대표 격인 유스티누스는 행위구원론을 믿었다. 이것은 그가 성경의 구원론 난해 구절들의 본뜻을 모른 것을 증명한다. 또한 이것은 유스티누스와 함께 순교한 네 명도 구원론 난해 구절들의 본뜻을 몰라서 행위구원론을 믿은 것을 추정하게 한다. 더 나아가서 이것은 속사도 시대에 행위구원론이 널리 퍼져 있었던 것을 추정하게 한다.

기독교의 교단들 중에서 가장 먼저 등장한 천주교회가 성경의 구원론 난해 구절들을 근거로 행위구원론을 주장한 것은 널리 알려진 일이다. 그들은 "매우 선하게 사는 성도는 천국에 직행하고, 어느 정도 죄를 짓는 성도는 연옥에 가고, 죄를 많이 짓는 성도는 지옥에 간다"고 주장했다.

천주교의 사제들은 자신이 가르치는 행위구원론 때문에 구원의 확신을 가지지 못하는 교인들을 안심시키기 위한 대책을 고민했다. 그러다가 그들은 성경에 없는 연옥설을 만들어서 그 교인들을 안심시키는 무리수를 두고 말았다. 연옥은 성경이 아닌 외경을 근거로 만들어진 것이다. 천주교는 1546년에 열린 트렌스 종교회의에서 외경을 정경으로 인정하는 무리수까지 두고 말았다. 천주교가 초기에 성경의 구원론 난해 구절들의 본뜻을 깨달았으면 결코 그런 무리수를 두지 않았을 것이다.

1500년대 초에 들어섰을 때, 독일 천주교의 마르틴 루터 신부가 진지하게 성경을 연구한 후에 백 퍼센트의 은혜구원론을 주장하기 시작했다. 그의 모토는 '오직 믿음, 오직 은혜, 오직 성경'이었다. 이것은 방향을 바르게 잡은 것이다.

하지만 루터 신부는 성경의 구원론 난해 구절들의 본뜻을 알 수 없어서 구원론 난해 구절들을 무시해 버린 후에, 예를 들면 야고보서를 지푸라기 서신으로 취급하며 은혜구원론, 즉 루터주의 구원론을 주장하는 무리수를 두고 말았다. 결국 그의 구원론은 우격다짐 식 이론이 되고 말았다. 루터 신부의 구원론은 천주교와 개신교의 행위구원론자들에게 공격의 빌미를 제공했다.

마르틴 루터 신부와 동시대의 종교개혁자인 존 칼빈 목사는 루터 신부의 은혜구원론을 조금 더 체계적으로 정리했다. 하지만 그 역시 성경의 구원론 난해 구절들의 본뜻을 깨닫지 못한 상태에서 새로운 구원론을 만들었기 때문에 비성경적 이론을 전개할 수밖에 없었다. 그는 "진짜 신자는 죄를 많이 짓지 않는다"고 주장했다. 이 주장은 고린도전서 5장 1-5절과 요한일서 5장 18절 등을 위반한 것이므로 명백한 오류다. 심지어 칼빈 목사는 "중생한 신자는 이미 구원을 받았지만 아직 구원을 받지 못했다"고 모순된 주장까지 했다. 이 때문에 그의 구원론은 개신교의 행위구원론자들에게 공격의 빌미를 제공하게 됐다.

1600년대에 들어서자 종교개혁자 베자 목사에게서 배운 네덜란드의 신학자 야코부스 아르미니우스 목사가 성경의 구원론 난해 구절들을 자의적으로 해석하여 강력하게 행위구원론, 즉 '알미니안주의 구원론'을 주장했다. 그는 "중생한 신자도 선하게 살지 않으면 지옥에 간다"고 주장했다. 그런데도 그의 구원론을 웨슬리안 파, 메소디스트 파, 홀리네스 파, 구세군 등이 받아들였다. 그리하여 그의 행위구원론이 전 세계에 퍼지게 됐다.

지금까지 설명한 것처럼 기독교의 구원론은 네 종류다. 그러나 구원론의 내용으로 따지면 기독교의 구원론이 두 종류로 나눠진다. 하나는 은혜구원론이고, 다른 하나는 행위구원론이다. 은혜구원론은 루터주의 구원론이고, 천주교의 구원론, 칼빈주의 구원론, 알미니안주의 구원론은 행위구원론이다.

칼빈주의자들은 "칼빈주의 구원론은 은혜구원론이라"고 주장한다. 하지만 틀린 주장이다. 그들이 "성도의 선행이 진짜 신자 여부를 결정한다"고 주장하기 때문이다. 이것은 명백한 행위구원론이다. 루터주의자들처럼 "성도의 선행은 영의 구원에 전혀 도움을 주지 않는다"고 주장해야 성경이 가르치는 은혜구원론이 된다.

아르미니우스 목사가 등장한 후부터 기독교의 4대 교단 사람들은, 특히 칼빈주의자들과 알미니안주의자들은 치열한 구원론 논쟁을 벌였다. 어떤 사람들은 상대방을 이단으로 정죄하기도 했다. 하지만 그들 모두 구원론 난해 구절들의 본뜻을 깨달을 수 없었기 때문에 지루한 논쟁을 계속할 수밖에 없었다. 결국 오랜 논쟁에 지친 그들 대부분은 휴전을 하게 됐고, 상대방의 교리를 묵인하게 됐다. 이러한 상태가 수백 년 동안 계속돼서 지금에 이르고 있다.

본서가 기독교 구원론 역사의 연장선상에 있어서 본서가 출간되기까지의 과정과 그 후에 일어난 일들을 요약해서 소개하겠다.

나는 경남 통영에서 목회할 때, 인터넷 바둑 중독에 **빠졌다**. 몇 달 동안 밤낮을 가리지 않고 바둑을 뒀다. 결국은 기도와 설교 준비는 물론 설교까지 할 수 없는 지경에 이르렀다.

목회를 포기하기 직전에 전광훈 목사의 집회에 참석했다. 그곳에서 성령세례를 받았다. 그 즉시 인터넷 바둑 중독에서 벗어났다. 그때 중생이 성령세례가 아닌 것을 깨달았다.

교회에 돌아와서 "중생한 신자도 성령세례를 받아야 한다"고 힘차게 설교했다. 날이 갈수록 교회가 부흥됐다. 목회가 재미있었다.

나는 "중생한 신자도 성령세례를 받아야 한다"는 주장을 교회에서 설교하는 것으로 그치지 않았다. 그 주장을 교단 신문의 홈페이지에 글로 올렸다. 그러자 수많은 목회자들이 나를 강력하게 성토했다. 그들은 중생한 것을 성령세례를 받은 것으로 믿고 있었기 때문이다. 이에 굴하지 않고 더욱 강력하게 나의 주장을 설파했다.

그러던 중에 "내가 성령론 책을 써서 저들의 잘못된 주장을 개혁해야겠다"는 생각이 들었다. 즉시 성령론 집필을 시작했다. 한편으로는 교단 홈페이지에 계속 글을 올렸다. 논쟁이 더욱 격화됐다.

나는 스승 박윤선 박사의 성령세례론을 근거로 "중생한 신자도 성령세례를 받아야 한다"고 주장했다.

박윤선 박사는 그의 주석에 아래와 같이 적었다.

"'성령을 받는지라.' 위에서 말한 바와 같이, 이것은 거듭나서 예수 그리스도를 믿는 자가 또 성령의 특수한 은혜를 받음에 대하여 말한다. 토레이(R. A. Torray)는 말하기를 '사도행전 1장 4절의 약속이란 것이 그다음 절의 성령세례(성령의 특수 은사) 주실 것을 의미했는데, 사도행전 2장 39절에는 그 약속을 너희와 너희 자녀와 모든 먼 데 사람 곧, 주 우리 하나님이 얼마든지 부르시는 자들에게 하신 것이라'고 하였다. '그러므로 오늘 우리 신자들도 성령의 세례를 받을 수 있다'고 하였다. 이것은 바른 해석이다. 그리고 그는 성령의 세례를 받으려는 자에게 아래와 같은 주의사항 몇 가지를 말했다. 곧, 성령의 세례를 받으려면 (1) 예수 그리스도의 죽으신 사실 위에 신뢰하고 안식할 것, (2) 자기의 모든 알려진 죄를 버릴 것, (3) 죄에 대한 공고백을 할 것, (4) 하나님께 헌신할 것, (5) 성령 받기를 기구할 것, (6) 신앙을 가질 것 등이다."[82]

성경 연구의 대가요, 보수신학의 거두일 뿐만 아니라 내가 소속한 교단의 목회자들 대부분이 가장 존경하는 박윤선 박사가 성령세례연속론을 그의 주석에 기록했기 때문에 나는 안심하고 박윤선 박사의 주장을 인용하여 성령세례연속론을 주장했다. 너무나 감사하게도 하나님은 나에게 성경의 성령론 난해 구절들의 본뜻을 깨닫게 해 주셨다. 그렇게 해서 『이것이 성령세례다』를 출간할 수 있었다.

그 후에 박윤선 박사의 산상설교 해석과 하나님이 깨닫게 해 주신 성경의 구원론 난해 구절들을 근거로 『이것이 구원이다』를 간행했다.

나의 책 『이것이 성령세례다』에 대한 소개는 『이것이 성령세례다』를 추천한 고형섭 박사(안양대학교 은퇴교수)의 글을 소개하는 것으로 대신하겠다.

"『이것이 성령세례다』, 이 책은 한마디로 성령님의 은혜가 아니면

---

82) 박윤선, 사도행전, 영음사, 1994년, p.198

쓸 수 없는 책이다. 조직신학의 뿌리 위에 실천신학이라는 꽃을 피운 책, 즉 양자의 조화를 잘 이룬 책이다. 신학교 강단에서 조직신학과 실천신학 교재로 쓰기에 합당한 내용으로 잘 꾸며졌다.

이 책을 읽는 독자들, 특히 신학생들은 부담 없이 읽기 바란다. 평신도들도 소화할 수 있는 것이 이 책만이 가진 특징이기 때문이다.

이 책에는 신비주의나 자유주의 신학의 잘못된 내용이 전혀 없다. 그리고 많은 개혁주의 거장들의 글을 인용한, 자료 준비가 잘 된 책이다. 다시 말해서 '정성 들여 많은 시간을 할애하여 많은 책을 읽고, 많은 시간을 기도하며 준비한 아주 좋은 책'이라는 뜻이다.

안양대학교 기독교육학과와 해외 단기 선교사로서 오랫동안 학생들을 가르치며 '이런 책이 한 권쯤 있었으면 좋겠다'고 생각하며 기도했다. 오랫동안 기도하다가 만난 책이 바로 이화영 목사의 『이것이 성령세례다』이다.

누군가의 책을 추천하는 것이 그리 쉽지는 않다. 그러나 이화영 목사의 책은 분명하고 확실하게 성경에 기초하였고, 앞서간 위대한 믿음의 스승들의 개혁주의 사상을 계승, 발전시켰기 때문에 자부심을 가지고 추천하는 바이다. 이 책을 읽는 모든 분들 위에 성령의 충만함과 배에서 성령의 생수가 흘러넘치기를 기도하며 추천서에 가름한다." 2021년 3월 1일 부천중앙교회 고형섭 목사(Ph.D)[83]

나는 우리 교단의 교리부터 개혁하려는 마음으로 그 책들을 노회원들에게 선물했다. 하지만 안타깝게도 나와 친하게 지내지 않던 노회원들은 물론 친하게 지내던 노회원들 대부분도 그 책들을 적대시했다.

---

83) 이화영, 이것이 성령세례다, 개혁시대, 2022년, pp.6-7

내가 "나의 주장은 박윤선 박사의 주장과 같다"고 주장해도 아무 소용이 없었다.

노회는 나의 책 두 권을 총회에 검증을 의뢰했다. 총회는 그 책들을 총회신학위원회에 검증을 맡겼다. 총회신학위원회는 그 책들을 총회인준신학교의 J 교수에게 맡겼다.

몇 달 후에 J 교수는 나의 책들을 혹평하며 나를 처벌할 것을 요청하는 평가서를 노회에 보내왔다.

많은 논쟁 끝에 노회가 열렸다. 일부 강경파 목회자들은 J 교수의 글을 근거로 나를 이단으로 정죄하려 했다. 그러나 대다수의 목회자들이 "이화영 목사의 주장이 이단은 아니라"고 강력하게 주장해서 나를 이단으로 정죄하는 데 실패했다.

강경파들은 나에게 '주장 철회'를 강력하게 요구했다. 그들과 달리 나를 아끼는 목회자들과 내가 섬기는 교회의 Y 장로는 나에게 양보할 것을 간곡하게 요청했다.

이 문제로 몇 시간 동안 회의가 공전됐다. 큰 부담을 느낀 나는 마음이 약해져서 공식적으로 "나의 주장을 철회하겠다"고 선언했다. 노회원들은 박수로 환영했다. 하나님께 매우 죄송했지만 엎질러진 물이었다. 그때 모든 일이 마무리된 줄 알았다. 그런데 그날 집으로 돌아오는 길에 큰 일이 터졌다.

함께 오던 K 목사가 휴게소에서 나에게 '컨디션'이란 음료수를 사주었다. 그 음료수를 마신 후 10여 분이 지난 뒤에 내 몸에 이상이 생기기 시작했다. 처음에는 두 눈이 따끔거리더니, 나중에는 얼굴까지 따끔거렸다. 급기야 얼굴이 울퉁불퉁해졌다. 그동안에 K 목사가 시무하는 교회당에 도착했다. 그곳에 세워 두었던 우리 교회의 차를 몰고 집으로 향했다.

집 가까이 왔을 때 고민이 생겼다.

'집에 가서 아내가 운전하게 해서 병원에 갈 것인가, 아니면 이대로 내가 직접 운전해서 병원에 갈 것인가?'

아직은 운전을 할 만했다. 그래서 집에 들르지 않고 곧바로 병원으로 차를 몰았다. 병원 가까이 갔을 때, 상태가 상당히 호전됐다. 얼굴을 만져 봐도 울퉁불퉁한 게 없었다. '이제 낫는가 보다'는 생각이 들었다. 차를 집으로 돌렸다.

그러나 집에 가까이 왔을 때, 몸 상태가 갑자기 나빠졌다. 얼굴은 괴물처럼 변했고, 온몸이 축 늘어졌다. 상태가 처음보다 훨씬 심했다. 병원으로 차를 운전할 힘이 없었다. 비틀거리며 교회당 2층에 있는 사택으로 올라갔다. 하나님의 진노임을 깨달은 나는 진심으로 회개하기 시작했다.

"하나님 아버지, 아버지께서 깨닫게 해 주신 진리를 부인한 죄를 회개합니다. 용서해 주시옵소서. 건강을 회복시켜 주시면 하나님이 깨닫게 해 주신 진리를 열심히 전파하겠습니다."

내가 괴물 같은 얼굴을 한 채로 비틀거리며 방으로 들어서자, 나보다 먼저 도착해서 나의 아내에게 노회 결과를 설명하던 Y 장로와 아내가 크게 놀라서 어쩔 줄 몰라 했다.

아내는 대뜸 Y 장로를 향해 "왜 장로님이 목사님을 설득해서 목사님이 하나님의 진노를 받게 했느냐"고 역정을 냈다.

Y 장로는 부랴부랴 그의 차에 우리 부부를 태우고 병원으로 향했다. 집과 병원까지는 차로 약 15분 정도 걸린다. 그런데 차를 타고 약 2분 정도 갔을 때 나의 눈이 **빠른 속도로 흐려지기** 시작했다. 아무리 눈을 깜빡거려도 눈이 점점 더 흐려졌다. 불과 1분 정도 만에 아무 것도 보이지 않았다. 두 눈이 완전히 실명된 것이다! 하지만 아내가 놀랄까 봐 말할 수 없었다. 가슴이 덜컥 내려앉은 나는 더욱 간절히 회개했다.

"하나님 아버지, 아버지께서 깨닫게 해 주신 진리를 부인한 죄를 회개합니다. 용서해 주시옵소서. 살려 주시면 다시는 그러지 않겠습니다."

기도 후에 눈을 떴다. 사물이 희미하게 보였다. 1분도 안 돼서 모든 사물이 또렷이 보였다. 손으로 얼굴을 만져 보니까 얼굴도 정상이 되어 있었다. 금방 죽거나 최소한 시각장애인이 될 것 같던 몸이 불과 1-2분, 혹은 2-3분을 회개한 후에 완전히 정상이 된 것이다! 그 때부터 우리 부부는(특히 나는) 하나님이 무서워서 주님이 깨닫게 해 주신 진리를 끝까지 전파할 것을 다짐했다.

그러나 시간이 흐를수록 믿음이 작은 우리 부부는 다시 마음이 흔들렸다. 이것을 계속 주장하면 살 길이 막막했기 때문이었다.

여러 날 동안 고민을 거듭하던 중에 아내가 "하나님의 뜻을 묻기 위해 제비뽑기를 하면 어떻겠느냐"고 제안했다. 마음이 약해진 나는 제비뽑기로 한 번 더 하나님의 뜻을 확인하기로 했다.

"하나님, 정말 죄송합니다. 제가 믿음이 없어서 한 번 더 하나님의 뜻을 여쭙는 것을 용서해 주옵소서. 주님의 뜻을 보여 주옵소서."

'주장 철회'와 '계속 주장'을 적은 종이를 봉투에 넣고 잘 섞은 후에 아내와 함께 간절히 합심기도를 한 뒤에 내가 제비를 뽑았다. 마음속으로 '주장 철회'가 나오기를 기대했다. 하지만 기대와 달리 '계속 주장'이 나왔다.

아내가 "한 번 더 제비를 뽑아 보자"고 제안했다. 믿음이 약한 나는 기드온이 양털 시험을 두 번 한 것을 근거로 "그러면 한 번 더 제비뽑기를 해 보자"고 대답했다.

간절히 합심기도를 한 후에 다시 제비를 뽑았다. 그때도 '계속 주장'이 나왔다. 더 이상 핑계를 댈 수 없었다. 아내에게 "이젠 끝까지 가는 수밖에 없다"고 말하자 아내도 동감을 표하며 "당신이 깨달은 것을 전하지 않으면 하나님이 당신을 죽이려 하니까 일단 살고 보자"고 말했다.

나는 설교와 인터넷과 서점을 통해 하나님의 은혜로 깨달은 것을 계속 전파했다. 그것을 알게 된 노회원들은 "이화영 목사가 약속을 지키지 않았다"며 분개했다. 그런 오해를 받아도 하나님이 무서워서 그 진리를 계속 전파할 수밖에 없었다.

나의 주장을 계속 전파하자 내가 섬기는 교회의 Y 장로는 나의 앞날을 매우 걱정했다.

어느 날 Y 장로가 나를 찾아왔다. 그와 아래와 같은 대화를 나눴다.

"목사님, 목사님이 깨달은 것을 계속 전파하시면 노회는 틀림없이 목사님을 면직시킬 것입니다. 그렇게 되면 목사님은 물론 교회까지 큰 타격을 입습니다. 그렇게 되지 않으려면 우리 교회가 교단을 탈퇴하는 수밖에 없습니다. 성도들이 모두 목사님을 지지하니까 교단을 탈퇴합시다."

"장로님, 교단의 헌법에 의하면 절대로 저를 면직시킬 수 없습니다. 자기들의 입으로 '이화영 목사는 이단이 아니라'고 했는데 무엇을 근거로 저를 면직시킬 수 있겠습니까?"

"아닙니다. 면직시킬 겁니다. 분위기가 그렇게 돌아가고 있습니다."

"혹시 면직을 시킨다고 해도 교단 탈퇴를 하지 않는 게 좋겠습니다."

이렇게 해서 모든 것을 하나님의 뜻에 맡기게 됐다.

어느 날 가을 노회가 열렸다. 회의장에 도착했는데 분위기가 무거웠다. 몇 가지 의례적인 안건이 처리된 후에 나의 책 문제가 상정됐다. 심신이 매우 지친 나는 발언권을 얻어서 아래와 같이 짧게 발언했다.

"한 가지만 묻겠습니까? 저의 주장이 이단입니까, 이단이 아닙니까?"

아무도 답변하지 않았다. 그때, S 목사가 발언권을 얻어서 아래와 같이 말했다.

"이화영 목사가 이단인지 아닌지는 모르겠습니다. 하지만 우리 교단 신학교의 교수님이 '이화영 목사의 책에 문제가 있다'고 평가한 이상 우리는 이 목사를 처벌할 수밖에 없습니다."

그들은 장로교가 500여 년을 고수한 구원론과 성령론에 중대한 오류가 있는 것을 상상조차 못했다. 그들은 장로교의 구원론과 성령론을 성경처럼 취급했다. 이 때문에 그들은 무조건 나를 교단에서 추방하려 했다.

나를 교단에서 추방하려면 나의 목사직을 박탈하는 수밖에 없었다. 다른 죄목으로는 결코 나의 목사직을 박탈할 수 없었다. 이 때문에 그들은 이단자를 처벌하는 법 조항으로 나의 목사직을 박탈했다. 이것은 너무나 어이없는 일이었다.

그들 대부분은 내가 이단이 아닌 것을 알고 있었다. 그들 중의 일부는 공개적으로 "이화영 목사가 이단은 아니라"고 주장했다. S 목사는 "이화영 목사가 이단인지 아닌지 모르겠다"고 실토했다. 그런데도 그들은 나를 이단자로 정죄했다. 유대인들이 억지로 사도들을 이단자로 정죄했던 것과 같은 일과 중세의 천주교가 억지로 종교개혁자들을 이단자로 단죄했던 것과 같은 일이 또 일어난 것이다.

그날 또 하나 어이없는 일이 일어났다. 나의 구원론과 성령론은 그들의 스승 박윤선 목사의 구원론과 성령론과 똑같다. 게다가 나는 성경의 난해 구절들의 본뜻을 깨달아서 구원론과 성령론을 썼다. 나의 책은 박윤선 목사의 이론을 보완한 것이다. 그러므로 그들이 나를 이단자로 정죄한 것은 박윤선 목사를 이단자로 정죄한 것과 같다. 천국에 있는 박윤선 박사가 이 일을 얼마나 안타깝게 여기겠는가?

한편으로 그들은 나를 재판할 때 교단의 재판법 여러 조항을 어겼다.

첫째, 그들은 3심제를 어겼다. 교단의 재판법은 반드시 세 번 재판을 하도록 규정돼 있다. 그러나 그들은 한 번의 재판으로 나의 목사직을 박탈했다.

둘째, 그들은 교단 헌법의 "판결은 재판국장이 주문과 그 이유를 설명한 후 선고함으로써 효력을 발생한다"는 조항을 어겼다. 그날 재판장은 주문을 설명하지 않고, 선고도 하지 않은 채로 재판을 끝냈다. 따라서 그 교단의 헌법에 의하면 나는 지금도 그 교단의 목사다.

셋째, 그들은 교단 헌법의 "어떠한 경우에도 변호인을 선임하지 않고는 재판할 수 없다"는 조항을 어겼다. 그날 나는 재판통보서를 받지 못한 채로 노회에 참석했다. 그들은 노회를 하다가 느닷없이 노회를 재판회로 바꾼 후에 변호인 없이 재판을 끝냈다.

나의 재판에 많은 불법이 자행됐으므로 나는 총회상설재판국에 상소했다. 그러나 총회상설재판국은 나의 상소를 기각했다. 노회나 총회나 기존의 교리를 맹신하는 것과 교단헌법을 지키지 않는 것은 똑같았다. 이 문제를 일반 법정에 가져가면 재판관이 어떻게 판결할까?

막상 교단에서 쫓겨나게 되고 보니 살길이 막막했다. 그야말로 땅을 파자니 힘이 없고, 빌어먹자니 부끄러운 형국이었다. 부끄러움을 무릅쓰고 Y 장로에게 "지금이라도 교단을 탈퇴하는 게 가능하겠느냐"고 물었다. Y 장로는 "이미 때가 늦어서 어렵다"고 했다. 당연한 말이어서 더 이상 요청하지 않았다. 교회에 모아 놓은 재정이 없었으므로 Y 장로를 비롯하여 몇몇 교인들이 최선을 다하여 후원금을 모아 주었다. 며칠 후에 정든 교회를 떠났다.

한편, 내가 교단에서 쫓겨날 때, 내 속에서 나를 쫓아낸 목회자들에 대한 엄청난 분노가 끓어올랐다. 하나님은 우리 부부를 불쌍히 여기셨다. 우리를 김종주 원장이 운영하는 양촌힐링센터에 보내셨다. 양촌힐링센터는 한국 최대의 전인치유센터다. 그곳에서 전인치유를 받았다. 그 덕분에 나를 쫓아낸 목회자들에 대한 엄청난 분노가 사라지게 됐다. 진심으로 그들을 용서한 후에 축복하게 됐다.

우리 부부는 전인치유를 받은 후에 양촌힐링센터에서 운영하는 전인치유학교(크리스찬치유영성연구원)에서 전인치유를 공부했다. 한편으로는 전인치유를 계속 받았다. 또 한편으로는 계속 전인치유 사역을 참관했다. 그러던 중에 양촌힐링센터의 김종주 원장이 우리 부부를 전인치유사역자로 임명했다. 귀신을 무서워하던 내가 귀신을 쫓아내게 됐다. 마음의 상처 때문에 고통을 받던 내가 마음의 상처 때문에 고통을 받는 사람들을 도와주게 됐다. 이 때문에 나는 "전인치유를 받지 않고 목회하는 것은 시각장애인이 시각장애인을 인도하는 것과 같다"고 주장한다.

양촌힐링센터에서 전인치유 사역을 하던 어느 날 라이프신학교 총장 예영수 박사의 강의를 듣게 됐다. 그때 예 박사에게 본서(원제: 『이것이 구원이다』)를 선물했다.
며칠 후에 예 박사에게서 전화가 왔다. 예 박사는 "책을 아주 잘 썼다"고 칭찬하며 "목사님이 쓴 다른 책들도 보내 달라"고 했다. 예 박사에게 다른 책들을 보냈다.

몇 주 후에 예 박사가 다시 전화를 걸어왔다. 예 박사는 "『이것이 구원이다』만 아니라 다른 책들도 아주 잘 썼다"고 칭찬하며 "꼭 한 번 만나자"고 했다.

몇 주 후에 예 박사를 찾아갔다. 예 박사는 또 다시 책에 관한 칭찬을 한 후에 약간 노기를 띠며 "도대체 어떤 교단에서 이렇게 잘 쓴 책들을 문제 삼아서 목사님을 쫓아냈느냐"고 물었다. 나는 "초판을 조금 부실하게 써서 오해가 발생하여 그런 일이 일어났다"고 둘러댔다. 예 박사는 "이 책을 학위논문으로 발표하면 아무도 시비를 걸지 못할 것이라"고 했다. 고마웠지만 몇 가지 난제 때문에 포기했다.

그 후에 예영수 박사와 예 박사가 대표 회장으로 있는 교단(사단법인 국제교회선교연합회)의 임원들은 나를 그 교단의 목사로 받아주었다. 나의 책을 인정해 주었을 뿐만 아니라 나를 목사로 인정해 준 예영수 박사와 교단의 임원들에게 큰 고마움을 표한다.

하나님은 내가 교단에서 추방되기 전에 '구원'이란 단어가 상을 받는 것에 사용된 것을 나에게 가르쳐 주셔서 본서가 구원론 역사에 한 획을 긋는 책이 되게 해 주셨다. 그런데 하나님은 내가 교단에서 추방된 후에 지금까지 깨달은 것보다 더 중요한 산상설교가 반어법 교훈인 것을 깨닫게 해 주셨다. 본서를 증보하여 출판하자 호평이 더욱 많이 쏟아졌다.

혹시 나를 교단에서 쫓아낸 목회자들 중에서 그 일을 후회하는 이가 있다면 그들에게 요셉이 그의 형들에게 했던 말을 들려주고 싶다.

> (창 45:5-8) 당신들이 나를 이 곳에 팔았다고 해서 근심하지 마소서 한탄하지 마소서 하나님이 생명을 구원하시려고 나를 당신들보다 먼저 보내셨나이다 …… 그런즉 나를 이리로 보낸 이는 당신들이 아니요 하나님이시라

참고로 "한 번 구원은 영원한 구원이라"고 주장하는 사람들의 특징을 비교해 보겠다.

○ 루터주의자: 성경의 구원론 난해 구절들을 외면한 채로 무조건 "한 번 구원은 영원한 구원이라"고 주장한다.

○ 칼빈주의자: 성경의 구원론 난해 구절들을 오해해서 "중생한 신자는 아직 구원을 받지 못했다"고 잘못 주장하며 "한 번 구원은 영원한 구원이라"고 주장한다.

○ 구원파: 성경의 구원론 난해 구절들을 무시한 채로 "중생한 신자

는 이미 구원을 받았기 때문에 죄를 지어도 괜찮다"고 잘못 주장하며 "한 번 구원은 영원한 구원이라"고 주장한다.

○ 이화영 목사: 성경의 구원론 난해 구절들을 바르게 해석해서 "중생한 신자는 거룩하게 살아서 하나님의 영광을 드러낸 후에 복과 상을 받아야 한다"고 주장하며 "한 번 구원은 영원한 구원이라"고 주장한다.

나에게 몇 가지 기도 제목이 있다. 본서가 2035년까지 1백 만권 이상 보급되는 것, 본서가 영어, 중국어 등 세계 주요 언어로 번역되는 것, 기독교 TV를 통해 본서의 내용을 강의하는 것, 본서의 홍보비를 확보하는 것, 내가 수도권에 있는 한 신학대학의 교수가 되어서 본서의 내용은 물론 내가 하나님의 은혜로 깨달은 많은 성경의 난해 구절들을 후학들에게 전수하는 것 등이다.

본서가 종교개혁자들이 미완성으로 남겨 둔 구원론을 완성한 책이고, 본서를 널리 보급하면 수많은 중생한 기독교인들을 지옥의 공포에서 벗어나게 할 수 있고, 그들이 하나님의 뜻대로 사는 데 큰 도움을 줄 수 있기에 이런 기도를 하는 것이다.

제4부

기독교 구원론 6대 교리

1. 타락 전 예정인가, 타락 후 예정인가?
2. 무조건적 선택인가, 조건적 선택인가?
3. 전적 타락인가, 부분적 타락인가?
4. 제한적 속죄인가, 보편적 속죄인가?
5. 불가항력적 은혜인가, 가항력적 은혜인가?
6. 단회적 구원인가, 점진적 구원인가?
7. 맺는 말

1. 타락 전 예정인가, 타락 후 예정인가?

하나님의 은혜로 성경의 구원론 난해 구절들의 본뜻을 깨닫고 나니 칼빈주의 구원론 5대 교리, 알미니안주의 구원론 5대 교리, 천주교의 구원론 교리의 커다란 오류가 저절로 드러났다. 이 때문에 천주교인들이 1,700여 년 동안 믿은 교리이고, 개신교인들이 500여 년 동안 믿은 교리들이지만 그 교리들을 개혁할 수밖에 없었다.

성경이 가르치는 영혼구원을 교리로 만들려면 반드시 '타락 전 예정 교리'부터 시작해야 한다. 하나님이 바울 사도를 통해 명백하게 타락 전 예정을 가르치셨기 때문이다.

(엡 1:3-6) 찬송하리로다 하나님 곧 우리 주 예수 그리스도의 아버지께서 그리스도 안에서 하늘에 속한 모든 신령한 복을 우리에게 주시되 곧 창세 전에 그리스도 안에서 우리를 택하사 우리로 사랑 안에서 그 앞에 거룩하고

흠이 없게 하시려고 그 기쁘신 뜻대로 우리를 예정하사 예수 그리스도로 말미암아 자기의 아들들이 되게 하셨으니 이는 그가 사랑하시는 자 안에서 우리에게 거저 주시는 바 그의 은혜의 영광을 찬송하게 하려는 것이라

바울 사도는 "하나님이 창세 전에 그리스도 안에서 중생시킬 사람들을 선택하셨고, 그 기쁘신 뜻대로 중생시킬 사람들을 예정하셨다"고 말했다. 이처럼 하나님은 바울 사도를 통해 명백하게 타락 전 예정과 타락 전 선택을 가르치셨다. 그러므로 영혼구원을 교리로 만들려면 반드시 '타락 전 예정과 타락 전 선택'부터 교리를 시작해야 한다. 그러나 안타깝게도 대부분의 신학자들은 타락 전 예정과 타락 전 선택을 외면한 채로 인간의 타락부터 교리를 시작했다. 게다가 그들은 완전히 비성경적인 타락 후 선택설을 주장했다.

◎ 칼빈주의 5대 교리

(1) 전적 타락(Total Depravity)

(2) 무조건적 선택(Unconditional Election)

(3) 제한적 속죄(Limited Atonement)

(4) 불가항력적 은혜(Irresistible Grace)

(5) 성도의 견인-궁극적 구원(Perseverance of the Saints)

◎ 알미니안주의 5대 교리

(1) 자유의지(Free Will)

(2) 조건적 선택(Conditional Election)

(3) 보편적 속죄(Universal Atonement)

(4) 저항할 수 있는 은혜(Obstructable Grace)

(5) 은혜의 상실(Falling From Grace)

종교개혁의 정신을 이어받은 신학자들을 일컬어서 '개혁파 신학자들'이라 한다. 개혁파 신학자들은 "오직 성경"을 주창하며 "우리는 성경이 가는 데까지 간다"고 말한다. 그런데도 그들 대부분은 비성경적인 타락 후 선택설을 주장한다. 이 얼마나 어이없는 일인가?

그들이 비성경적인 타락 후 선택설을 주장하는 이유는 성경의 가르침대로 창세 전 예정과 창세 전 선택을 전파하면 악한 사람들이 아래와 같이 공격하는 것을 반박하기 어렵기 때문이다.

"하나님이 창세 전에 구원할 사람들을 예정하시고 선택하신 것이 사실이면 주님이 아담과 하와가 범죄할 것을 예정하시고, 그들이 타락하도록 예정하신 것이 분명하다. 그러므로 하나님이 아담과 하와의 범죄에 대한 책임을 지셔야 한다. 아담과 하와는 범죄에 대한 책임이 없다."

과연 악한 자들에게 공격의 빌미를 주지 않으며 성경대로 창세 전 예정과 창세 전 선택을 가르치는 것이 가능할까? 결론부터 말하면 그것이 충분히 가능하다. 어느 날 하나님이 나에게 그 방법을 깨닫게 해 주셨다.

1) 하나님이 창세 전에 두 가지 구원 계획을 세우신 것을 깨달으면 성경의 가르침대로 창세 전 예정과 선택을 전파하는 것이 가능하다.

불행하게도 오랜 세월 동안 기독교의 구원론을 만든 모든 신학자들은 "하나님이 아담과 하와가 타락할 경우를 대비한 구원 계획 하나만 세우셨다"고 착각했다. 이 때문에 그들이 눈물을 머금고 성경이 가르치는 창세 전 예정과 선택을 외면한 채로 '타락 후 선택설'을 주장한 것이다.

감사하게도 하나님은 나에게 하나님이 창세 전에 두 가지 구원 계획을 세우신 것을 가르쳐 주셨다. 다시 말해서 하나님이 창세 전에 아담과 하와가 선악과를 먹지 않을 경우를 대비한 구원 계획과 아담과 하와가 선악과를 먹을 경우를 대비한 구원 계획을 함께 세우신 것을 가르쳐 주셨다. 이 때문에 성경의 가르침대로 창세 전 예정과 창세 전 선택부터 구원 교리를 설명할 수 있게 됐다.

아래의 성경말씀들은 하나님이 두 가지 구원 계획을 세우신 것을 증명한다.

> (창 2:8-9) 여호와 하나님이 동방의 에덴에 동산을 창설하시고 그 지으신 사람을 거기 두시니라 여호와 하나님이 그 땅에서 보기에 아름답고 먹기에 좋은 나무가 나게 하시니 동산 가운데에는 생명 나무와 선악을 알게 하는 나무도 있더라

> (창 2:16-17) 여호와 하나님이 그 사람에게 명하여 이르시되 동산 각종 나무의 열매는 네가 임의로 먹되 선악을 알게 하는 나무의 열매는 먹지 말라 네가 먹는 날에는 반드시 죽으리라 하시니라

본문에서 보는 것처럼 하나님은 생명나무와 선악과나무(사망나무)를 만드신 후에 아담과 하와를 시험하셨다. 이때 하나님은 두 가지 구원 계획을 세우셨다.

하나님이 세우신 첫 번째 구원 계획은 아담과 하와가 선악과를 먹지 않으면 그들에게 생명나무의 실과를 먹게 해서 그들과 그 후손들이 모두 영생을 얻게 해 주는 것이다.

하나님이 세우신 두 번째 구원 계획은 아담과 하와가 선악과를 먹으면 아담과 하와를 포함한 그들의 후손들 중의 일부만 영생을 얻게 해 주는 것이다.

하나님은 두 가지 구원 계획을 세우신 후에 아담과 하와에게 그것들 중의 하나를 선택하게 하셨다.

하나님이 두 가지 구원 계획을 세우시는 것이 가능한 이유가 무엇인가?

(1) 하나님은 전능하실 뿐만 아니라 절대주권을 가지신 분이기 때문에 주님이 두 가지 구원 계획을 세우시는 것이 가능하다.

> (롬 9:20-21) 이 사람아 네가 누구이기에 감히 하나님께 반문하느냐 지음을 받은 물건이 지은 자에게 어찌 나를 이같이 만들었느냐 말하겠느냐 토기장이가 진흙 한 덩이로 하나는 귀히 쓸 그릇을, 하나는 천히 쓸 그릇을 만들 권한이 없느냐

(2) 하나님이 아담과 하와에게 자유의지를 주셨으므로 주님이 두 가지 구원 계획을 세우시는 것이 가능하다.

하나님은 아담을 인류의 대표(머리)로 창조하셨다. 주님은 아담에게 선과 악을 선택할 권리를 주셨다. 이 권리를 '아담의 자유의지'라 한다.

하나님이 아담을 로봇으로 창조하셨으면 아담에게 "선악과를 먹지 말라"고 명령하지 않으셨을 것이다. 로봇은 선악과를 먹지 않도록 프로그램을 만들면 절대로 선악과를 먹지 않기 때문이다.

하나님이 선악과를 만드신 목적이 무엇인가? 자유의지를 가진 아담을 시험하기 위해서다.

하나님이 무슨 시험을 하셨는가? 아담이 "선악과를 먹지 말라"는 하나님의 명령을 지키는지를 시험하셨다.

아담이 선악과를 먹으면 하나님이 그를 어떻게 대우하기로 계획하셨는가? 아담과 그의 후손들 일부에게만 영생을 주기로 계획하셨다.

아담이 선악과를 먹지 않으면 그를 어떻게 대우하기로 계획하셨는가? 그와 그의 후손 모두에게 영생을 주기로 계획하셨다(창 3:22-24). 신학자들은 이것을 일컬어서 '행위 언약'이라 한다.

개혁파 신학자 헤르만 바빙크(Herman Bavinck) 박사는 행위 언약을 아래와 같이 설명했다.

> "하나님께서 아담에게 주신 계명은 그 사건의 본질로 보아 계약인 것이다. 곧, 아담이 순종하기만 하면 영생을 얻도록 하는 계약인 것이다."[84]

---

84) 헤르만 바빙크, 박윤선 저, 창세기, 영음사, 1990년, pp.97-98 재인용.

헤르만 바빙크(Herman Bavinck) 박사는 "하나님은 아담이 순종하기만 하면 영생을 얻도록 하는 계약을 세우셨다"고 선언했다. 하지만 매우 안타깝게도 그는 "하나님이 창세 전에 두 가지 구원 계획을 세우셨다"고 선포하지 못했다. 다시 말해서 그는 "하나님은 아담이 순종하지 않으면 그와 그의 후손들 중에서 일부만 영생을 얻도록 하는 계약도 세우셨다"고 선포하지 못했다. 이 때문에 그는 어쩔 수 없이 창세 전 예정과 창세 전 선택 교리를 외면하고 말았다. 다른 모든 신학자들도 마찬가지다.

하나님이 아담에게 자유의지를 주셨으므로 아담을 위해 두 가지 구원 계획을 세우시는 것이 당연하다. 하나님이 아담에게 자유의지를 주신 후에 아담이 타락할 경우를 대비한 구원 계획만 세우셨으면 그에게 자유의지를 주신 것이 아무 소용이 없기 때문이다.
더 나아가서 하나님이 아담에게 자유의지를 주셨기 때문에 아담의 타락은 하나님의 책임이 아니라 아담의 책임일 수밖에 없다. 따라서 하나님이 두 가지 구원 계획을 세우신 것을 깨달으면 성경이 가르치는 대로 창세 전 예정과 선택부터 구원 교리를 가르쳐도 아무 문제가 없다. 하나님의 큰 은혜로 기독교의 구원론 교리가 정상화된 것이다. 할렐루야!

2) 천사의 구원에 관한 하나님의 예정을 알면 창세 전 예정과 선택을 더욱 확실하게 깨달을 수 있다.

개혁파 신학자 박형룡 박사는 그의 책 『교의신학 신론』에서 하나님이 천사의 미래를 예정하신 것을 아래와 같이 설명했다.

"하나님이 천사에 관하여 예정하신 것을 생각해 보라. 그러면 그것이 타락 전 선택설을 찬성하는 듯한 것을 알 수 있을 것이다. 천사에 관한 예정은 오직 타락 전 선택설로만 설명할 수 있기 때문이다."[85]

하나님은 천사들을 자유의지를 가진 존재로 창조하셨다. 이것이 에스겔서에 나타나 있다.

(겔 28:12-15 요약) 인자야 두로 왕을 위하여 슬픈 노래를 지어 그에게 이르기를 주 여호와의 말씀에 …… 네가 옛적에 하나님의 동산 에덴에 있어서 각종 보석 …… 으로 단장하였음이여 네가 지음을 받던 날에 너를 위하여 소고와 비파가 준비되었도다 너는 기름 부음을 받고 지키는 그룹임이여 내가 너를 세우매 네가 하나님의 성산에 있어서 불타는 돌들 사이에 왕래하였도다 네가 지음을 받던 날로부터 네 모든 길에 완전하더니 마침내 네게서 불의가 드러났도다

본문은 타락한 천사들의 우두머리인 사탄을 두로 왕으로 비유한 말씀이다. '네가 옛적에 하나님의 동산 에덴에 있었다'는 표현과 '너는 기름 부음을 받고 지키는 그룹임이여'라는 묘사를 볼 때, 본문이 말하는 두로 왕이 타락한 천사를 비유한 것임을 알 수 있다. 실제의 두로 왕은 하나님의 동산인 에덴에 있은 적이 없었기 때문이고, 그는 그룹(천사)일 수도 없기 때문이다.

본문에 등장하는 사탄은 타락하기 전에 하나님의 동산인 에덴에 있었다. 그는 불타는 돌들 사이에 자유롭게 왕래하였고, 모든 길에

---

85) 박형룡, 박형룡박사 저작전집 2, 신론, 한국기독교교육연구원, 1983년, p.310

완전했다. 그런데도 그는 하나님께 반역했다.

이것을 볼 때, 하나님이 천사들에게 자유의지를 주신 것을 알 수 있다. 더 나아가서 하나님이 그들을 위해 두 가지 예정, 즉 두 가지 구원 계획을 세우신 것을 알 수 있다.

하나는 자유의지를 바르게 사용하여 하나님께 충성하는 천사에게 영생을 주실 예정을 하신 것이다.

다른 하나는 자유의지를 그릇되게 사용하여 하나님께 반역하는 천사에게 영벌(永罰)을 주실 예정을 하신 것이다.

어떤 천사들은 자유의지를 바르게 이용하여 하나님께 충성하는 길을 선택했다. 반면에 어떤 천사들은 자유의지를 그릇되게 사용하여 하나님께 반역하는 길을 선택했다. 하나님께 반역한 천사들은 하나님의 예정대로 모두 영벌(永罰)을 받았다. 반면에 하나님께 충성한 천사들은 하나님의 또 다른 예정대로 모두 영생을 얻었다. 이와 같은 방법으로 하나님이 아담과 인류를 위한 두 가지 구원 계획을 세우신 것이다. 오랜 세월 동안 이것을 깨닫지 못해서 신학자들이 창세 전 예정을 외면한 채로 타락 후 선택부터 구원론 교리를 만드는 오류를 범한 것이다.

한편, 천사들을 위한 예정과 인간들을 위한 예정에는 큰 차이점이 있다. 하나님은 천사들이 타락할 경우에는 타락한 천사들을 모두 지옥에 보내는 예정을 하셨다. 그러나 아담과 하와가 타락할 경우에는 아담과 하와의 후손들 중의 일부를 구원하는 예정을 하셨다. 하나님이 이렇게 하신 이유가 무엇일까? 그것이 성경에 분명히 나와 있지 않아서 정확히 알 수는 없다. 다만 두 가지 추측이 가능하다.

첫째, 천사들은 스스로 타락한 반면 아담과 하와는 사탄의 유혹에 의하여 타락했기 때문에 하나님이 아담과 하와의 후손들 중의 일부를 구원하기로 예정하신 것으로 추정된다.

둘째, 사탄과 그의 졸개들은 직접 하나님께 반역한 반면 아담과 하와의 후손들은 그들이 태어나기도 전에 아담과 하와가 대표로 하나님께 반역했기 때문에 하나님이 아담과 하와의 후손들 중의 일부를 구원하기로 예정하신 것으로 추정된다.

3) 사람의 예정 능력을 깨달으면 하나님이 창세 전 예정을 더욱 굳게 믿을 수 있다.

사람은 하나님의 형상대로 지음을 받은 존재다. 이 때문에 사람도 비록 타락한 것 때문에 지식, 감정, 의지가 약화되었지만 하급 동물에 대하여 어느 정도는 예정을 할 수 있다.

어떤 사람이 닭을 키우는 것을 예로 들겠다. 그는 열 마리의 닭을 키운다. 그가 다섯 마리는 잡아먹지 않고, 나머지 다섯 마리는 잡아먹기로 예정한다. 이것을 탓할 사람이 있겠는가?
이렇듯 전지전능하지 않은 사람도 먼 훗날의 일을 예정하는 능력과 권한을 가지고 있다. 그런데 어떻게 전지전능한 하나님이 먼 훗날의 일을 예정하는 능력과 권한을 가지고 있지 않을 수 있겠는가? 하나님의 전지전능을 믿는 사람은 얼마든지 주님의 창세 전 예정을 믿을 수 있다. 이처럼 창세 전 예정은 상식적으로도 진리다.

한편, 어떤 이들은 하나님의 창세 전 예정과 선택에 아래와 같이 이의를 제기한다.

"창세 전 예정과 선택은 하나님이 사람을 맘대로 처리하시는 것이므로 나는 하나님의 창세 전 예정과 선택이 기분 나쁘다."

이에 대하여 바울 사도가 잘 대답했다.

(롬 9:20-21) 이 사람아 네가 누구이기에 감히 하나님께 반문하느냐 지음을 받은 물건이 지은 자에게 어찌 나를 이같이 만들었느냐 말하겠느냐 토기장이가 진흙 한 덩이로 하나는 귀히 쓸 그릇을, 하나는 천히 쓸 그릇을 만들 권한이 없느냐

닭이 사람의 예정과 선택에 이의를 제기할 권리가 없듯이 사람도 하나님의 예정과 선택에 이의를 제기할 권리가 없다.

어떤 사람들은 창세 전 예정을 오해해서 아래와 같이 비아냥거리기도 한다.

"하나님께서 창세 전에 예정한 사람들을 반드시 구원하시는 것이면 사람이 애써서 전도할 필요가 없겠네?"

안타깝게도 이것은 하나만 알고 둘은 몰라서 하는 소리다. 물론 하나님께는 창세 전에 예정한 사람들 모두를 직접 구원하실 수 있는 능력이 있다. 사람들이 전혀 전도하지 않아도 하나님은 홀로 창세 전

에 예정한 사람들을 모두 구원하실 수 있다. 이것은 예수님이 강제로 바울(사울)을 구원하신 사건으로 증명된다(행 9:3-9).

하나님의 입장에서 사람의 전도는 미련한 전도 방법이다. 예수님이 직접 바울을 회개시킨 것처럼 하나님이 직접 전도하시는 것이 가장 지혜로운 전도 방법이다. 그런데도 하나님은 미련한 전도 방법을 사용하신다.

(고전 1:21) 하나님의 지혜에 있어서는 이 세상이 자기 지혜로 하나님을 알지 못하므로 하나님께서 전도의 미련한 것으로 믿는 자들을 구원하시기를 기뻐하셨도다

중생한 신자가 미련한 방법으로 복음을 전하면 하나님은 창세 전에 선택한 사람들이 예수님을 믿도록 역사하신다.

(행 13:48) 이방인들이 듣고 기뻐하여 하나님의 말씀을 찬송하며 영생을 주시기로 작정된 자는 다 믿더라

중생한 신자에게는 창세 전에 예정된 사람을 구별할 능력이 전혀 없다. 그러므로 아무나 전도할 수밖에 없다. 이 때문에 예수님이 아래와 같이 말씀하신 것이다.

(눅 14:23) 주인이 종에게 이르되 길과 산울타리 가로 나가서 사람을 강권하여 데려다가 내 집을 채우라

(마 22:11-13) 임금이 손님들을 보러 들어올새 거기서 예복을 입지 않은 한 사람을 보고 이르되 친구여 어찌하여 예복을 입지 않고 여기 들어왔느냐 하니 그가 아무 말도 못하거늘 임금이 사환들에게 말하되 그 손발을 묶어 바깥 어두운 데에 내던지라 거기서 슬피 울며 이를 갈게 되리라 하니라

의사 전도왕으로 유명한 이병욱 박사는 아래와 같이 말했다.

"삶의 현장에 있는 그리스도인이 '무조건, 무차별, 무시로, 무릎으로, 무엇보다, 무안을 당해도, 무수히(현장전도 7무 원칙)' 복음을 전하는 일이야말로 무엇보다 귀하고 아름다운 일이라고 생각한다."[86]

어째서 하나님이 직접 전도하시지 않고, 기독교인들에게 "전도하라"고 명령하신 것일까?
가장 큰 이유는 사람이 전도한 후에 "하나님이 은혜를 주셔서 전도하는 것이 가능했다"고 하나님께 영광을 돌리게 하기 위해서다.
두 번째 이유는 중생한 신자가 전도한 만큼 복과 상을 주기 위해서다.

지금까지 설명한 것을 아래와 같이 요약할 수 있다.

"하나님은 창세 전에 구원할 사람들을 예정하셨다. 그러므로 구원론 교리는 반드시 창세 전 예정부터 시작해야 한다."

---

[86] 이병욱, 의사전도왕, 규장, 2001년, p.14

2. 무조건적 선택인가, 조건적 선택인가?

오랜 세월 동안 수많은 신학자들이 '하나님이 어떤 사람들을 구원하기로 선택하신 것이 조건적이냐', '그것이 무조건적이냐'를 놓고 대립했다. 이것은 지금도 마찬가지다.

결론부터 말하겠다. 성경은 '하나님의 무조건적 예정과 선택'을 가르친다. 이에 관한 성경의 증거가 매우 많다.

1) 바울 사도는 토기장이 비유로 하나님의 무조건적 예정과 선택을 설명했다.

(롬 9:20-21) 이 사람아 네가 누구이기에 감히 하나님께 반문하느냐 지음을 받은 물건이 지은 자에게 어찌 나를 이같이 만들었느냐 말하겠느냐 토기장이가 진흙 한 덩이로 하나는 귀히 쓸 그릇을, 하나는 천히 쓸 그릇을 만들 권한이 없느냐

하나님이 구원할 사람들을 미리 아신 것은 사실이다. 하지만 하나님이 구원할 사람들이 스스로 예수님을 믿을 것을 미리 아시고 그들을 선택하신 것은 아니다. 하나님은 구원할 사람들을 무조건적으로 선택하셨다. 이것을 토기장이 비유가 증명한다.

토기장이 비유에서 반드시 주목할 것은 바울 사도가 '한 덩이'란 표현을 사용한 것이다. 도예가가 여러 개의 진흙덩이들 중에서 좋은 진흙덩이를 골라서 귀하게 쓸 그릇을 만들고, 좋지 않은 진흙덩이를 골라서 천하게 쓸 그릇을 만든 게 아니다. 도예가가 한 덩이의 진흙에서 한 부분을 무조건 떼어서 귀하게 쓸 그릇을 만들었고, 또 한 부분을 무조건 떼어서 천하게 쓸 그릇을 만들었다. 두 진흙의 차이가 조금도 없다.

또한 어떤 진흙이 도예가에게 "나는 귀한 그릇이 되기로 결심했으니 나를 귀한 그릇으로 만들어 달라"고 요청해서 도예가가 그 진흙으로 귀하게 쓸 그릇을 만든 것도 아니고, 어떤 진흙이 도예가에게 "나는 내 멋대로 살겠다"고 주장해서 도예가가 그 진흙으로 천한 그릇을 만든 것도 아니다. 진흙에게는 자기의 의사표시를 할 능력이 전혀 없기 때문에 도예가가 무조건적인 선택으로 귀한 그릇과 천한 그릇을 만들었다.

타락한 인간은 진흙과 같다. 진흙이 아무런 의사표시를 할 수 없는 것처럼 타락한 인간은 영이 죽어 있기 때문에, 즉 타락한 인간은 영적으로 하나님과의 교제가 완전히 끊어졌기 때문에 영적으로 아무런 의사표시를 할 수 없다. 진흙이 전혀 선행을 할 수 없는 것처럼 타락한 인간은 전혀 영적인 선행을 할 수 없다. 타락한 인간은 성령님이 그의 영을 살려 주실 때, 비로소 예수님이 누구신지 알 수 있고, 예수님을 구주로 믿을 수 있다.

2) 바울 사도는 이삭이 태어난 것을 예로 들어서 하나님의 무조건적 예정과 선택을 설명했다.

(롬 9:6-9) 그러나 하나님의 말씀이 폐하여진 것 같지 않도다 이스라엘에게서 난 그들이 다 이스라엘이 아니요 또한 아브라함의 씨가 다 그의 자녀가 아니라 오직 이삭으로부터 난 자라야 네 씨라 불리리라 하셨으니 곧 육신의 자녀가 하나님의 자녀가 아니요 오직 약속의 자녀가 씨로 여기심을 받느니라 약속의 말씀은 이것이니 명년 이때에 내가 이르리니 사라에게 아들이 있으리라 하심이라

바울 사도는 이삭이 태어나기 전에 하나님이 무조건적으로 이삭을 아브라함의 정통 자녀로 인정하신 것을 근거로 "하나님은 무조건적으로 영을 구원할 사람을 선택하셨다"고 선언했다. 여기서 강조하는 것은 이삭의 생각과 의지로 이삭이 아브라함의 정통 자녀가 된 게 아니라는 점이다. 다시 말해서 하나님의 무조건적인 선택과 예정으로 이삭이 아브라함의 정통 자녀가 된 것이라는 점이다.

3) 바울 사도는 에서와 야곱이 태어난 것을 예로 들어서 하나님의 무조건적 예정과 선택을 설명했다.

(롬 9:11-13) 그 자식들이 아직 나지도 아니하고 무슨 선이나 악을 행하지 아니한 때에 택하심을 따라 되는 하나님의 뜻이 행위로 말미암지 않고 오직

부르시는 이로 말미암아 서게 하려 하사 리브가에게 이르시되 큰 자가 어린 자를 섬기리라 하셨나니 기록된 바 내가 야곱은 사랑하고 에서는 미워하였다 하심과 같으니라

4) 바울 사도는 하나님이 바로의 마음을 완악하게 만드신 것을 예로 들어서 하나님의 무조건적 예정과 선택을 설명했다.

(롬 9:17-18) 성경이 바로에게 이르시되 내가 이 일을 위하여 너를 세웠으니 곧 너로 말미암아 내 능력을 보이고 내 이름이 온 땅에 전파되게 하려 함이라 하셨으니 그런즉 하나님께서 하고자 하시는 자를 긍휼히 여기시고 하고자 하시는 자를 완악하게 하시느니라

5) 바울 사도는 엘리야 시대의 성도들을 예로 들어서 하나님의 무조건적 예정과 선택을 설명했다.

(롬 11:2-6) 하나님이 그 미리 아신 자기 백성을 버리지 아니하셨나니 너희가 성경이 엘리야를 가리켜 말한 것을 알지 못하느냐 그가 이스라엘을 하나님께 고발하되 주여 그들이 주의 선지자들을 죽였으며 주의 제단들을 헐어 버렸고 나만 남았는데 내 목숨도 찾나이다 하니 그에게 하신 대답이 무엇이냐 내가 나를 위하여 바알에게 무릎을 꿇지 아니한 사람 칠천 명을 남겨 두었다 하셨으니 그런즉 이와 같이 지금도 은혜로 택하심을 따라 남은 자가 있느니라 만일 은혜로 된 것이면 행위로 말미암지 않음이니 그렇지 않으면 은혜가 은혜 되지 못하느니라 그런즉 어떠하냐 이스라엘이 구하는 그것을 얻지 못하고 오직 택하심을 입은 자가 얻었고 그 남은 자들은 우둔하여졌느니라

6) 바울 사도는 고린도전서 5장을 통해서도 하나님의 무조건적 예정과 선택을 설명했다.

고린도전서 5장 1-5절을 다시 생각해 보자. 거기에 지속적으로 패륜죄를 범하는데도 영혼구원을 받은 사람이 기록돼 있다. 예지예정설이 진리이면 그가 그처럼 무도한 행위를 했을 리가 없다. 하나님이 창세 전에 신앙생활을 잘 할 사람들만 구원하기로 예정하셨기 때문이다. 이것을 볼 때도 예지예정설이 오류임을 알 수 있다.

7) 예수님은 품꾼 비유로 하나님의 무조건적 예정과 선택을 설명하셨다.

(마 20:1-16) 천국은 마치 품꾼을 얻어 포도원에 들여보내려고 이른 아침에 나간 집 주인과 같으니 그가 하루 한 데나리온씩 품꾼들과 약속하여 포도원에 들여보내고 또 제삼시에 나가 보니 장터에 놀고 서 있는 사람들이 또 있는지라 그들에게 이르되 너희도 포도원에 들어가라 내가 너희에게 상당하게 주리라 하니 그들이 가고 제육시와 제구시에 또 나가 그와 같이 하고 제십일시에도 나가 보니 서 있는 사람들이 또 있는지라 이르되 너희는 어찌하여 종일토록 놀고 여기 서 있느냐 이르되 우리를 품꾼으로 쓰는 이가 없음이니이다 이르되 너희도 포도원에 들어가라 하니라 저물매 포도원 주인이 청지기에게 이르되 품꾼들을 불러 나중 온 자로부터 시작하여 먼저 온 자까지 삯을 주라 하니 제십일시에 온 자들이 와서 한 데나리온씩을 받거늘 먼저 온 자들이 와서 더 받을 줄 알았더니 그들도 한 데나리온씩 받은지라 받은 후 집 주인을 원망하여 이르되 나중 온 이 사람들은 한 시간밖에 일하지 아니하였거늘 그들을 종일 수고하며 더위를 견딘 우리와 같게 하였나이다 주인이 그 중의 한 사람에게 대답하여 이르되 친구여 내가 네게 잘못한 것이 없노라

네가 나와 한 데나리온의 약속을 하지 아니하였느냐 네 것이나 가지고 가라 나중 온 이 사람에게 너와 같이 주는 것이 내 뜻이니라 내 것을 가지고 내 뜻대로 할 것이 아니냐 내가 선하므로 네가 악하게 보느냐 이와 같이 나중 된 자로서 먼저 되고 먼저 된 자로서 나중 되리라

본문은 주인이 자기 맘대로 품꾼들에게 품삯을 주는 것처럼 사람의 영을 구원하는 일도 하나님이 무조건적으로 하시는 것을 의미한다.

8) 바울 사도의 회심도 하나님의 무조건적 예정과 선택을 증명한다.

'예지예정설', 혹은 '조건적 선택설'이 성경의 가르침이면 예수님이 강제로 바울(사울)이 예수님을 믿게 만드신 것은 쓸데없는 일을 하신 것이다. 바울을 그냥 놔둬도 그가 반드시 예수님을 믿을 것이기 때문이다. 예수님이 바울을 강제로 회심시키신 것을 볼 때도 '예지예정설', 혹은 '조건적 선택설'이 성경의 가르침이 아닌 것을 알 수 있다.

9) 바울 사도는 에베소서 1장 4-5절을 통해서도 하나님의 무조건적 예정과 선택을 설명했다.

(엡 1:4-5) 곧 창세 전에 그리스도 안에서 우리를 택하사 우리로 사랑 안에서 그 앞에 거룩하고 흠이 없게 하시려고 그 기쁘신 뜻대로 우리를 예정하사 예수 그리스도로 말미암아 자기의 아들들이 되게 하셨으니

바울 사도는 본문에서 "그 기쁘신 뜻대로 우리를 예정하셨다"고 선언했다. '그 기쁘신 뜻대로'는 '무조건적'을 뜻한다. 따라서 하나님

의 선택이 창세 전에 무조건적으로 이뤄진 것을 알 수 있다. 다시 말해서 사람의 구원에 사람의 자유의지가 조금도 개입되지 않는 것을 알 수 있다.

이처럼 성경은 일관되게 사람의 영을 구원하는 일이 하나님의 단독 사역이고, 무조건적 사역임을 가르친다. 성경에는 하나님의 예지예정과 조건적 선택을 가르치는 말씀이 전혀 없다.

개혁파 신학자 박윤선 박사는 『로마서 주석』에서 하나님의 선택을 아래와 같이 설명했다.

> "사람이 구원받는 것은 자기 공로로 됨이 아니고, 다만 하나님의 은혜로 말미암는다는 것이다. 구원 실시에 있어서 하나님의 임의적 행사는 절대적 자율자의 하시는 일이다. 그것을 제한하거나 규정하거나 할 아무런 타율도 없다."[87]

10) 어린 아기들이 구원받는 것도 무조건적 선택을 가르친다.

어린 아기는 스스로 하나님의 말씀을 배워서 예수님을 구주로 믿을 능력이 전혀 없다. 조건적 선택이 하나님의 뜻이면 어린 아기들은 모두 지옥에 갈 수밖에 없다. 어린 아기는 하나님의 창세 전 예정과 무조건적 선택으로만 구원이 가능하기 때문이다. 예수님은 창세 전에 하나님이 선택하신 사울(바울)을 직접 전도하셔서 예수님을 믿게 만

---

[87] 박윤선, 로마서주석, 영음사, 1990년, pp.270-271

드셨다. 이처럼 주님은 창세 전에 하나님이 선택하신 어린 아기들도 직접 전도하셔서 예수님을 믿게 만드실 수 있다. 이것을 볼 때도 조건적 선택설이 성경의 가르침이 아닌 것을 알 수 있다.

'조건적 선택설'을 주장하는 신학자들도 위에서 소개한 '무조건적 선택'을 가르치는 성경 구절들을 잘 알고 있다. 그런데도 그들은 강력하게 '조건적 선택설'을 주장한다. 가장 큰 이유는 원문 성경을 외면하기 때문이고, 두 번째 이유는 성경의 구원론 난해 구절들이 '조건적 선택'을 가르치는 것으로 오해하기 때문이다. 그러나 이제 하나님의 은혜로 본서를 통해 성경의 구원론 난해 구절들의 본뜻이 드러났다. 따라서 본서가 보급되는 만큼 '조건적 선택설'이 사라지게 될 것이다.

한편, 창세 전의 무조건적 선택이 사실이므로 창세 전의 무조건적 유기(遺棄-버리는 것)도 사실일 수밖에 없다.

바울 사도는 하나님의 유기를 아래와 같이 설명했다.

> (롬 11:7-10) 그런즉 어떠하냐 이스라엘이 구하는 그것을 얻지 못하고 오직 택하심을 입은 자가 얻었고 그 남은 자들은 우둔하여졌느니라 기록된 바 하나님이 오늘까지 그들에게 혼미한 심령과 보지 못할 눈과 듣지 못할 귀를 주셨다 함과 같으니라 또 다윗이 이르되 그들의 밥상이 올무와 덫과 거치는 것과 보응이 되게 하시옵고 그들의 눈은 흐려 보지 못하고 그들의 등은 항상 굽게 하옵소서 하였느니라

유다서는 하나님의 유기를 아래와 같이 가르쳤다.

(유 1:4-7) 이는 가만히 들어온 사람 몇이 있음이라 그들은 옛적부터 이 판결을 받기로 미리 기록된 자니 경건하지 아니하여 우리 하나님의 은혜를 도리어 방탕한 것으로 바꾸고 홀로 하나이신 주재 곧 우리 주 예수 그리스도를 부인하는 자니라 너희가 본래 모든 사실을 알고 있으나 내가 너희로 다시 생각나게 하고자 하노라 주께서 백성을 애굽에서 구원하여 내시고 후에 믿지 아니하는 자들을 멸하셨으며 또 자기 지위를 지키지 아니하고 자기 처소를 떠난 천사들을 큰 날의 심판까지 영원한 결박으로 흑암에 가두셨으며 소돔과 고모라와 그 이웃 도시들도 그들과 같은 행동으로 음란하며 다른 육체를 따라 가다가 영원한 불의 형벌을 받음으로 거울이 되었느니라

본문은 '가만히 들어온 몇 사람들'을 소개한다. 그들은 '옛적부터 이 판결을 받기로 미리 기록된 자들'이다. 본문의 '옛적부터'는 '옛날에'를 의미한다.[88] 이 단어는 궁극적으로 '창세 전'을 뜻한다(엡 1:4-6 참조). 본문은 홍해에서 죽임을 당한 애굽인들과 자기의 지위를 지키지 않고, 하나님께 반역하여 지옥에 투옥된 천사들과 불과 유황으로 멸망당한 소돔과 고모라 사람들을 소개하고 있다. 그들이 모두 하나님이 창세 전에 버린 자들이기 때문에 그들을 예로 든 것이다. 따라서 본문이 말하는 '이 판결'이 지옥에 보내는 심판을 의미하는 것을 알 수 있다. 이처럼 하나님이 창세 전에 무조건 유기한 사람들도 있다.

하나님이 창세 전에 무조건 유기한 사람들이 예수님을 믿어서 영

---

88) 팔라이($\pi\alpha\lambda\alpha\iota$) : (부사) '이전에', 또는 (상관적으로) 이래. 이따금. (형용사로서 생략) '고대의', 어느 동안, 이전에, 아주 오랫동안, 오랜, 지난 시간에〈눅 10:13〉 부. long ago, in the past, already, all along; 1) 옛날에, 이전에 2) 오래전에. 디럭스바이블 2005, 헬라어사전, 미션소프트.

혼구원을 받지 못하게 하려고 예수님은 일부러 하나님이 창세 전에 유기한 사람들이 알아들을 수 없는 비유로 말씀하셨다.

(마 13:10-13) 제자들이 예수께 나아와 이르되 어찌하여 그들에게 비유로 말씀하시나이까 대답하여 이르시되 천국의 비밀을 아는 것이 너희에게는 허락되었으나 그들에게는 아니되었나니 무릇 있는 자는 받아 넉넉하게 되되 없는 자는 그 있는 것도 빼앗기리라 그러므로 내가 그들에게 비유로 말하는 것은 그들이 보아도 보지 못하며 들어도 듣지 못하며 깨닫지 못함이니라

지금까지 설명한 것을 아래와 같이 요약할 수 있다.

"하나님은 구원할 사람들을 창세 전에 무조건적으로 선택하셨다."

3. 전적 타락인가, 부분적 타락인가?

기독교의 신학자들은 인간의 타락에 관해서도 두 가지 학설로 갈라져서 대립하고 있다.

어떤 신학자들은 인간의 전적 타락설(성사설-性死說)을 주장한다. 이것은 "인간은 완전히 타락했기 때문에 영적 선을 행할 수 있는 힘이 전혀 없다"는 주장이다. 그들을 '은혜구원론자들'이라 한다.

어떤 신학자들은 인간의 부분적 타락설(성병설-性病說)을 주장한다. 이것은 "인간은 부분적으로 타락했기 때문에 영적 선을 행할 수 있는 힘이 어느 정도 있다"는 주장이다. 그들을 '행위구원론자들'이라 한다.

결론부터 말하겠다. 성경은 인간의 전적 타락과 전적 무능력을 가르친다.

1) 바울 사도는 에베소서 2장을 통해 인간의 전적 타락과 전적 무능력을 가르쳤다.

(엡 2:1) 그는 허물과 죄로 죽었던 너희를 살리셨도다

본문의 '죽었던'은 '영이 죽었던'을 의미한다. 사람은 예수님을 믿을 때, 죽었던 영이 다시 태어나기 때문이다.

(요 3:6) 육으로 난 것은 육이요 영으로 난 것은 영이니

에베소서 2장 1에서 보는 것처럼 사람은 태어날 때, 영이 죽은 상태로 태어난다.

'사람이 허물과 죄로 죽었다'는 말씀은 '사람의 영이 절대로 영적 선을 행할 수 없을 정도로 완전히 죽었다'는 뜻이다. 또한 이것은 '하나님과의 교제가 완전히 끊어졌다'는 뜻이다. 또한 이것은 '불신자(자연인)의 영은 전적으로 악만 행할 수 있는 상태, 즉 전적 타락 상태라'는 뜻이다.

육체가 죽은 사람은 자신의 힘으로 아무것도 할 수 없다. 영이 죽은 사람도 마찬가지다.

개혁파 신학자 에드윈 팔머 목사가 인간의 영을 미국의 엠파이어 스테이트 빌딩 꼭대기에서 뛰어내려서 길바닥에 내동댕이쳐진 존재로 비유하며 "그 사람은 죽었기 때문에 자기가 도움이 필요한 것을 알 수도 없고, 도움을 요청할 수도 없다"고 말한 것이 전적으로 옳다.[89]

---

[89] 박상걸, 성경적 구원론, 생명의말씀사, 1995년, p.47

의사가 뇌사 상태에 빠진 환자를 고치는 데는 그 환자의 동의와 협력이 전혀 필요하지 않다. 그 환자에게 그럴 힘이 전혀 없기 때문이다.

어떤 부자가 뇌사 상태에 빠진 사람에게 돈 백억 원을 선물해도 그는 절대로 그 돈을 받을 수 없다.

자연인(불신자)의 영의 상태가 뇌사 상태와 같다. 이 때문에 자연인은 예수님이 누구신지를 전혀 모른다.

자연인의 영은 전적인 하나님의 능력으로 다시 살아난다. 신학적으로 이것을 '중생'이라 한다.

영이 중생한 사람만 예수님을 구주로 믿을 수 있다. 따라서 사람의 영은 '예정, 선택, 중생, 소명, 믿음, 칭의(성화, 영화)' 순서로 구원이 진행된다.

2) 바울 사도는 골로새서 2장을 통해서도 인간의 전적 타락과 전적 무능력을 가르쳤다.

> (골 2:13) 또 범죄와 육체의 무할례로 죽었던 너희를 하나님이 그와 함께 살리시고 우리의 모든 죄를 사하시고

3) 바울 사도는 로마서 3장을 통해서도 인간의 전적 타락과 전적 무능력을 가르쳤다.

> (롬 3:10-18) 기록된 바 의인은 없나니 하나도 없으며 깨닫는 자도 없고 하나님을 찾는 자도 없고 다 치우쳐 함께 무익하게 되고 선을 행하는 자는 없나니 하나도 없도다 그들의 목구멍은 열린 무덤이요 그 혀로는 속임을

일삼으며 그 입술에는 독사의 독이 있고 그 입에는 저주와 악독이 가득하고 그 발은 피 흘리는 데 빠른지라 파멸과 고생이 그 길에 있어 평강의 길을 알지 못하였고 그들의 눈 앞에 하나님을 두려워함이 없느니라 함과 같으니라

본문의 '의인은 없나니 하나도 없으며 깨닫는 자도 없고 하나님을 찾는 자도 없고 다 치우쳐 함께 무익하게 되고 선을 행하는 자는 없나니 하나도 없도다'에 사용된 부사가 모두 절대부정, 즉 '절대로 아니'를 나타내는 '우크'다. 본문은 '영적 선을 행하는 사람이 한 사람도 없다', '영적으로 하나님을 찾는 사람이 한 사람도 없다'는 뜻이다.

4) 바울 사도는 디도서 3장을 통해서도 인간의 전적 타락과 전적 무능력을 가르쳤다.

(딛 3:3) 우리도 전에는 어리석은 자요 순종하지 아니한 자요 속은 자요 여러 가지 정욕과 행락에 종노릇 한 자요 악독과 투기를 일삼은 자요 가증스러운 자요 피차 미워한 자였으나

본문에서 보는 것처럼 중생한 신자도 예수님을 믿기 전(자연인 상태)에는 온갖 악만 행하는 존재였다.

5) 바울 사도는 고린도전서 2장을 통해서도 인간의 전적 타락과 전적 무능력을 가르쳤다.

(고전 2:14) 육에 속한 사람은 하나님의 성령의 일들을 받지 아니하나니 이는 그것들이 그에게는 어리석게 보임이요, 또 그는 그것들을 알 수도 없나니 그러한 일은 영적으로 분별되기 때문이라

행위구원론자들은 본문을 아래와 같이 해석한다.

"이 구절은 그들이 하나님의 진리를 환영하며 받아들이지 않는 것을 뜻합니다. 그들은 이런 것들을 이해할 수 있지만 분명하게 이해하면서도 그것을 받아들이지 않습니다. 이렇게 하나님의 진리를 거부한 결과 그들은 영원토록 정죄를 받습니다. 이것이 성경이 말하는 팩트입니다."[90]

한글 성경, 혹은 영어 성경만 보면 이 주장이 옳은 것처럼 보인다. 그러나 헬라어 원문 성경을 보면 이 주장이 거짓임이 즉시 드러난다. 본문의 '받지 아니하나니'와 '알 수도 없나니'에 절대부정 부사 '우(οὐ)'가 사용됐다. 본문은 '타락한 인간은 성령의 일들을 절대로 받지 않는다', '타락한 인간은 성령의 일들을 절대로 알 수 없다'는 뜻이다. 그런데도 행위구원론자들은 "어떤 타락한 사람들은 성령의 일들을 분명하게 이해하면서도 그것을 받아들이지 않기 때문에 지옥에 간다"고 주장한다. 이 얼마나 어이없는 주장인가? 이것을 볼 때도 부분적 타락설이 오류인 것을 알 수 있다.

지금까지 설명한 것을 아래와 같이 요약할 수 있다.

"모든 사람은 영이 죽은 상태로 태어난다. 모든 사람의 영은 전적으로 타락했고, 전적으로 무능력하다."

---

90) 가이슬러 외 지음, 이정원 외 옮김, 칼빈주의 바로 알기, 사랑침례교회, 2023년, p.11

4. 제한적 속죄인가, 보편적 속죄인가?

　신학자들은 예수님의 십자가 속죄 사역에 대한 해석도 두 가지로 나눠서 대립하고 있다.

　어떤 신학자들은 "예수님은 창세 전에 하나님의 선택을 받은 사람들만을 위해 십자가에서 죽으셨다"고 주장한다. 이것을 '제한속죄론'이라 한다.

　어떤 신학자들은 "예수님은 모든 인류를 위해 십자가에서 죽으셨다"고 주장한다. 이것을 '보편속죄론'이라 한다.

　결론부터 말하겠다. 성경은 명백하게 제한속죄를 가르친다. 보편속죄론은 성경을 잘못 해석하여 만들어진 이론이다. 보편속죄론이 성경을 잘못 해석한 증거들을 소개하겠다.

1) 보편속죄론자들이 가장 많이 인용하는 성경 구절부터 살펴보자.

> **(요일 2:2)** 그는 우리 죄를 위한 화목 제물이니 우리만 위할 뿐 아니요 온 세상의 죄를 위하심이라

본문에 '예수님이 온 세상의 죄를 위해 십자가를 지셨다'는 말씀이 있다. 언뜻 보면 본문이 보편속죄론을 가르치는 것 같다. 그러나 오해다. 본문에 사용된 '온 세상'이란 헬라어가 '전 인류'를 의미하지 않기 때문이다.

본문의 '온 세상'이란 말의 헬라어는 관사를 제외한 기본형이 '홀로스 코스모스(ολος κοσμος)'다.

성경 기자들은 '온 세상(홀로스 코스모스)'이란 말을 '인류 전체'의 뜻으로 사용하지 않고, '많은 사람'의 뜻으로 사용했다.

> **(롬 1:8)** 먼저 내가 예수 그리스도로 말미암아 너희 모든 사람에 관하여 내 하나님께 감사함은 너희 믿음이 온 세상에 전파됨이로다

본문에 '온 세상(홀로스 코스모스)'이라는 말이 나온다. 이 말의 헬라어가 요한일서 2장 2절의 '온 세상(홀로스 코스모스)'과 동일하다.

바울 사도는 "로마 기독교인들의 믿음이 온 세상(홀로스 코스모스)에 전파되기 때문에 감사한다"고 했다. 과연 그 당시 로마 기독교인들의 믿음이 인류 전체에게 전파되었을까? 절대로 그럴 리가 없다.

본문이 기록될 당시에 로마 기독교인들의 믿음은 로마와 그 주변국의 일부 사람들에만 전파됐다. 그것도 주로 기독교인들에게만 전파됐다. 그런데도 바울 사도는 "너희 믿음이 온 세상(홀로스 코스모스)에 전파돼서 감사한다"고 했다. 이것을 볼 때, 본문의 '온 세상(홀로스 코스모스)'이 '인류 전체'를 의미하는 것이 아니라 '많은 사람'을 의미하는 것을 알 수 있다. 따라서 요한일서 2장 2절의 '온 세상을 위한 화목제물'이 '전 인류를 위한 화목제물'이 아니라 '많은 사람을 위한 화목제물'인 것을 알 수 있다. '세상의 모든 사람'은 '전 인류'를 의미하지만 '많은 사람'은 '전 인류'를 뜻하지 않는다. 본문이 말하는 '많은 사람'은 '창세 전에 하나님이 선택한 모든 사람'을 의미한다. 그러므로 보편속죄론이 오류일 수밖에 없다.

2) 보편속죄론자들이 단골로 인용하는 또 다른 성경 구절을 살펴보자.

(요 3:16-17) 하나님이 세상을 이처럼 사랑하사 독생자를 주셨으니 이는 그를 믿는 자마다 멸망하지 않고 영생을 얻게 하려 하심이라 하나님이 그 아들을 세상에 보내신 것은 세상을 심판하려 하심이 아니요 그로 말미암아 세상이 구원을 받게 하려 하심이라

보편속죄론자들은 아래와 같이 주장한다.

"요한복음 3장 16절을 그대로 읽으면 누구라도 하나님께서 온 세상 모든 사람들을 사랑하셔서 자신의 아들을 보내셨다고 믿어야 합니다."[91]

안타깝게도 이 주장도 본문의 헬라어 원문을 몰라서 자의적으로 만든 이론이다. 본문에 사용된 '세상'이란 헬라어가 '전 인류'를 의미하지 않기 때문이다.

본문의 '세상'이란 단어의 헬라어는 관사를 제외한 기본형이 '코스모스(κοσμος)'다.

성경 기자들은 '세상(코스모스)'이란 단어 역시 '인류 전체'가 아니라 '많은 사람'의 뜻으로 사용했다.

> **(요 12:19)** 바리새인들이 서로 말하되 볼지어다 너희 하는 일이 쓸 데 없다 보라 온 세상이 그를 따르는도다 하니라

본문에 '온 세상'이라고 번역된 단어는 '코스모스'다. 요한복음 3장 16절에 사용된 '세상'도 '코스모스'다. 예수님 당시에 많은 사람이 예수님을 따라다녔다. 그럼에도 불구하고 인류 전체가 예수님을 따라다닌 것은 아니었다. 그런데도 바리새인들은 "세상이 예수를 따른다"고 했다. 그러므로 바리새인들의 말이 '인류 전체가 예수님을 따른다'는 뜻이 아니라 '많은 사람이 예수님을 따른다'는 의미임을 알 수 있다. 따라서 요한복음 3장 16절에 사용된 '하나님이 세상을 사랑하사 독생자를 주셨다'는 말씀이 '하나님이 전 인류를 사랑하사 독생자를 주셨다'를 의미하는 것이 아니라 '하나님이 많은 사람을 사랑하사 독생자를 주셨다'를 뜻함을 알 수 있다. '세상의 모든 사람'은 '전 인류'를

---

91) 가이슬러 외 지음, 이정원 외 옮김, 칼빈주의 바로 알기, 사랑침례교회, 2023년, p.17

의미하지만 '많은 사람'은 '전 인류'를 뜻하지 않는다. 본문이 말하는 '많은 사람'은 '창세 전에 하나님이 선택한 모든 사람'을 뜻한다. 이것을 볼 때도 보편속죄론이 오류일 수밖에 없다.

3) 보편속죄론자들이 자주 인용하는 또 다른 성경 구절을 살펴보자.

> (딤전 2:4) 하나님은 모든 사람이 구원을 받으며 진리를 아는 데에 이르기를 원하시느니라

본문을 언뜻 보면 하나님은 세상의 모든 사람이 구원받기를 원하시는 것처럼 보인다. 하지만 본문의 헬라어 원문을 살피면 본문이 그런 뜻이 아님을 알 수 있다.

개혁파 신학자 리더보스 목사는 본문의 '모든 사람'을 아래와 같이 해석했다.

> "여기서 '모든 사람(판타스 안드로푸스)'이란 인류 전부를 지칭하는 말이 아니다. 이는 하나님이 택하신 자들 전체를 총칭하는 명칭이다. 왜냐하면 '사람'이라는 단어 앞에 관사가 붙어 있지 않음으로 인해 '모든'이란 형용사는 어느 한 공동체에 속하는 자들 전체를 총괄적으로 지칭하는 것이지, 계수적으로 한 사람도 빠짐없는 인류 전체를 지칭하는 것은 아니기 때문이다."[92]

---

92) 그랜드종합주석, 디모데전서, 성서교재간행사, 1993년, p.1034 재인용.

헬라어 문법에 의하면 '모든 사람' 앞에 관사가 없으면 '어떤 공동체에 속하는 모든 사람'을 의미하고, '모든 사람' 앞에 관사가 있으면 '세상의 모든 사람'을 의미한다.

'모든 사람'이란 말 앞에 관사가 있는 경우의 문장과 없는 경우의 문장을 알아보자.

먼저 '모든 사람' 앞에 관사가 없는 경우부터 보자.

(마 5:15) 사람이 등불을 켜서 말 아래에 두지 아니하고 등경 위에 두나니 이러므로 집 안 모든 사람에게 비치느니라

본문의 헬라어 원문에는 '모든 사람' 앞에 관사가 없다. 그러므로 본문은 '등불을 켜서 등경 위에 두면 집 안에 있는 모든 사람에게 비친다'고 해석해야 한다. 본문을 '등불을 켜서 등경 위에 두면 세상의 모든 사람에게 비친다'고 해석하면 억지 해석이 된다.

아래의 성경말씀에는 '모든 사람' 앞에 관사가 있다.

(눅 6:26) 모든 사람이 너희를 칭찬하면 화가 있도다 그들의 조상들이 거짓 선지자들에게 이와 같이 하였느니라

본문의 헬라어 원문에는 '모든 사람' 앞에 관사가 있다. 그러므로 본문의 '모든 사람'은 '전 인류'를 뜻한다. 본문은 '세상의 모든 사람들이 너희를 칭찬하면 너희에게 화가 있다'는 뜻이다. 세상의 모든

사람들이 어떤 신자를 칭찬하면 그 신자가 악한 자들이 좋아하는 행동을 했기 때문에 그런 일이 일어나는 것이다. 중생한 신자는 악한 자들에게 미움을 받을 수밖에 없다. 그러므로 '모든 사람' 앞에 관사가 없는 디모데전서 2장 4절의 '모든 사람'을 '전 인류'로 해석하여 '하나님은 전 인류가 구원받기를 원하신다'고 주장하면 안 된다. 본문은 헬라어 문법에 따라서 '하나님은 창세 전에 선택받은 모든 사람들이 구원받기를 원하신다'고 해석해야 한다.

본문을 조금 더 깊이 생각해 보자. 본문은 바울 사도의 글이다. 바울 사도는 로마서 9장에서 무조건적 선택을 가르쳤고, 에베소서 1장에서 창세 전 예정을 가르쳤다. 그런 그가 "하나님은 전 인류가 구원받기를 원하신다"고 주장했으면 스스로 모순을 범한 것이다. 그가 모순을 범하지 않으려면 창세 전에 무조건적으로 구원할 사람들을 선택한 사실을 가르치지 않아야 한다. 그가 창세 전에 무조건적 선택을 가르친 이상 제한적 구원을 가르쳐야 정상이다. 그래서 그가 디모데전서 2장 4절에서 '제한적인 모든 사람'을 의미하는 관사가 없는 헬라어를 사용한 것이다. 그러므로 "바울 사도는 '하나님은 전 인류가 구원받기를 원하신다'고 가르쳤다"고 주장하는 것은 바울 사도를 자기모순을 범하는 바보로 취급하는 잘못을 저지르는 것이고, 더 나아가서 성경을 기록하신 하나님을 모순을 범하는 바보로 취급하는 죄를 짓는 것이다. 이것을 볼 때도 보편속죄교리가 오류임을 알 수 있다.

4) 보편속죄론자들이 자주 인용하는 또 다른 성경 구절을 살펴보자.

(겔 33:11) 너는 그들에게 말하라 주 여호와의 말씀이니라 나의 삶을 두고 맹세하노니 나는 악인이 죽는 것을 기뻐하지 아니하고 악인이 그의 길에서 돌이켜 떠나 사는 것을 기뻐하노라 이스라엘 족속아 돌이키고 돌이키라 너희 악한 길에서 떠나라 어찌 죽고자 하느냐 하셨다 하라

본문을 피상적으로 보면 하나님이 인류 전체에게 주신 말씀으로 오해하기 쉽다. 하지만 본문의 문맥을 살펴보면 하나님이 인류 전체에게 이 말씀을 하신 것이 아니라 범죄한 이스라엘 백성들에게 "육체적인 죽음을 당하지 않도록 조심하라"고 경고하신 말씀인 것을 알 수 있다.

5) 보편속죄론자들이 자신 있게 인용하는 또 다른 성경 구절을 살펴보자.

(마 23:37-38) 예루살렘아 예루살렘아 선지자들을 죽이고 네게 파송된 자들을 돌로 치는 자여 암탉이 그 새끼를 날개 아래에 모음 같이 내가 네 자녀를 모으려 한 일이 몇 번이더냐 그러나 너희가 원하지 아니하였도다 보라 너희 집이 황폐하여 버려진 바 되리라

본문을 피상적으로 보면 "예수님은 세상의 모든 사람들이 영생 얻기를 원하셔서 이 말씀을 하셨다"고 주장하기 쉽다. 하지만 본문은 하나님이 이스라엘 백성들의 육신의 죽음(예루살렘의 멸망으로 인한 죽음)을 면하게 하려고 애쓰신 것을 의미할 뿐이다.

그랜드종합주석은 본문을 바르게 해석했다.

"메시아의 초청을 거부하고 메시아를 박해하였으며, 끝내는 십자가에 못 박아 버리는 등, 조상들이 채우기 시작한 죄의 잔을 마무리하여 다 채운 유대인들에 대한 멸망의 선언으로, 이는 예수께서 A.D. 70년에 있을 예루살렘 멸망을 염두에 두고 하신 말씀이다."[93]

6) 보편속죄론자들이 자주 인용하는 또 다른 성경 구절을 살펴보자.

(벧후 3:9) 주의 약속은 어떤 이들이 더디다고 생각하는 것 같이 더딘 것이 아니라 오직 주께서는 너희를 대하여 오래 참으사 아무도 멸망하지 아니하고 다 회개하기에 이르기를 원하시느니라

하나님이 구원하기 원하시는 사람들이 누구인가? '너희들'이다. '너희들'이 누구인가? 베드로 사도의 서신을 받은 성도들(이미 영혼구원을 받은 성도들)이다. 그러므로 베드로후서 3장 9절을 근거로 "하나님은 세상의 모든 사람이 구원받기를 원하신다"고 주장하면 안된다.

7) 하나님이 창세 전에 구원할 사람들과 유기할 사람들을 선택하신 것을 깨달아도 보편속죄론이 오류임을 알 수 있다.

하나님은 창세 전에 구원할 사람들과 유기할 사람들을 선택하셨다.

---

93) 그랜드종합주석, 마태복음, 성서교재간행사, 1992년, p.588

그런 하나님이 "예수님이 전 인류를 위해 속죄를 하셨으니 전 인류는 예수님을 믿어서 구원을 받으라"고 말씀하시면 그것은 창세 전에 유기한 사람들을 놀리시는 것에 불과하다. 이것과 여우가 두루미를 초청한 후에 두루미에게 접시에 담은 수프를 주며 "많이 먹으라"고 약을 올리는 것이 똑같기 때문이다. 하나님은 결코 야비한 분이 아니시다. 앞서 설명한 것처럼 예수님은 하나님이 창세 전에 유기한 사람들이 절대로 예수님을 믿지 못하게 하려고 그들에게 비유로 말씀하셨다. 이것을 볼 때도 보편속죄론이 오류임을 알 수 있다.

성경은 시종일관 제한속죄를 가르친다. 지금부터 제한속죄를 가르치는 성경말씀을 소개하겠다.

1) 예수님은 자기 백성들을 죄에서 구원하러 오셨다.

> (마 1:20-21) 이 일을 생각할 때에 주의 사자가 현몽하여 이르되 다윗의 자손 요셉아 네 아내 마리아 데려오기를 무서워하지 말라 그에게 잉태된 자는 성령으로 된 것이라 아들을 낳으리니 이름을 예수라 하라 이는 그가 자기 백성을 그들의 죄에서 구원할 자이심이라 하니라

본문은 예수님이 인류 전체를 구하러 오신 것이 아니라 자기 백성들을 구원하러 오신 것을 가르친다. 따라서 요한복음 3장 16절이 가리키는 '세상' 역시 '인류 전체'가 아니라 '창세 전에 선택한 하나님의 사람들 전체'를 의미함을 알 수 있다.

2) 가룟 유다는 하나님의 제한적 속죄를 증명하는 사람이다.

(요 17:12) 내가 그들과 함께 있을 때에 내게 주신 아버지의 이름으로 그들을 보전하고 지키었나이다 그 중의 하나도 멸망하지 않고 다만 멸망의 자식뿐이오니 이는 성경을 응하게 함이니이다

본문의 '멸망의 자식'은 가룟 유다를 의미한다. 가룟 유다는 열두 사도 중의 하나였다. 하지만 그는 하나님의 자녀가 아니었다. 그는 태어날 때부터 마귀의 자녀였다.

3) 예수님은 교회만(성도들만)을 위해 자신을 주셨다.

(엡 5:25) 남편들아 아내 사랑하기를 그리스도께서 교회를 사랑하시고 그 교회를 위하여 자신을 주심 같이 하라

본문에서 보듯이 예수님은 인류 전체를 위해 자신을 주신 것이 아니라 오직 교회만을 위해 자신을 주셨다.

4) 하나님은 미리 아신 자들만 부르신다.

(롬 8:29-30) 하나님이 미리 아신 자들을 또한 그 아들의 형상을 본받게 하기 위하여 미리 정하셨으니 이는 그로 많은 형제 중에서 맏아들이 되게 하려 하심이니라 또 미리 정하신 그들을 또한 부르시고 부르신 그들을 또한 의롭다 하시고 의롭다 하신 그들을 또한 영화롭게 하셨느니라

하나님은 미리 정하신 자들만 부르셨고, 부르신 자들만 의롭다 하셨고, 의롭다 하신 자들만 영화롭게 하셨다. 이 말씀은 '하나님은 창세 전에 선택하신 자들만 부르셨고, 그들만 의롭게 하셨고, 그들만 영화롭게 하셨다'는 뜻이다.

5) 영생을 주시기로 작정된 사람들만 예수님을 믿는다.

(행 13:48) 이방인들이 듣고 기뻐하여 하나님의 말씀을 찬송하며 영생을 주시기로 작정된 자는 다 믿더라

누가 믿었는가? 영생을 주시기로 작정된 자들만 모두 예수님을 믿었다.

6) 천국의 비밀은 특정한 사람들에게만 가르쳐 주신다.

(마 13:11-15) 대답하여 이르시되 천국의 비밀을 아는 것이 너희에게는 허락되었으나 그들에게는 아니되었나니 무릇 있는 자는 받아 넉넉하게 되되 없는 자는 그 있는 것도 빼앗기리라 그러므로 내가 그들에게 비유로 말하는 것은 그들이 보아도 보지 못하며 들어도 듣지 못하며 깨닫지 못함이니라 이사야의 예언이 그들에게 이루어졌으니 일렀으되 너희가 듣기는 들어도 깨닫지 못할 것이요 보기는 보아도 알지 못하리라 이 백성들의 마음이 완악하여져서 그 귀는 듣기에 둔하고 눈은 감았으니 이는 눈으로 보고 귀로 듣고 마음으로 깨달아 돌이켜 내게 고침을 받을까 두려워함이라 하였느니라

창세 전에 선택하지 않은 사람이 진리를 깨달아서 구원받는 것을 허용하지 않기 위해 예수님은 일부러 선택받지 못한 자들이 알아들을 수 없는 비유로 설교하셨다. 반면에 예수님은 하나님이 선택한 제자들에게만 따로 비유를 설명하셔서 그들이 비유의 뜻을 깨닫게 하여 주셨다. 선택받지 못한 가룟 유다는 예수님의 설교를 들어도 알아듣지 못하게 하셨다.

보편속죄가 하나님의 뜻이면 예수님은 하나님의 뜻을 배반하신 것이다. 주님이 하나님의 뜻대로 보편속죄를 실행하시려면 모든 사람에게 공평하게 복음을 가르치신 후에 "믿고 안 믿고는 알아서들 하라"고 말씀하셔야 되기 때문이다.

7) 하나님이 예수님께 오게 해 주신 사람들만 예수님을 믿는다.

(요 6:65) 또 이르시되 그러므로 전에 너희에게 말하기를 내 아버지께서 오게 하여 주지 아니하시면 누구든지 내게 올 수 없다 하였노라 하시니라

아무나 예수님을 믿는 게 아니다. 하나님이 예수님께 맡긴 사람들만 예수님을 믿는다.

8) 속죄제물은 특정한 사람들만을 위하여 죽는다.

구약시대의 속죄일에 죽은 짐승은 제한속죄가 성경의 가르침인 것을 증명한다.

속죄일에 관한 성경 사전의 설명은 아래와 같다.

> "속죄일. 전 국민의 죄를 속하는 대제일(大祭日). 거룩한 의식 중 가장 중요한 것임. 이스라엘(온 회중)의 모든 죄가 속죄되는 날이기 때문이다(레 16:16-17,21-22,30,33-34)."[94]

속죄일이 되면 대제사장은 짐승을 잡아서 그 피를 하나님께 바친다(레 23:26-32). 이렇게 할 때, 이스라엘 땅에 사는 사람들은 모두 죄를 용서받는다. 심지어 이스라엘 땅에 살고 있던 이방인들조차도 모두 죄를 용서받는다(민 15:22-26). 하지만 다른 나라에 사는 이방인은 한 사람도 죄를 용서받지 못한다. 이처럼 하나님은 속죄일의 짐승이 제한적 속죄를 하도록 만드셨다.

속죄일이 시행될 당시의 이스라엘 땅에 사는 인구가 500만 명이라고 가정하여 보자. 속죄일에 제물로 바쳐지는 짐승은 이스라엘 땅에 사는 사람들 500만 명만을 위하여 죽는다. 속죄일에 짐승이 죽어서 피를 흘리면 이스라엘 땅에 사는 사람들 500만 명의 죄는 모두 용서받는다. 하지만 다른 나라에 사는 이방인들은 한 사람도 죄를 용서받지 못한다. 이처럼 하나님은 철두철미하게 제한적 속죄를 시행하셨다.

속죄일에 죽은 짐승의 피는 이스라엘 땅에 사는 사람들 500만 명의 죄만 씻어 줄 능력이 있었을까? 아니면 더 많은 사람들의 죄를 씻어 줄 능력이 있었을까? 상식적으로 생각해도 속죄의 피가 500만 명의

---

94) 디럭스바이블 2005, 성경 사전, 미션소프트.

죄를 씻어 주는 능력이 있었으면 더 많은 사람들의 죄를 씻어 줄 능력이 있었던 것을 알 수 있다. 속죄일에 죽은 짐승의 피는 온 세상의 모든 사람의 죄를 씻어 주고도 남을 능력이 있었다. 그런데도 하나님은 속죄제물이 이스라엘에 사는 사람들만을 위하여 죽도록 하셨고, 그들의 죄만 용서하여 주셨다.

속죄일에 죽은 짐승은 하나님이 선택한 사람들을 위하여 예수 그리스도가 십자가에서 죽으실 것을 상징한다(히 9:12; 요 1:29). 따라서 속죄일에 죽은 짐승이 이스라엘 백성들만을 위하여 죽은 것과 같이 예수님 역시 선택한 사람들만을 위하여 죽으셨을 수밖에 없다. 그러므로 제한적 속죄가 옳다.

조엘 비키 박사는 제한적 속죄를 아래와 같이 설명했다.

"그리스도의 보혈이 모든 사람들을 위하여 충분하다 할지라도 오직 택자들에게만 유효하다."[95]

하나님께 죄인을 제한적으로 속죄하실 권한이 있을까? 두말할 필요조차 없이 하나님께는 충분히 그럴 권한이 있다. 하나님은 절대자시고, 창조주이시기 때문이다. 창조주가 피조물을 자신의 뜻대로 처리하는 것은 당연하다.

현재의 세계 최강대국은 미국이다. 여기서 우리가 '미국의 어떤 국책 연구기관이 죽은 사람들을 모두 살릴 수 있는 약을 만들었다'고

---

95) 조엘 비키 저, 신호섭 역, 칼빈주의, 지평서원, 2010년, pp.175-176

가정해 보자. 그런데 '미국이 온 세상의 죽은 사람 3분의 1만 살렸다'고 가정하자. 미국에 그렇게 할 권리와 능력이 있을까? 당연히 최강대국인 미국에는 그럴 권리와 능력이 있다.

대통령의 사면권 역시 마찬가지다. 대통령은 자기 나라의 모든 죄인을 사면할 수 있는 특권이 있다. 그럼에도 불구하고 대통령은 자신이 선택한(원하는) 죄인만 사면한다. 어떤 때는 많은 국민들이 미워하는 사람도 살려 준다. 사람들이 대통령의 사면에 이의를 제기할 수 있지만 아무도 대통령의 권한을 침해할 수는 없다. 사면권은 대통령의 고유 권한인 까닭이다. 우리는 이 사실을 대한민국의 제5공화국 시절에 KAL858기 폭파범이 대통령의 사면으로 석방을 받은 것으로 확인할 수 있다. 그때 수많은 사람들이 대통령의 사면권 행사에 이의를 제기했다. 그들은 "수많은 사람을 죽인 흉악범을 살려 주는 것이 옳지 않다"고 항의했다. 하지만 아무도 대통령의 사면권을 침해할 수 없었다.

하나님의 제한적 속죄도 마찬가지다. 사람들이 하나님의 제한적 속죄에 대하여 이의를 제기할 수는 있지만 제한적 속죄에 어떤 영향도 끼칠 수 없다.

9) 예수님은 하나님이 창세 전에 버리기로 예정한 사람들을 위하여 속죄의 피를 흘리실 이유가 없고, 그러실 필요도 없다.

하나님이 창세 전에 버리기로 예정한 사람들을 위하여 예수님이 속죄의 피를 흘리시는 것은 헛수고를 하시는 것이다. 그러므로 예수님이 창세 전에 버리기로 예정한 사람들을 위하여 속죄의 피를 흘리실 이유가 없고, 그러실 필요도 없는 것이다.

지금까지 설명한 것처럼 성경은 시종일관 제한속죄를 가르친다. 보편속죄론자들이 제시한 성경 구절들은 전혀 보편속죄론을 가르치지 않는다. 성경에는 제한속죄와 반대되는 가르침이 전혀 없다. 이런데도 계속 보편속죄론을 주장할 것인가?

지금까지 설명한 것을 아래와 같이 요약할 수 있다.

"예수님은 창세 전에 선택받은 사람들만을 위해 십자가를 지셨다."

5. 불가항력적 은혜인가, 가항력적 은혜인가?

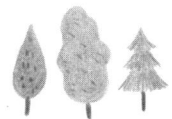

신학자들은 하나님이 사람의 영을 구원하기 위해 사람에게 은혜를 주시는 것에 관해서도 두 가지 견해로 나눠져서 첨예하게 대립하고 있다.

어떤 신학자들은 "하나님이 사람의 영을 구원하기 위해 사람에게 은혜를 주시는 것을 사람이 절대로 거부할 수 없다"고 주장한다. 이것을 일컬어서 '불가항력적 은혜(효력 있는 은총, 거부할 수 없는 은혜)'라 한다.

반면에 어떤 신학자들은 "하나님이 사람의 영을 구원하기 위해 사람에게 은혜를 주시는 것을 사람이 수용할 수도 있고, 거부할 수도 있다"고 주장한다. 이것을 일컬어서 가항력적 은혜(거부할 수 있는 은혜)라 한다.

하나님의 불가항력적 은혜를 가르치는 성경말씀을 살펴보자.

1) 바울 사도의 회심은 하나님의 불가항력적 은혜를 분명하게 가르친다.

바울(사울)은 예수님을 믿으려 애쓰기는커녕 교회를 파멸시키려 애썼다. 그럴 때, 예수님이 그에게 나타나셔서 강제로 그가 예수님을 믿게 만드셨다.

> (행 9:1-5) 사울이 주의 제자들에 대하여 여전히 위협과 살기가 등등하여 대제사장에게 가서 다메섹 여러 회당에 가져갈 공문을 청하니 이는 만일 그 도를 따르는 사람을 만나면 남녀를 막론하고 결박하여 예루살렘으로 잡아오려 함이라 사울이 길을 가다가 다메섹에 가까이 이르더니 홀연히 하늘로부터 빛이 그를 둘러 비추는지라 땅에 엎드러져 들으매 소리가 있어 이르시되 사울아 사울아 네가 어찌하여 나를 박해하느냐 하시거늘 대답하되 주여 누구시니이까 이르시되 나는 네가 박해하는 예수라

예수님은 바울에게 하신 것과 달리 악한 바리새인들이 복음을 깨달아서 영혼구원을 받지 못하게 하려고 일부러 비유로 말씀하셨다.

> (마 13:10-15) 제자들이 예수께 나아와 이르되 어찌하여 그들에게 비유로 말씀하시나이까 대답하여 이르시되 천국의 비밀을 아는 것이 너희에게는 허락되었으나 그들에게는 아니되었나니 무릇 있는 자는 받아 넉넉하게 되되 없는 자는 그 있는 것도 빼앗기리라 그러므로 내가 그들에게 비유로 말하는 것은 그들이 보아도 보지 못하며 들어도 듣지 못하며 깨닫지 못함이

니라 이사야의 예언이 그들에게 이루어졌으니 일렀으되 너희가 듣기는 들어도 깨닫지 못할 것이요 보기는 보아도 알지 못하리라 이 백성들의 마음이 완악하여져서 그 귀는 듣기에 둔하고 눈은 감았으니 이는 눈으로 보고 귀로 듣고 마음으로 깨달아 돌이켜 내게 고침을 받을까 두려워함이라 하였느니라

이처럼 분명하게 불가항력적 은혜를 가르치는 성경말씀을 외면한 채로 "성경에는 불가항력적 은혜를 가르치는 말씀이 없다"고 주장하면 되겠는가?

2) 예수님도 하나님의 불가항력적 은혜를 가르치셨다.

(요 3:6) 육으로 난 것은 육이요 영으로 난 것은 영이니

사람은 태어날 때부터 영이 죽은 상태로 태어난다. 육체가 죽은 사람이 아무것도 할 수 없는 것처럼 영이 죽은 사람도 영적인 일을 아무것도 할 수 없다. 성령님이 죽은 영을 살려 주셔야만 영은 비로소 예수님을 알 수 있고, 주님을 구주로 믿을 수 있다. 예수님은 사람의 죽은 영이 살아나는 것을 '성령으로 거듭나는 것'으로 표현하셨다. 이 때문에 바울 사도가 아래와 같이 선언한 것이다.

(엡 2:1) 그는 허물과 죄로 죽었던 너희를 살리셨도다

성경의 이런 가르침을 볼 때, 사람의 영이 구원받는 일이 오직 불가항력적 하나님의 은혜로 가능한 것을 알 수 있다.

예수님이 하나님의 불가항력적 은혜를 가르치신 성경 구절을 한 곳만 더 소개하겠다.

> (막 10:24-27) 제자들이 그 말씀에 놀라는지라 예수께서 다시 대답하여 이르시되 얘들아 하나님의 나라에 들어가기가 얼마나 어려운지 낙타가 바늘귀로 나가는 것이 부자가 하나님의 나라에 들어가는 것보다 쉬우니라 하시니 제자들이 매우 놀라 서로 말하되 그런즉 누가 구원을 얻을 수 있는가 하니 예수께서 그들을 보시며 이르시되 사람으로는 할 수 없으되 하나님으로는 그렇지 아니하니 하나님으로서는 다 하실 수 있느니라

예수님은 "사람으로는 할 수 없으되 하나님으로는 그렇지 아니하니 하나님으로서는 다 하실 수 있다"고 선포하셨다. 본문의 '그렇지 아니하니'에 절대부정 부사 '우'가 사용됐다. 따라서 주님의 말씀이 '사람의 힘으로는 절대로 영혼구원을 받을 수 없고, 오직 하나님의 힘으로만 영혼구원을 받을 수 있다'는 뜻임을 알 수 있다. 이 말씀을 볼 때도 성경이 불가항력적 은혜를 가르침을 알 수 있다.

3) 하나님은 이사야 선지자를 통해 하나님의 불가항력적 은혜를 가르치셨다.

> (사 9:7) 그 정사와 평강의 더함이 무궁하며 또 다윗의 왕좌와 그의 나라에 군림하여 그 나라를 굳게 세우고 지금 이후로 영원히 정의와 공의로 그것을 보존하실 것이라 만군의 여호와의 열심이 이를 이루시리라

본문은 장차 예수님이 구주로 이 땅에 오실 것을 예언한 말씀이다.

본문은 '만군의 여호와께서 열심을 다해 예수님을 이 땅에 보내실 것'을 증언한 말씀이다. 사람은 하나님의 이 일을 절대로 방해할 수 없고, 이 일에 조금도 힘을 보탤 수 없다. 하나님이 홀로 이 일을 하신다. 이 때문에 바울 사도가 아래와 같이 기록한 것이다.

> **(롬 10:5-10)** 모세가 기록하되 율법으로 말미암는 의를 행하는 사람은 그 의로 살리라 하였거니와 믿음으로 말미암는 의는 이같이 말하되 네 마음에 누가 하늘에 올라가겠느냐 하지 말라 하니 올라가겠느냐 함은 그리스도를 모셔 내리려는 것이요 혹은 누가 무저갱에 내려가겠느냐 하지 말라 하니 내려가겠느냐 함은 그리스도를 죽은 자 가운데서 모셔 올리려는 것이라 그러면 무엇을 말하느냐 말씀이 네게 가까워 네 입에 있으며 네 마음에 있다 하였으니 곧 우리가 전파하는 믿음의 말씀이라 네가 만일 네 입으로 예수를 주로 시인하며 또 하나님께서 그를 죽은 자 가운데서 살리신 것을 네 마음에 믿으면 구원을 받으리라 사람이 마음으로 믿어 의에 이르고 입으로 시인하여 구원에 이르느니라

본문에서 보는 것처럼 사람의 노력으로 예수님을 믿어서 영혼구원을 받는 게 아니다. 전적인 하나님의 은혜로 예수님을 믿어서 영혼구원을 받는다. 이처럼 성경은 시종일관 하나님의 불가항력적 은혜를 가르친다.

4) 바울서신도 하나님의 불가항력적 은혜를 가르쳤다.

> **(엡 2:1-7)** 그는 허물과 죄로 죽었던 너희를 살리셨도다 그 때에 너희는 그 가운데서 행하여 이 세상 풍조를 따르고 공중의 권세 잡은 자를 따랐으니

곧 지금 불순종의 아들들 가운데서 역사하는 영이라 전에는 우리도 다 그 가운데서 우리 육체의 욕심을 따라 지내며 육체와 마음의 원하는 것을 하여 다른 이들과 같이 본질상 진노의 자녀이었더니 긍휼이 풍성하신 하나님이 우리를 사랑하신 그 큰 사랑을 인하여 허물로 죽은 우리를 그리스도와 함께 살리셨고 (너희는 은혜로 구원을 받은 것이라) 또 함께 일으키사 그리스도 예수 안에서 함께 하늘에 앉히시니 이는 그리스도 예수 안에서 우리에게 자비하심으로써 그 은혜의 지극히 풍성함을 오는 여러 세대에 나타내려 하심이라

(엡 2:8-9) 너희는 그 은혜에 의하여 믿음으로 말미암아 구원을 받았으니 이것은 너희에게서 난 것이 아니요 하나님의 선물이라 행위에서 난 것이 아니니 이는 누구든지 자랑하지 못하게 함이라

(롬 9:16) 그런즉 원하는 자로 말미암음도 아니요 달음박질하는 자로 말미암음도 아니요 오직 긍휼히 여기시는 하나님으로 말미암음이니라

(롬 11:6-7) 만일 은혜로 된 것이면 행위로 말미암지 않음이니 그렇지 않으면 은혜가 은혜 되지 못하느니라 그런즉 어떠하냐 이스라엘이 구하는 그것을 얻지 못하고 오직 택하심을 입은 자가 얻었고 그 남은 자들은 우둔하여졌느니라

바울 사도가 거듭거듭 하나님의 불가항력적 은혜를 가르친 것을 무시한 후에 "사람은 하나님의 구원의 은총을 거부할 수 있다"고 주장하면 되겠는가?

5) 요한서신도 하나님의 불가항력적 은혜를 가르쳤다.

(요일 5:18) 하나님께로부터 난 자는 다 범죄하지 아니하는 줄을 우리가 아노라 하나님께로부터 나신 자가 그를 지키시매 악한 자가 그를 만지지도 못하느니라

예수님을 믿어서 영생을 얻은 사람의 영을 영원히 안전하게 보호하는 것도 하나님의 불가항력적 은혜로만 가능하다. 요한일서를 볼 때도 불가항력적 은혜가 하나님의 뜻임을 알 수 있다.

6) 어린 아기의 구원도 하나님의 불가항력적 은혜를 증명한다.

하나님은 어떤 사람들을 어린 아기 때 사망하게 하신다. 그들 중에는 하나님이 창세 전에 선택하신 사람이 있을 것이다. 어린 아기는 자유의지를 발동해서 예수님을 믿을 능력이 전혀 없다. 그러므로 그들은 하나님이 그들에게 저항할 수 없는 은혜를 주셔서 예수님을 믿게 해 주셔야만 영혼구원을 받을 수 있다. 하나님의 불가항력적 은혜를 믿지 않는 이들은 "어린 아기 때 사망한 사람들은 모두 지옥에 갔다"고 주장할 것인가?

7) 아버지의 아내와 동거 생활을 하는 죄를 회개하지 않은 신자가 영혼구원을 받은 사건도 하나님의 불가항력적 은혜를 증명한다(고전 5:1-5).

그의 경우에서 보는 것처럼 중생한 신자가 지나치게 죄를 짓고서도 회개하지 않으면 하나님은 그의 육신을 비참하게 죽이시고, 그에게

주실 상을 모두 박탈해서라도 반드시 그의 영을 천국에 데려가신다 (고전 3:12-15).

지금까지 설명한 것을 아래와 같이 요약할 수 있다.

"창세 전에 하나님의 선택을 받은 사람은 불가항력적 하나님의 은혜로 반드시 영혼구원을 받는다. 한 번 구원은 영원한 구원이다."

6. 단회적 구원인가, 점진적 구원인가?

중생한 신자의 영의 구원이 언제 완성될까? 이에 관한 세 가지 주장이 있다.

첫째, 칼빈주의 구원론을 믿는 이들은 "중생한 신자는 점진적으로 영의 구원을 이루다가 자신의 육체가 죽을 때 그 구원을 완성한다"고 주장한다.

그들은 "진짜로 중생한 신자는 하나님의 은혜로 육체가 죽을 때까지 반드시 신앙적으로 인내해서 영혼구원을 이루다가 마침내 천국에 들어간다"고 주장한다.

또한 그들은 "진짜로 중생한 신자의 영은 반드시 죄를 적게 지어서 궁극적으로 구원을 받는다", "죄를 많이 짓는 신자들은 모두 가짜 신자라서 지옥에 간다"고 주장한다.

그들은 성경의 구원론 난해 구절들, 즉 "행함이 없는 믿음으로는 구원받을 수 없다", "하나님의 뜻대로 행하는 자라야 천국에 들어가리라", "한 번 빛을 받고 타락한 자들은 다시 회개할 수 없다" 등의 말씀을 근거로 그런 주장을 한다. 이런 교리를 일컬어서 '성도의 궁극적 구원(성도의 견인)'이라 한다. 그러나 이 주장은 성경의 구원론 난해 구절들의 본뜻이 드러난 것과 죄를 많이 지은 성도들이 천국에 간 것을 가르치는 성경말씀에 의해 오류임이 드러난다.

둘째, 천주교인들과 알미니안주의 구원론을 믿는 이들은 "중생한 신자도 자신의 구원을 잃어버릴 수 있다"고 주장한다.

그들은 성경의 구원론 난해 구절을 근거로 그런 주장을 한다. 이런 교리를 일컬어서 '은혜로부터의 탈락(구원의 상실)'이라 한다. 그러나 이 주장은 성경의 구원론 난해 구절들의 본뜻이 드러난 것과 한번 구원은 영원한 구원임을 가르치는 성경말씀에 의해 오류임이 드러난다.

셋째, 루터주의 구원론은 믿는 이들은 "사람은 예수님을 믿는 순간에 영의 구원이 완성된다"고 주장한다.

결론부터 말하겠다. 성경은 단회적 구원을 가르친다. 지금부터 '단회적 구원'을 가르치는 성경말씀을 소개하겠다.

1) 예수님은 가장 명백하게 단회적 구원을 가르치셨다.

(요 10:28 헬라어 원문) 내가 그들에게 영생을 주었노니 그들은 영원히, 절대로, 결코 멸망하지 아니할 것이요 또 그들을 내 손에서 빼앗을 자가 없느니라

2) 바울 사도 역시 분명하게 단회적 구원을 가르쳤다.

(롬 8:1-2 헬라어 원문) 그러므로 이제 그리스도 예수 안에 있는 자들에게는 결코 정죄함이 없나니 이는 그리스도 예수 안에 있는 생명의 성령의 법이 죄와 사망의 법에서 너를 해방하였음이라

바울 사도는 로마서 7장에서 "나의 속사람(영)은 하나님의 법을 따르지만 나의 몸은 죄의 법을 따른다"고 탄식했다. 이것을 볼 때, '그리스도 예수 안에 있는 자들에게는 결코 정죄함이 없다'는 말씀이 '중생한 성도의 영에게는 결코 정죄함이 없다'는 뜻임을 알 수 있다.

(롬 8:30 헬라어 원문) 또 미리 정하신 그들을 또한 부르셨고 부르신 그들을 또한 의롭다 하셨고 의롭다 하신 그들을 또한 영화롭게 하셨느니라

바울 사도는 "그리스도 예수 안에 있는 영에게는 결코 정죄함이 없다"고 선포한 후에 "중생한 성도의 영은 영원히 영화롭게 됐다"고 선언했다.

(엡 2:4-6) 긍휼이 풍성하신 하나님이 우리를 사랑하신 그 큰 사랑을 인하여 허물로 죽은 우리를 그리스도와 함께 살리셨고(너희는 은혜로 구원을 받은 것이라)또 함께 일으키사 그리스도 예수 안에서 함께 하늘에 앉히시니

예수님을 믿는 순간에 영원히 영화롭게 됐고, 예수님과 한 몸이 돼서 천국에 들어간 영에게 '구원의 상실'이 어떻게 가능하겠으며, '궁극적 구원(성도의 견인)'이 무슨 필요가 있겠는가? 따라서 '구원의 상실' 교리와 '궁극적 구원(성도의 견인)' 교리가 오류임을 알 수 있다.

3) 히브리서 기자도 분명하게 단회적 구원을 가르쳤다.

(히 10:14) 그가 거룩하게 된 자들을 한 번의 제사로 영원히 온전하게 하셨느니라

어떤 사람이 예수님을 믿는 순간 그의 영은 영원히 온전하게 된다. 이것을 볼 때도 '구원의 상실' 교리와 '궁극적 구원(성도의 견인)' 교리가 성경의 가르침이 아님을 알 수 있다.

4) 요한 사도 역시 분명하게 단회적 구원을 가르쳤다.

(요일 5:18) 하나님께로부터 난 자는 다 범죄하지 아니하는 줄을 우리가 아노라 하나님께로부터 나신 자가 그를 지키시매 악한 자가 그를 만지지도 못하느니라

성도의 육체가 죽을 때, 그의 영과 혼은 어떻게 될까? 그의 영과 혼이 함께 낙원에 가는 걸까, 아니면 그의 영만 낙원에 가는 걸까? 아래의 성경말씀에 해답이 있다.

(벧전 3:19 헬라어 원문) 그가 또한 영으로 가서서 보호소(낙원)에 있는 영들에게 선포하시니라

(눅 8:54-55) 예수께서 아이의 손을 잡고 불러 이르시되 아이야 일어나라 하시니 그 영이 돌아와 아이가 곧 일어나거늘 예수께서 먹을 것을 주라 명하시니

예수님은 십자가에서 죽으신 후에 영으로(영만) 보호소(낙원)에 있는 영들에게 가셨다. 주님의 혼과 육은 무덤에 장사됐다. 예수님이 가신 보호소(낙원)에도 영들만 있다. 그곳에 혼들은 없다.

예수님이 야이로의 죽은 딸을 살리셨을 때, 아이의 영이 돌아왔다. 아이의 영과 혼이 함께 돌아온 것이 아니다. 아이의 영이 돌아오자 아이의 죽었던 혼과 육이 살아났다.

이 사건들은 성도의 육체가 죽을 때, 그의 영만 낙원으로 가고, 그의 혼과 육은 땅으로 가는 것을 증명한다. 이것을 볼 때도 '영혼구원'이란 말이 비성경적임을 알 수 있다.

지금까지 설명한 것을 아래와 같이 요약할 수 있다.

"사람은 예수님을 구주로 믿는 순간에 영의 구원이 완성된다. 한 번 구원은 영원한 구원이다."

7. 맺는 말

성경의 구원론 난해 구절들의 본뜻을 깨달으면 하나님이 가르치신 영혼구원의 핵심 진리를 다섯 가지로 정리할 수 있습니다.

(1) 사람은 예수님을 믿는 순간에 영생을 얻는다.

(2) 영생을 얻은 성도는 절대로 지옥에 가지 않는다.

(3) 성도가 죄를 많이 짓거나 회개하지 않으면 하나님은 그의 육체에게 벌을 내리시고, 그에게 줄 상을 박탈해서라도 반드시 그의 영을 구원해 주신다.

(4) 성도의 영은 절대로 죄를 짓지 않고, 육체만 죄를 짓는다.

(5) 성도의 선행은 영혼구원에 아무런 영향을 끼치지 못하고, 하나님의 영광을 드러내는 것과 복과 상을 받는 데만 영향을 끼친다.

성경의 구원론 난해 구절들의 본뜻을 깨달으면 성도들이 세 부류로 나눠지는 것을 알 수 있습니다.

첫째, 자신의 영이 영생을 얻은 것을 깨달은 후에 제멋대로 사는 성도들이 있습니다. 이런 성도들은 하나님이 주시는 복과 상을 받지 못합니다.

둘째, 자신의 영이 영생을 얻은 것을 몰라서 지옥에 가지 않기 위해 선한 일을 힘쓰는 성도들이 있습니다. 이런 성도들은 하나님이 주시는 복과 상을 적게 받습니다.

셋째, 자신의 영이 영생을 얻은 것을 깨달은 후에 하나님의 영광을 드러내기 위해 선한 일을 힘쓰는 성도들이 있습니다. 이런 성도들은 하나님이 주시는 복과 상을 많이 받습니다.

불행하게도 오랜 세월 동안 성경의 구원론 난해 구절들의 본뜻을 아무도 몰랐습니다. 이 때문에 대부분의 기독교인들이 비성경적인 구원론을 주장할 수밖에 없었습니다.

예수님이 "진짜로 중생한 신자는 영원히, 절대로, 결코 지옥에 가지 않을 것이라"고 선포하셨는데도 수많은 이들이 "진짜로 중생한 신자도 지옥에 갈 수 있다"고 주장했습니다.

성경 기자들이 "진짜로 중생한 신자도 죄를 많이 지을 수 있다"고 가르쳤는데도 수많은 이들이 "진짜로 중생한 신자는 절대로 죄를 많이 짓지 않는다"고 주장했습니다.

성경 기자들이 '구원'이란 단어를 '상을 받는 것'에 사용했는데도 수많은 이들이 '상을 받는 것'에 사용한 '구원'이란 단어를 '영혼구원'으로 해석했습니다.

예수님이 반어법으로 "율법을 완벽하게 지켜서 천국에 가라"고 가르치셨는데도 수많은 이들이 그 말씀을 직설법 교훈으로 해석했습니다.

어떤 이들은 성경의 구원론 난해 구절들을 무시한 채로 "한 번 구원은 영원한 구원이라"고 주장했습니다.

이런 비성경적 주장들로 인해 수많은 성도들이 구원의 확신을 얻지 못해서 엄청난 비극을 당했습니다. 그러나 이제 하나님이 본서를 통해 성경의 구원론 난해 구절들의 본뜻을 드러내셨습니다. 이것은 신학계에 코페르니쿠스적인 대변혁이 일어난 것을 뜻합니다. 또한 이것은 기존의 구원론들의 용도가 끝난 것을 의미합니다. 이 때문에 목사님들이 본서를 '종교개혁을 완성한 책', '교과서', '백만 불짜리 책' 등으로 평가하는 것입니다.

한편, 하나님의 은혜로 성경의 구원론 난해 구절들의 본뜻을 깨달은 분들은 사탄이 오랜 세월 동안 비성경적 구원론을 퍼뜨려서 수많은 성도들이 고통받게 만든 것에 분개하실 것입니다. 본서를 널리 보급하면 수많은 성도들이 사탄의 미혹에서 벗어날 수 있음을 아실 것입니다. 이 때문에 저는 본서를 널리 보급하는 것을 저의 최대 사명으로 여기고 있습니다.

김명순 전도사님이 제게 보내신 글이 제 마음을 대변한 것으로 여겨집니다.

"얼마 전에 인터넷으로 ○○○ 목사님의 간증을 보았습니다. 그 목사님이 한때 너무 목회가 힘들어서 '하나님, 나 죽고 싶습니다. 내가 죽으면 지옥 가지 않고 천국 가게 해 주세요'라고 기도하셨다는 말씀을 듣고는 '저렇게 큰 교회 목사님도 구원의 확신이 없구나!' 하는 생각에 충격과 함께 가슴이 아팠습니다.

생각 같아서는 큰 트럭에 이 책을 가득 싣고 전국 방방곡곡에 있는 교회를 찾아다니며 목사님들에게 선물해 드리고 싶지만 생활 형편 때문에 그렇게 하지 못하는 게 참으로 안타깝습니다.

목회하고 있는 제 친구 몇 명에게도 목사님의 책을 소개했습니다. 저희 교회 목사님은 이 책을 긍정적으로 보시는 것 같습니다. ○○○ 목사님께는 이번 주 금요일 집회에 가서 그 교회 성도를 통해 이 책을 전할 예정이고, ○○○ 목사님은 이번 토요일에 비서실로 가서 이 책을 전할 예정이고, ○○○ 교수님은 내일 택배로 이 책을 보내 드리려고 합니다."

2024년 4월 16일 밤 8시경에 K 목사님으로부터 기쁜 전화를 받았습니다.

"결혼 후 4년 동안 감리교 출신 아내가 목사님의 구원론을 받아들이지 않아서 힘들었습니다. 억지로 할 수 없는 일이어서 하나님께 맡기고 기도만 했습니다. 그런데 드디어 작년 중반경에 아내가 목사님의 구원론을 수용했습니다. 그 후부터 아내도 '한 번 구원은 영원한 구원이라'고 설교합니다. 아내와 마음이 하나 되어서 목회하는 것이 얼마나 감사한지 모르겠습니다.

저는 요즘 특별한 일이 없는 한 매일 오전에 전도한 후에 교회당에서 기도합니다. 설교할 때는 물론 전도할 때도 '한 번 구원은 영원한 구원'을 전파합니다."

K 목사님은 집사로 교회를 섬기던 어느 날, 인터넷 방송으로 저의 구원론 설교를 들었습니다. 그때 큰 은혜를 받았습니다. 얼마 후에 자원해서 저의 수제자가 됐습니다.

몇 년 뒤에는 저의 구원론을 널리 전파하기 위해 신학교에 입학했습니다. 신학생 시절에 어떤 여전도사님과 결혼했습니다. 지금은 K 목사님의 아내분도 목사님입니다.

K 목사님 부부는 어떤 목사님이 개척한 교회를 물려받아서 지금까지 성실하게 목회했습니다. 그동안도 하나님이 두 분을 귀하게 쓰셨지만 앞으로는 더욱 귀하게 쓰실 것 같습니다.

교향곡의 아버지로 불리는 오스트리아의 프란츠 요제프 하이든(Franz Joseph Haydn, 1732-1809)은 1808년, 자신이 작곡한 '천지창조'가 비엔나에서 연주되고 있을 때, 휠체어를 타고 연주장에 입장했습니다. 연주가 끝나자마자 관객들이 모두 일어나서 하이든에게 우레와 같은 박수를 치기 시작했습니다. 그때 하이든이 깜짝 놀라서 위를 가리키며 외쳤습니다.

"내가 아닙니다! 내가 아닙니다! 이 곡은 나로부터 나온 것이 아니라 하나님께로부터 나온 것입니다! 그분께만 영광을 돌리시오!"[96]

---

96) 김열방, 크리스찬 두뇌혁명, 크레도, 2004년, p.200

본서에 부족한 부분이 있으면 전적으로 저의 어리석음 때문이고, 탁월한 부분이 있으면 무조건 하나님의 지혜의 결과입니다. 그러므로 본서에 대한 호평(好評)은 하나님이 받으셔야 하고, 혹평(酷評)은 제가 받아야 합니다.

마지막으로 제가 하나님의 은혜로 성경이 가르치는 구원을 찬송가로 만든 것을 소개하겠습니다.

첫 번째 찬송은 찬송가 436장 〈나 이제 주님의 새 생명 얻은 몸〉의 곡에 가사를 맞춘 것입니다.

제목 : 창세 전 우리를

1. 창세 전 우리를 택하신 하나님
   그 지혜 누구도 측량을 못하리
   죄인을 자녀로 삼으신 그 은혜
   우리가 어떻게 갚을 수 있으랴
   이 작은 입으로 찬송할 뿐이라
   이 작은 몸으로 충성할 뿐이라

2. 피 흘려 우리를 구하신 예수님
   그 사랑 아무도 가늠을 못하리
   죄인을 대신해 죽으신 그 은혜
   우리가 어떻게 갚을 수 있으랴
   이 작은 입으로 찬송할 뿐이라
   이 작은 몸으로 충성할 뿐이라

3. 우리 영 온전히 감싸신 성령님
그 능력 누구도 측정을 못하리
비천한 몸속에 사시는 그 은혜
우리가 어떻게 갚을 수 있으랴
이 작은 입으로 찬송할 뿐이라
이 작은 몸으로 충성할 뿐이라

4. 우리는 주님의 무익한 종이라
주님을 섬김은 당연한 일이라
충성한 종에게 복과 상 주시는
그 은혜 어떻게 갚을 수 있으랴
이 작은 입으로 찬송할 뿐이라
이 작은 몸으로 충성할 뿐이라

두 번째 찬송은 찬송가 91장 〈슬픈 마음 있는 사람〉의 곡에 가사를 맞춘 것입니다.

제목: 창세 전에 주의 자녀

1. 창세 전에 주의 자녀 선택하신 하나님
주의 지혜 그 누구도 측량할 수 없으리
영생을 누리며 주 안에 살고 있네
영원히 즐겁게 주님과 살리로다

2. 십자가로 우리 죄를 대속하신 예수님
주의 사랑 그 아무도 가늠할 수 없으리

영생을 누리며 주 안에 살고 있네
　　　영원히 즐겁게 주님과 살리로다

　3. 우리 영을 안전하게 지키시는 성령님
　　　주의 능력 그 아무도 헤아릴 수 없으리
　　　영생을 누리며 주 안에 살고 있네
　　　영원히 즐겁게 주님과 살리로다

　4. 주와 이웃 사랑하면 복과 상을 받겠네
　　　주의 은혜 그 누구도 측정할 수 없으리
　　　영생을 누리며 주 안에 살고 있네
　　　영원히 즐겁게 주님과 살리로다

간증문을 보내 주실 분은 아래의 e메일 주소나 전화번호를 이용하시기 바랍니다.

- ttbb@naver.com
- 010-9999-1422

이 책을 읽은 분들에게 하나님이 큰 은혜 주시기를 기도합니다.

개정증보판

발칵 뒤집힌 기독교 구원론

　　　초판 발행일 2024년 6월 7일
개정증보판 발행일 2025년 4월 18일

지은이 이화영
펴낸이 임만호
펴낸곳 도서출판 크리스챤서적
등 록 제16-2770호(2002. 7. 23)
주 소 서울특별시 강남구 압구정로 404(청담동), 2층 2호(우 : 06014)
전 화 02) 544-3468~9
F A X 02) 511-3920
E-mail holybooks@naver.com

ISBN 978-89-478-9999-4 03230
정 가 20,000원

※ 잘못된 책은 바꾸어 드립니다.